교육학개론

김 철 · 정기섭 · 정창호 공저

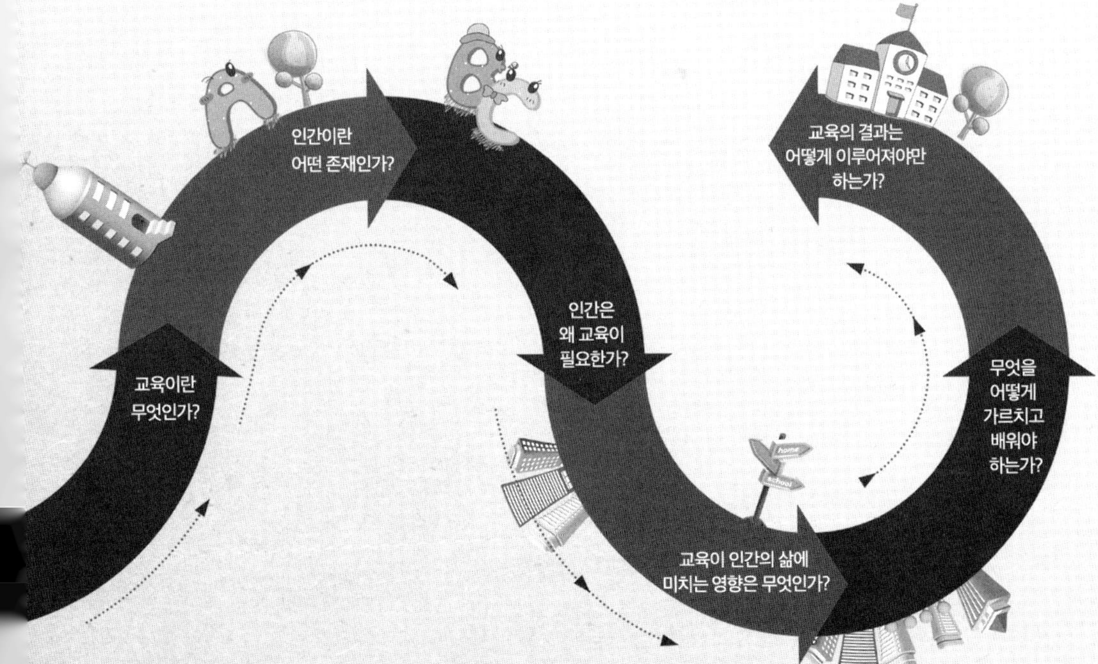

학지사

머리말

우리의 일상에서 가장 흔하게 사용되는 용어 중 하나는 '교육'이라는 단어일 것이다. 그만큼 교육은 우리의 삶과 밀접한 관계가 있다. 하지만 '교육이 무엇인가?' '인간은 왜 교육을 필요로 하는가?' '교육을 통해서 무엇을 얻고자 하는가?' '가치 있는 교육이란 도대체 무엇인가?' 등 교육에 대한 본질적인 물음에는 별로 신경을 쓰지 않는 듯하다. 이것은 아마도 세속적인 관점에서 교육의 효과성이나 효율성에만 관심이 있기 때문일 것이다. 그러나 인간의 삶과 밀접한 관련이 있는 만큼 교육의 본질에 대한 숙고는 매우 중요하다. 특히 교육활동의 한 축인 예비교사들에게 이러한 고민은 매우 중요하다. 왜냐하면 교육의 의미, 목적, 과제 등과 이를 바탕으로 한 다양한 교육 현상에 대한 이해가 전제되어야만 가치 있는 교육활동, 가르침이 가능하기 때문이다. 이를 위해 제공되는 것 중의 하나가 교육학 입문에 해당하는 '교육학개론'이라는 교과목이다.

그런데 '교육학개론'이라는 교과목의 정체는 애매모호하다. 우리가 일상적으로 쉽게 접할 수 있는 많은 교육학 입문 관련 교재의 내용과 구성은 서로 유사하거나 일치하는 경우도 많지만 종종 전혀 달라지기도 한다. 그중 가장 보편적인 형태의 교육학개론 교재는 교육학의 다양한 영역(하위분과)을 충실히 축약하여 소개하는 방식으로 되어 있다. 이런 형태의 교재는 대부분 다양한 교육학 전공자의 협업을 통해서 저술되기 마련이다. 왜냐하면 교육학 영역의 전문 분과화로 인해서, 어느 한 영역을 전공하는 한두 명의 저자가 이런 유형의 책을 집필한다는 것은 많은 한계점을 지니고 있기 때문이다. 반면에 교육학을 각 영역별로 구분하여 각각의 이론을 소개하기보다는 '교육이란 무엇인가?'라는 물음을 중심에 두고 교육의 본질, 과제, 시대적 현안 등을 분석한 결과를 제시하여 교사가 되려는 학생들에게 교육이라는 활동에 대한 기본 지식과 안목을 길러 주려는 경향의 교재도 존재한다. 이런 유형의 교재는 주로 교육철학이나 교육사를 전공하는 저자들이 선호하는 방식에 속한다.

이러한 두 가지 유형의 집필방식은 각각의 장단점을 동시에 내포하고 있기 때문에 어느 한 유형이 교육학개론의 교재로서 적합하다고는 말할 수 없다. 교육학의 하위분과 영역 대부분을 단순히 축약해서 담아 놓은 교육학개론은 이론적으로는 풍부할 수 있지만, 어차피 나중에 다루어야만 하는 내용에 대한 피상적인 선행학습에 그칠 위험이 농후하다. 더 나아가 지속적으로 교육학을 공부하는 학생들의 의욕이 저하되는 위험성이 나타날 수도 있다. 반면에 '교육이란 무엇인가?'의 물음을 중심에 놓고 집필한 교재는 교육의 목적과 의의 그리고 교사와 학생의 관계 등에 관한 보편적 통찰들을 많이 포함하여 교사를 지망하는 학생들에게 교직에 대한 이해와 교육을 대하는 기본적 시각을 길러 주는 데 효과적이고, 교육의 실천적인 측면을 통해 학생들의 관심을 자극할 수 있다. 그러나 한편으로는 저자의 교육관이나 학문적 관심에 따라서 내용이 너무 자의적으로 흐르거나 내용 선정의 기준이 모호해질 위험성도 있다.

이러한 두 가지 유형에서 나타날 수 있는 한계점을 극복한 교육학개론은 어떻게 집필될 수 있을까? 우리는 이 질문에 대해 명확한 해답을 제시할 수는 없다. 이 질문은 앞으로 교육학계가 지속적으로 고민해야 할 문제라고 생각된다. 아직 미흡하나마 이 교재가 시도하는 방향은 교육학의 다양한 영역에서 연구된 연구 결과를 바탕으로 학생들에게 교육 전체에 대한 기본 지식과 깊은 실천적 안목을 길러 주는 것이다. 교육인간학, 교육심리학, 교육사회학, 교육과정, 상담과 심리에 대한 다양한 이론은 결국 '교육이란 무엇인가?'와 '어떻게 교육할 것인가?'의 물음에 대한 답을 구하려는 노력에서 나온 것으로서 —암묵적 또는 명시적으로—

교육을 이해하기 위한 핵심적 개념과 사고방법을 제시하고 있는 것이다.

듀이가 말했듯이 이론은 근본적으로 실천과 맞닿아 있다. 교육학 이론에 대한 소개가 반드시 실천과 유리되는 결과를 낳는 것만은 아니다. 다만, 거기서 필요한 것은 전문화된 교육학 이론체계와 지식들을 단지 축약해서 제시하는 것이 아니라 다시 현재의 학교교육이라는 실천적 맥락 속에서 재구성함으로써 그것이 갖고 있는 문제 연관적 의의들을 수업 속에서 재생하는 것이다. 다시 말하면, 교직과목으로서의 교육학개론은 교육학에서 다루는 다양한 전문이론을 21세기의 교육실천이라는 맥락 속에서 재구성하여, 학생들을 교육 및 교육학의 세계로 인도하는 역할을 수행하는 것이다. 그리고 이러한 작업은 사실 교육학 연구의 모든 역량이 집결되고 응축됨으로써만 가능하다. 이 교재의 내용이 이런 희망과 요구를 완전히 충족시키지 못함을 잘 알고 있지만 적어도 이를 향해 한 걸음 더 나아가도록 노력하였다.

이 교재는 주로 교육철학과 교육사를 전공하는 세 사람의 연구자에 의해서 분담 집필되었다. 그렇기 때문에 교육의 철학과 역사에서 내용적으로 인용된 부분이 적지 않고, 교육학의 다양한 영역을 온전하게 포섭하지도 못하고 있다. 그렇다 보니 '과연 이 교재가 교육학에 입문하려는 예비교사들에게 교육에 대한 균형 잡힌 기초 지식과 이해 그리고 교육학적 안목을 얼마나 효과적으로 길러 줄 수 있을까?'라는 의문을 떨치기 어렵다. 내용 구성과 편집에서 보완되고 개선되어야 할 부분들이 이미 눈에 띈다. 하지만 모든 일에는 때가 있는 법이므로 앞으로 연속적인 연구와 강의를 통해서 완성도를 높여 가겠다는 각오로 일단 미흡한 결과를 감히 세상에 내놓는다.

이 교재의 구성은 크게 두 부분으로 되어 있는데, 첫 번째 부분은 주로 교육인간학적 관점에서 교육과 그 구성요소들에 대한 일반적인 이해를 시도하는 부분이다. 제1장부터 제6장까지가 여기에 해당한다. 두 번째 부분은 교육학의 연구방법, 교육철학 및 교육사, 교육심리학, 교육사회학, 교육과정 등 교육학 영역의 이론적 작업에 기초해서 교육의 문제에 접근한다. 그러나 이 부분에서의 주된 목적은 이론 자체를 소개하는 데 그치지 않고 이론의 교육실제적 의미를 부각시키려는 데 있다. 제7장부터 13장까지가 여기에 해당한다. 이 책의 내용 중 김철은 제1, 4, 5, 8, 11장을, 정기섭은 제2, 6, 10, 12장을, 정창호는 제3, 7, 9, 13장을 완성하였다. 집필의 방향을 미리 설정하였음에도 교육학과 관련된 영역이 너무 방대하고, 집필진의 의욕이 과하다 보니 군데군데 충분한 설명이 부족하거나 미흡하고 합당하지 못한 내용도 있을 것이라 생각된다. 이와 관련하여 저자들은 독자가 될 학생을 포함해서 동료 연구자들로부터의 질책과 충고를 기꺼이 받아들여 더 좋은 교육학개론 교재로 거듭날 수 있도록 노력할 것이다.

끝으로 이 책이 나오도록 격려와 자극을 아끼지 않고, 들쭉날쭉한 글들을 하나의 번듯한 책으로 엮어 주신 학지사의 김진환 사장님과 정은혜 편집자님에게 감사의 마음을 전한다.

2020년 9월

저자 일동

차례

제 1 장 인간이해: 인간이란 어떤 존재인가

제 1 장 인간이해: 인간이란 어떤 존재인가

“인간은 어떠한 존재인가?”에 대한 물음은 인류의 시작과 함께 철학뿐만이 아니라 심리학, 사회학, 인류학 등의 다양한 학문영역에서 제기되고 있다. 그러나 이를 다루는 영역이 다양한 만큼 인간 존재의 본질은 한마디로 규정되기 어렵다. 우리가 흔히 알고 있는 것처럼 인간이 이성적 존재, 도구적 존재, 사회적 존재, 정치적 존재, 언어적 존재, 역사적 존재, 발달적 존재 등으로 다양하게 묘사되는 이유가 바로 여기에 있다. 인간이해에 대한 관점은 우리가 교육이라는 행위를 논함에 있어서 반드시 전제되어야만 한다. 왜냐하면 인간이 어떠한 존재로 규정되느냐에 따라 교육의 목적, 내용, 방법이 달라질 수 있기 때문이다. 이 장에서는 인간의 본질에 대한 탐구를 위해 성선설, 성악설, 백지설 등으로 대표되는 인간의 본성론적 관점에 대하여 살펴보고, 근대적 관점을 정신사적 · 심리학적 관점으로 구분하여 각각의 영역에서 파악될 수 있는 인간 존재의 본질을 알아볼 것이다. 그리고 이를 바탕으로 인간과 교육의 관계를 알아본다.

1. 본성론적 관점에서의 인간이해

교육과 관련하여 우리가 가장 쉽게 떠올릴 수 있는 인간에 대한 이해는 전통적인 본성론적 관점이다. 이는 인간의 본성이 원래 선하거나, 악하거나 아니면 선하지도, 악하지도 않다는 세 가지 유형으로 나타나며, 이를 우리는 성선설, 성악설, 백지설이라 지칭한다.

1) 성선설

동양의 맹자(孟子)나 서양의 루소(J. J. Rousseau)로 대표되는 이 관점은 인간의 본성은 기본적으로 선하다는 입장이다. 맹자에 의하면 인간은 태어날 때부터 인(仁), 의(義), 예(禮), 지(智)라는 사단(四端)을 지니고 있기 때문에 본래 선하다. 여기에서 인(仁)은 위험에 처한 사람을 도와주는 마음인 측은지심(惻隱之心)을 유발하는 요소이며, 의(義)는 추악한 행동을 부끄럽게 여기게 하는 수오지심(羞惡之心), 예(禮)는 겸손하여 남에게 양보하는 마음인 사양지심(辭讓之心), 마지막으로 지(智)는 선과 악을 구분할 수 있는 마음인 시비지심(是非之心)의 바탕이 된다. 인간은 이러한 덕성이 내재된 채로 태어나기 때문에 본성이 선할 수밖에 없다. 그러나 그럼에도 불구하고 인간이 악한 존재로 묘사되는 것은 인간이 살아가면서 외부의 영향을 받아 칠정(七情), 즉 희(喜), 노(怒), 애(哀), 구(懼), 애(愛), 오(惡), 욕(欲)이 생기기 때문이다. 맹자는 이러한 물욕에 빠지지 않도록 선천적인 선한 본성을 잘 길러 주는 것이 교육의 역할임을 강조하면서, 왕이 천하를 통치하는 즐거움을 군자가 교육을 통하여 얻는 즐거움과 비교한다면 아무것도 아니라고 말하고 있다.

또한 서양에서 성선설에 기반하여 인간과 교육의 관계를 설명하고 있는 사상가는 루소라고 할 수 있다. 그는 자신의 저서 『에밀(Emile)』에서 "조물주의 손에서 나올 때 모든 것은 선하였으나, 인간의 손에 들어갈 때부터 타락한다."라고 표현함으로써 인간의 본성을 선(善)한 것으로 정의하고 있다. 그에 의하면 인간은 본래 인위적이지 않은 순수한 선함의 상태, 자연 그대로 태어나기는 하지만, 사람의 손에 의해 타락하게 되기 때문에 교육을 통하여 이를 극복해야 한다. 이것은 서양의 중세시대를 지배했던 기독교의 원죄설에 바탕을 둔 전통적인 성악설을 정면으로 비판하는 것으로서 오늘날 교육의 주체인 아동에 대한 새로운 발견으로 평가받고 있다.

성선설에 대한 이들 사상가의 견해를 토대로 보면 교육이란 인간이 태어날 때부터 간직하고 있으리라 여겨지는 선한 본성을 지켜 주는 행위라 할 수 있다. 즉, 교육이란 어린 아동에게 외부에서 설정된 그 무엇을 주입시키는 것이 아니라, 단지 타고난 선한 본성이 훼손되지 않고 온전히 발달하도록 외부의 악영향으로부터 보호해 주는 것일 뿐이다. 이를 실천 가능하게 해 주는 행위를 루소는 그의 자연주의 교육사상의 핵심개념인 '소극적 교육'으로 제시하고 있으며, 이 개념은 오늘날의 교육, 특히 아동교육에서 중요한 위치를 차지하고 있다.

이처럼 성선설은 인간을 선한 존재로 보며, 그동안 훈육, 훈련과 비슷한 개념으로 받아들였던 '만드는' 교육을 어린이들이 지닌 잠재적 가능성을 스스로 발현할 수 있도록 도와주는 '기르는' 교육으로 전환시키는 데 결정적인 영향을 주었다.

2) 성악설

성악설(性惡設)은 앞서 살펴본 성선설과는 대비되는 관점으로 모든 인간은 태어날 때부터 악하다는 것을 전제한다. 이 입장의 인간은 성선설과 다르게 태어날 때부터 악한 본성을 지니고 있기 때문에 본능적으로 악한 행동을 일삼는다. 성악설 역시 동양과 서양에서 오래된 전통을 지니고 있다. 동양에서는 순자(荀子)가 기본적으로 인간의 본성은 악하다고 본다. 그러나 이는 종종 오해를 불러일으킬 수 있다. 그가 말하고 있는 성악설에서 "인간은 악한 존재이기 때문에 인간을 믿어서도 안 되고, 인간에게 베푸는 일은 부질없는 짓이다."라고는 하지만, 이는 결코 인간의 본성에 대한 부정적인 의미가 아니다.

그의 성악설은 한마디로 "인간의 본성은 악이요, 선은 인위적인 것이다(人之性惡 其善者僞也)."라는 명제로 표현될 수 있다. 순자의 이 말은 인간이 악하다는 것이 도덕적으로 이미 악하다는 것이 아니라, 단지 인간이 욕망이라는 본성을 지니고 있고 이를 추구하려고 해서, 그 본성이 악하다는 의미이다. 즉, 인간은 자기의 모든 탐스러운 욕망을 충족시키기 위해 서로 다툰다. 이것만 보면 인간의 본성은 분명 악하다. 그러나 순자는 여기에서 그친 것이 아니라, 타고난 상태 그대로 살아서는 안 되며, 반드시 교육을 통해 선한 길을 찾아야 한다고 주장한다. 앞의 명제에서 선은 인위적이라고 한 것과 마찬가지로 결국 인간은 본래 타고난 악한 본성을 선함으로 다스리고 수양을 쌓음으로써 성인이 될 수 있다는 것이다. 따라서 순자는 인간의 도덕적 수양을 위한 교육의 중요성을 강조한다. 성선설과 비교하자면, 맹자는 인간이 모든 인의를 행할 수 있는 인성(선성)을 이미 지닌 채로 태어난다고 보았지만, 순자는 인간의 악한 본성이 인위적인 노력을 통하여 선하게 될 수 있다고 보았다.

한편, 서양에서도 역시 성악설은 오랫동안 지속되어 온 전통이다. 동양과는 다르게 서양에서는 성선설 관점 이전에 성악설이 지배하고 있었다. 서양에서 나타나는 악한 인간의 본성은 중세 기독교의 영향으로부터 생성되었다고 할 수 있다. 성경의 창세기에 나타나 있듯이 인류의 조상인 아담이 원죄를 지은 이후로 인간이 사악한 길로 떨어졌고, 그 결과 그의 후손들은 태어나면서부터 악한 본성을 지니고 있다고 보았다. 기독교가 모든 것을 지배했던 그 당시에 인간의 본성이 근본적으로 악하다는 주장은 의심하거나 논쟁을 벌일 여지도 없는 굳건한 믿음이 되었다.

대표적인 중세의 철학자 아우구스티누스(St. Augustinus)를 비롯해 이탈리아의 마키아벨리(N. Machiavelli), 영국의 홉스(J. Hobbes) 등은 인간의 본성이 악하다는 관점을 가지고 있었다. 이들 모두는 당시의 시대상 등을 통하여 죄악이 인간의 본성 가운데 뿌리 깊게 박혀 있기 때문에 제거할 방법이 없다고 생각하였다. 따라서 인간의 이러한 악한 본성은 규율로 다스릴 수밖에 없다고 생각했기 때문에 교육에서의 엄격한 훈육이 강조되었다. 이에 영향을 받아 어렸을 때부터 엄격한 훈육은 근대적인 교육방법으로 자리매김하게 되었다.

3) 백지설

앞서 살펴본 성선설, 성악설과는 달리 백지설은 인간의 본성이 아무것도 써 있지 않은, 말 그대로 백지와 같다고 보는 입장이다. 중국의 고자(告子)는 그의 스승인 맹자와는 달리 인간의 본성을 선하지도, 악하지도 않은 중성적인 것으로 여기면서 인간의 본성을 동쪽으로 물꼬를 트면 동쪽으로, 서쪽으로 물꼬를 트면 서쪽으로 자연스럽게 흐르는 물에 비유하였다고 한다. 결국 그에게 인간의 본성이란 물에 동서의 구분이 없는 것과 마찬가지로 선과 악의 구분이 없는 것이다.

또한 서양에서 인간 본성으로서의 백지설에 대한 견해는 17세기의 경험론자인 로크(J. Locke)가 인간의 선험적 이성을 부정하면서 저술한 『인간오성론(Essay concerning Human Understanding)』에서 "본유관념(本有觀念)은 인간에게 태어나면서부터 있는 것이 아니라, 후천적(後天的, a posteriori)인 경험을 통해서 생긴다."라고 했던 학설로부터 비롯된다. 그에 의하면 인간의 마음은 태어날 때 백지와 마찬가지로 아무것도 그려지지 않았다. 우리의 본성과 마음이 이러저러한 것이나 사물에 대한 인식의 정도는 인간 스스로의 경험을 통해서 얻어진 것이다. 예를 들면, '하늘색을 보지도, 알지도 못했던 사람이 어떻게 하늘색을 생각하거나 표현할 수 있겠는가?'라는 이치이다(Locke, 1981, S. 124). 결국 로크는 인간의 경험이 사유보다 앞선다고 본 것이다. 이를 라이프니쯔(Gottfried Wilhelm von Leibniz)는 '타불라 라자(백지, tabula rasa)'로 명명하였다.

이는 인간의 본성이 백지와 같다는 것을 의미한다. 즉, 인간은 애초에 아무것도 그려지거나 써 있지 않은 백지상태로 태어나서 주변 환경과의 상호작용을 통하여 그 위에 필요한 것들이 하나하나 채워지면서 성숙한 인간이 된다는 것을 의미한다. 그러나 이와 같은 인간의 본성에 대한 백지설의 관점에서는 인간이 자신을 둘러싸고 있는 환경의 영향을 받아 선해질 수도 혹은 악해질 수도 있어 지극히 수동적 존재로 이해될 수 있다. 그 예로서 학습은 외부 환경의 자극에 의한 것이라는 행동주의 심리학에 바탕을 둔 교육이론에 영향을 주었다고 할 수 있다.

따라서 이 입장은 인간을 스스로의 의지와는 관계없이 교육이나 환경에 의해 선해질 수도, 악해질 수도 있는 지극히 수동적인 존재로 파악하고 있기 때문에 앞서 이야기한 성선설, 성악설과 대립된다고 볼 수 있다. 보다 결정적인 것은 인간이 자유를 누리고, 선택할 수 있고, 책임을 지는 등의 자주적 · 창조적 존재임을 부인함으로써 교육학 영역의 비판적 담론으로부터 벗어날 수 없다.

2. 근대적 관점에서의 인간이해

본성론적 관점과 더불어 인간 존재에 관한 담론은 아리스토텔레스(Aristoteles)에 의해 '인간은 이성적 동물'로 정의된 이래 서양에서 오랜 역사를 지니고 있다. 그가 정의한 인간의 '이성'은 인간이 다른 동물과 구별될 수 있는 매우 중요한 요소로 자리매김하였으며, 이를 바탕으로 인간이 자유롭게 사유하는 존재라는 인간의 본질은 오늘날까지 그 보편성과 당위성을 지니고 있다. 그러나 이처럼 인간의 정신적인 차원을 중요시 여겼던 것과는 다르게, 인간이해의 또 다른 관점은 외연적으로 표출되는 인간의 행동특성이나 내면세계를 바탕으로 인간의 존재를 규명하려는 시도이다. 여기에서는 전자를 정신사적 관점, 후자를 심리학적 관점이라 지칭하고, 각각에서 제시하고 있는 인간 존재의 본질적 특징을 알아보고 그 외의 다양한 인간이해의 관점을 살펴본다.

1) 정신사적 관점에서의 인간이해

앞서 살펴본 인간이해에 관한 세 입장과는 다르게 정신사적 관점에서의 인간은 합리적으로 사고하고, 자유의지에 따라 선택하며, 그 행동에 책임을 지는 존재로 파악된다. 이 관점은 아리스토텔레스가 인간은 이성적 동물이라고 정의한 이래 여러 사상가의 사유를 거쳐 오늘날까지 이르고 있다. 아리스토텔레스에 의하면 인간은 식물과 마찬가지로 식물적 영혼인 신진대사 활동을 하고, 동물과 마찬가지로 감각적 영혼을 공유하기는 하지만, 고유의 영혼인 합리성은 오로지 인간에게만 주어졌다. 이때 인간은 동물들의 행동에서 나타나는 단순한 본능적 · 반복적인 활동을 초월하여 창조적 활동이 가능한 존재라는 점에서 그 탁월성을 지니고 있는 존재이다.

사실 따지고 보면 인류의 문명은 어느 한 순간에 머무르거나 지체되어 있지 않았다. 오히려 문명의 정도를 가늠하게 하는 요소라 할 수 있는 학문과 예술, 과학과 기술 등은 인류의 역사에서 찬란한 진보를 이룩하였음을 부인할 수 없다. 이러한 인류 문명의 무한했던 진보는 결국 인간의 의식이 숨 쉬고 활동하면서 자신의 존재와 활동에 대한 반성과 성찰을 바탕으로 한 창의적 사유활동으로 가능하였던 것일 것이다.

이 외에도 인간의 존재양식을 '이성'으로부터 탐구해 내고자 했던 시도는 플라톤(Platōn), 데카르트(R. Descartes) 등의 사상과 칸트(I. Kant)로 대표되는 독일의 관념론 등에서 나타난다. 플라톤은 사유하고 있는 의식을 인간 영혼의 최고 부분이라 했고, 데카르트에게 있어서 영혼은 의식을 소유할 뿐만 아니라 바로 그 의식 자체였다. 또한 칸트로 대표되는 독일의 관념론에서는 인간을 자기의식을 지닌 도덕적 존재로 파악한다.

이처럼 인간은 다른 동물에게는 찾아볼 수 없는 고유한 정신활동을 가능하게 하는 관념능력이 있다. 이 능력에는 인간의 합리성을 바탕으로 한 인식능력, 자유로운 행동을 통하여 이를 실천에 옮기는 실천능력 그리고 이 과정에서 윤리적인 가치를 창출하는 능력 등이 포함된다. 결국 인간이 이성을 지닌 정신적 존재라는 것은 합리적으로 사고하고, 자유의지에 따라 스스로 행동하며, 선택한 행동에 대하여 스스로 책임을 지는 윤리적 존재로 나타난다. 다시 말하면, 인간이 이성을 지닌 정신적 존재라는 것은 '사유하는 존재' '자유의지의 존재' 그리고 '윤리적(도덕적) 존재'로 파악될 수 있다는 것이다.

먼저, 인간이 '사유하는 존재'라는 것은 무엇을 인식할 수 있다는 것을 의미한다. 무엇을 인식한다는 것은 우리가 주변의 사물을 접하면서 감각을 통하여 사물에 대한 인상을 받아들이는 것을 뜻한다. 이 감각적 인상을 통하여 우리는 사물을 그 무엇으로 이해하는데, 이것은 결국 감각기관을 통한 사물에 대한 인식능력을 의미하는 것이다. 그러나 동물들이 지닌 감각적 인식과는 다르게 인간의 감각적 인식은 항상 지식 속에서 이미 이해하고 경험하여 사유 안에서 다듬어진다. 오직 인간에게만 고유하게 주어져 있는 인간의 인식을 특징짓는 것이 사유라 할 수 있다. 따라서 인간의 인식이란 '언제나 사유하는 인식'이라 할 수 있다.

또한 인간이 '자유의지의 존재'라는 것은 앞서 이야기한 인간이 사유하는 존재라는 것과 더불어 정신사적 관점에서 인간이해를 위한 중요한 요소이다. 인간은 무엇을 인식하여 그 의미를 창출해 내는 존재이기도 하지만 다른 한편으로는 자기규정과 자기결단을 통하여 스스로 가능성을 실현하는 존재이다. 이러한 의미에서 야스퍼스(K. T. Jaspers)는 사람임(Menschsein)보다는 사람됨(Menschwerden)을 강조하였는데, 이것은 결코 인간이 이미 무엇으로 결정된 고정불변한 존재가 아니라, 항상 자신을 실현해 가는 존재임을 강조한 것이다. 즉, 무엇이 되든 인간은 자기 자신을 형성하는 데 자유로운 존재이다. 만일 인간이 자유롭지 못하다면 스스로 그가 실현될 가능성을 뒷받침해 줄 수 있는 근거를 상실하게 된다. 우리가 무엇을 인식한다 할지라도 그 자체로는 인간적 · 도덕적 가치를 이끌어 낼 수 없다. 인식을 통한 가치는 결국 인식에 대한 부정적 · 긍정적 표현을 수반하는데,

이는 인간의 자유로운 의욕과 행동을 통해서만 비로소 가능하다. 이런 의미에서 인간은 자유의지를 지닌 존재라고 할 수 있다.

마지막으로, '윤리적(도덕적) 존재'라는 것은 앞서 언급한 인식과 자유의지를 바탕으로 인간이 선과 악을 판단하는 규범을 지니고 있다는 것을 의미한다. 그러나 인간의 행동이 자유롭다고 해서 그 행동에 한계와 제약이 없다는 것은 아니다. 인간의 의욕과 행동을 유발하는 자유가 인간에게 이미 주어졌지만, 그 자유는 추구되거나 실현될 가능성이 제시된 영역에서의 자유를 의미한다. 인간은 성장환경, 교육 및 종교적 배경, 특정 시대의 특정한 사회에서 다양한 영향을 받으면서 살고 있다. 이 세계 속에서 인간의 자유는 제약을 받을 수밖에 없다. 그렇다고 그 자유가 감소하거나 지양되지는 않는다. 다만, 윤리적 · 도덕적 선의 테두리를 요구받는다.

자유를 전제로 한 인간의 윤리적 행위는 역사적 · 사회적 · 문화적 제약이 따르기는 하지만 정의와 불의, 도덕성과 비도덕성의 구분은 시대와 장소의 구분 없이 명백하게 설정되어 있다. 따라서 인간이 개인의 욕구를 충족시키기 위해 자유를 바탕으로 자기 자신을 합당하지 않게 실현하려 한다면 그것은 윤리적인 악이 될 것이다. 인간은 자유롭기에 어떤 상황에서도 윤리적인 책임을 지닌 채 스스로 결단할 수 있고, 선하게 행동해야만 한다. 그러나 현실적으로 인간은 다양한 조건과 영향에 의해 언제든지 윤리적인 태도를 거부할 수 있으며, 그 결과 잘못된 행동이 나올 수 있다. 따라서 인간이 자유로운 의지를 지닌 존재이긴 하지만 이를 바탕으로 한 행동의 결과는 윤리적 · 도덕적 선의 테두리를 벗어날 수는 없다.

이러한 이성을 지닌 존재로서의 인간에 대한 이해는 오늘날까지 그 정당성을 잃지 않고 교육학의 이론 및 실천목표, 이를 달성하는 방법 등을 탐구하는 데 중대한 영향을 미치고 있다.

2) 심리학적 관점에서의 인간이해

자연과학의 급속한 발달과 더불어 실증주의 사고방식의 출현은 인간을 유물론적 관점에서 파악하려는 경향을 가능하게 하였다. 이러한 경향성은 기존의 정신사적 관점에서의 인간이해 관점과 대립하는 양상으로 나타났다. 이 관점에서는 인간을 생리적인 존재로 파악(의학적 영역)하려 하거나 인간의 영혼과 내면세계를 결정론적인 입장에서 파악(심리학적 관점)하려는 시도가 있었다. 그중에서도 가장 대표적인 것으로 정신분석학자인 프로이트(J. Freud)의 결정론과 행동주의 심리학자인 스키너(B. F. Skinner)의 인간에 대한 관점을 들 수 있다.

인간 내부에 잠재되어 있는 충동적인 힘이나 인간의 행동에 영향을 주는 경험들을 제대로 밝혀내는 데 주안점을 둔 정신분석학은 결정론적 관점에서 인간의 본질을 과학적으로 다룰 것을 주장한다. 그래서 프로이트는 인간의 의식은 이성적이거나 자유롭지 못하며, 우리가 알지 못하는 각 개인 특유의 원인에 의해 결정된다고 간주한다. 특히 그는 인간이 이성적, 자유의지의 존재라는 것을 부인하며 인간의 행동을 유발하는 요소가 저 아래 깊숙이 자리 잡은 인간의 무의식임을 강조한다. 그에 의하면 무의식은 마치 수면 아래 숨겨져 있는 거대한 빙산의 일부분과 같은 것으로서 이것이 인간의 행동을 결정하는 잠재적 성향이라고 보고 있다. 그래서 그는 인간의 행동을 올바르게 이해하려면 무의식의 세계를 밝혀내야만 한다고 주장한다. 프로이트는 이러한 무의식을 인간 존재의 가장 중요한 본질적인 측면으로 이해하고 있다.

심리학 영역에서 인간을 프로이트보다 더 과학적으로 이해하고자 했던 학자는 스키너이다. 그는 대표적인 행동주의 심리학자로서 인간의 본성에 대하여 별로 관심을 두지 않는다(굳이 말한다면 백지설에 가깝다고 할 수 있다). 오히려 인간을 신경과 세포로 이루어진 유기체로 간주하면서 환경에 의해 만들어진 존재로 보고 있다. 모든 유기체의 반응은 그 원리를 밝혀내면 인위적으로 조작할 수 있으므로 그는 인간의 행동을 계획적으로 조작할 수 있다고 파악한다. 따라서 그의 인간에 대한 이해 역시 종래의 인간이해의 관점, 즉 인간이 개인의 의지에 따라 행동을 선택할 수 있는 존재라는 것을 철저하게 부인한다. 오히려 인간의 행동은 자신이 속해 있는 객관적 세계에서 과거와 현재의 경험으로 결정된다고 보고 있다. 인간은 하나의 유기체이기 때문에 환경에 의해 통제되며, 그렇기 때문에 인간의 행동을 개선하려면 인간의 자유의지나 이에 기반을 둔 스스로의 선택에 관계없이 외적인 환경을 조작함으로써 가능하다고 주장한다. 그의 이론대로라면 인간이 만약 행복해지길 원한다면, 행복해질 수 있는 인간의 행동을 조건화함으로써 행복한 생활을 이끌어 낼 수 있다. 이를 증명하기 위해 사용한 방법이 일정한 자극은 일정한 반응을 유발한다는 그 유명한 '자극과 반응의 연합'이라는 관계 설정이다. 실제로 자극과 반응의 관계에서 조건화 과정을 거쳐 기대하는 행동을 조작할 수 있다는 그의 '조작적 조건화' 이론은 교육에서 프로그램 학습법으로, 상담에서 행동수정의 치료요법으로 활용되었다. 그러나 스키너의 이러한 행동주의 심리학은 이론적 가정에도 불구하고 쥐나 비둘기 같은 하등동물 등을 대상으로 통제된 실험실 조건에 의해 도출된 연구결과를 인간에게 적용하고 검증하려 했다는 점에서 그 한계를 지적할 수 있다. 더 나아가 인간 존재에 관한 담론으로부터 규명된, 인간이 자유의지에 따라 자신을 스스로 결정하고 선택하는 존재가 아니라, 외부의 조건이나 영향에 의해 좌지우지되는 존재로 비칠 수 있다는 점에서 적지 않은 문제 제기가 가능하다고 볼 수 있다.

3) 기타 관점에서의 인간이해

(1) 아놀드 겔렌(A. Gehlen): 결핍존재

동물에 비해서 인간은 '모자란 존재(결핍존재)'이다. 인간에게는 날카로운 이빨과 발톱도, 두꺼운 털도, 날쌘 몸놀림도, 뛰어난 시력과 청력도 없다. 맨몸으로 밀

림이나 산속에 들어간 인간은 위험에 무방비로 노출될 수밖에 없다. 이것만 가지고 인간을 결코 만물의 영장이라고 할 수 없을 것이다. 그러나 인간이 태생 시에 이토록 부족한 존재라는 것은 오히려 그가 끊임없는 완성을 추구할 수 있는 전제조건(가능성)이 될 수 있다. 이는 인간이 지구의 모든 곳에서 생존하고 있으며 다른 어떤 동물보다도 강력한 힘을 소유하고 있다는 것으로 증명된다. 왜 그럴까? 겔렌은 이런 의문에 대해서 다음과 같은 답을 제시하였다. 인간이 만물의 영장이 된 이유는 본능에 따라서 살지 않기 때문이다. 인간에게는 생존에 직접적으로 유용한 행동본능이나 신체기관이 없다. 즉, 인간은 고도한 학습능력을 갖추고 있으며 이에 기초하여 생각하고 행동하는 가운데 살아간다는 것이다. 그래서 인간은 정신적인 성취, 즉 제2의 자연인 문화를 통해서 살아가는 문화적 존재인 것이다.

겔렌은 문화를 '길들여지고 만들어진, 그리하여 삶에 편리하게 변화된 자연'이라는 의미에서 제2의 자연이라고 부른다. 인간은 제2의 자연, 예를 들면 소유권, 가족, 법, 국가의 시스템 속에서만 안정적으로 삶을 영위할 수 있다. 그러므로 교육학적으로 말한다면 인간은 자신의 생존과 존속을 위해서 반드시 문화(언어와 제도) 속으로 편입되어야 한다. 이러한 편입의 과정을 담당하는 사회적 기제가 곧 교육인 것이다. 만약 이러한 기성의 문화로부터 단절된다면 인간은 심각한 생존의 위협에 직면할 수밖에 없다.

(2) 아돌프 포르트만(A. Portman): 생리적 조산

포르트만은 인간과 동물의 차이점을 출생의 시점부터 주목한다. 동물은 이미 확실하게 정해진 본능과 기본적 생존능력을 구비하고 태어나는 반면에 인간은 완전히 무력한 존재로서 세상에 태어난다. 인간의 아이는 생후 1년이 되어야 비로소 보통의 동물 새끼의 수준에 도달한다. 이를 두고 포르트만은 '생리적 조산'이라고 하였다. 이렇게 미리 태어난 1년 동안 아기는 문화적 환경과의 교섭 속에서 인간의 전형적 특징들을 발전시킨다. 예를 들면, 직립보행, 언어사용, 행위능력 등이 그것이다. 이렇게 문화적 환경과의 교섭 속에서 기본적 능력을 획득하는 과정이 갖는 중요성을 강조했던 사람으로는 듀이(J. Dewey)를 들 수 있다.

예를 들어, 알에서 갓 깨어난 병아리는 자신의 시각과 부리의 운동을 놀라울 정도로 정확하게 조응시킬 수 있다. 병아리는 마당에 떨어진 좁쌀을 부리로 정확히 쪼아서 먹을 줄 안다. 그러나 인간의 아이가 자신의 시력과 손동작을 조응시키려면 몇 개월의 시간이 걸려야 한다. 아이는 수많은 시행착오를 통해서 비로소 자신이 보는 것과 자신의 신체적 행동을 서로 조응시키는 방법을 배운다. 이렇게 시행착오를 통해서 배운 아이는 자신의 조응능력을 새로운 상황에 맞게 발전[1]시켜 나갈 수 있는 반면, 병아리의 조응능력은 낱알들을 쪼는 일을 평생 똑같이 반복하는 데 머무를 뿐이다.

이로부터 알 수 있듯이 인간은 생리적 조산을 통해서 동물과 달리 환경에 속박되지 않고 타고난 본능에 의지하지 않으며, '세계에 대해 열려 있는 존재'로서 자신의 능력을 자유롭게 발전시켜 나갈 수 있는 고도한 학습능력을 획득한다. 반면에 생리적 조산은 인간이 성장과정에서 타인, 즉 부모나 교사의 도움을 필요로 한다는 사실을 분명히 보여 준다.

(3) 야콥 폰 윅스퀼(J. v. Uexküll): 세계에 대해 열려 있는 존재

동물은 어떤 특수한 환경 조건에 맞춰져 있는 상태로 태어난다. 그래서 동물은 세계 전체에 대해서 반응하지 못하고 오직 자신의 존재구조에 의해 허용된 부분에 대해서만 반응한다. 예를 들어, 진드기의 활동은 나무에 가만히 붙어 있다가 어디선가 포유류의 냄새가 나면 나무에서 몸을 떨어뜨리며 어떤 동물의 피부에 올라서 피를 빠는 것이 전부이다. 진드기는 그 포유류가 인간인지, 곰인지, 호랑이인지 상관하지 않는다. 그는 떨어지는 시점에 대해서 고민하지도 않는다. 또한 그는 비가 오는지, 눈이 오는지, 세월이 가는지 오는지도 상관하지 않는다. 오

---

1) https://www.youtube.com/watch?v=7MtzmRTIcU4FMF 참조.

직 붙어 있고, 포유류의 냄새를 맡고, 떨어지고, 피를 빠는 것만이 그의 삶의 전부이며 그 나머지는 '관심 밖의 것들'에 불과하다.

이에 반해 인간을 어떤 특정한 세계와만 관계하도록 제한하고 있는 내적 특성은 아무것도 없다. 인간은 있는 그대로의 세계 전체와 만나고 대결할 수 있다. 물론 여기서 인간의 시각은 자외선과 적외선을 지각할 수 없다고 반론할 사람이 있을지도 모르겠다. 그러나 그렇게 말하는 순간 이미 거기서 인간이 자신의 감각적 능력의 한계를 넘어선 영역에 대해서도 관심을 기울이고 탐구할 수 있음이 입증되는 것이다. 인간의 타고난 지각능력은 한정되어 있지만 그럼에도 인간의 행동과 삶은 환경에 제한됨이 없이 세계 전체에 대해 철저히 열려 있다.

그러나 이렇게 본능이 별로 없고 또 그것도 고정된 것이 아니기 때문에 인간이 자신의 삶을 영위하기 위해서는 '인간적-문화적 영향'을 필요로 한다. 즉, 자신의 생활방식과 규범을 사회적 삶 속에서 배우지 못한다면 인간은 방향성을 상실하고 어찌할 바를 모르는 채 내부와 외부의 각종 위협에 무방비로 노출될 수밖에 없다.

연습문제

1. '인간에게 교육이 왜 필요한가?'를 인간의 본성론적 관점 세 가지와 연결시켜 살펴본다고 하면, 어느 관점이 가장 설득력 있다고 보는가? 그리고 그 이유에 대하여 서술해 보자.
2. 정신사적 관점과 심리학적 관점의 인간이해를 동시에 교육현장에 적용시켜 교육활동이 이루어진다고 가정했을 때, 각각의 관점에서 나타날 수 있는 교육의 가능성 및 한계성에 대하여 토론해 보자.

제 2 장 인간이해와 교육적 관계

1. 자연주의 관점
2. 사회학의 관점
3. 인격주의 관점
4. 인간과 교육

제2장 인간이해와 교육적 관계

교육은 인간 고유의 과업이며, 그래서 그 대상은 다름 아닌 인간일 수밖에 없다는 전제하에 앞장에서 본성론 관점과 근대 이후의 다양한 인간이해의 관점을 바탕으로 교육활동을 이해하고자 하였다. 이러한 노력은 물론 아주 오래전부터 인간의 삶과 교육과의 관련성 속에서 시도되었다. 이를 통하여 교육이라는 활동이 나름의 목적을 달성하기 위해서는 반드시 그 대상인 인간의 본질이 무엇인가에 대한 전제가 수반되어야 함을 알 수 있다. 이처럼 교육이라는 활동이 인간 삶의 다양한 차원과 밀접한 연관을 지니고 있으므로 인간이해를 위한 고유한 연구 영역이 필요하다.

교육학의 영역에서 교육과 인간의 관계를 체계적으로 다룬 사람은 독일의 교육학자인 볼로(O. F. Bollnow)이다. 그는 "인간이해는 모든 교육학 이론체계에서 핵심적인 요소이다. 교육에 대한 이해는 물론이고 교육의 목표와 그 목표를 실현하기 위한 수단을 선별하는 일 등 모든 것이 인간관으로부터 나온다."(Bollnow, 1977: 23)라고 하면서 인간 본질에 대한 이해가 교육을 이해하는 필수적인 요소임을 강조하였다. 이렇게 교육과 인간의 관계를 다루는 교육학의 분야를 교육인간학이라고 부른다. 교육인간학은 인간 존재의 문제를 교육과 연관지어 다루기도 하지만, 인간 자체에 대한 본질적 이해를 연구하는 영역이기도 하다.

그렇다고 해서 인간이해의 관점에서만 교육학 이론의 체계, 즉 교육학적 사유나 실천이 형성되어야만 한다는 것은 아니다. 다만, 우리가 교육의 본질에 대하여 고민한다면, 그 과정에서 인간학적 관점과 비판들이 필수 불가결한 요소임을 인식해야만 한다는 것이다. 왜냐하면 공간과 시간을 초월하여 교육목적의 설정, 내용, 방법 등을 망라한 교육이론 형성에는 나름의 인간관이 바탕에 놓여 있기 때문이다. 따라서 교육인간학은 교육학 전공자뿐 아니라 교사를 포함한 교육에 관심 있는 모든 사람에게 교육의 본질에 대한 이해를 하는 데 그리고 올바른 교육적 사유를 형성하는 데 결정적인 도움을 줄 수 있다.

이 장에서는 서구의 교육학적 전통에 따른 교육적 인간이해를 자연주의 관점, 사회학의 관점 그리고 인격주의 관점으로 구분하여 살펴보고, 각각의 관점에서 지향하고 있는 교육의 목적, 내용, 방법 등을 교사-학생의 교육적 관계를 바탕으로 알아보며, 인간과 교육의 관계를 교육의 필요성, 가능성 그리고 한계를 중심으로 살펴본다.

1. 자연주의 관점

이 관점에서 인간은 태어날 때부터 개인이 지니고 있으리라 짐작되는 경향성을 존중하여 이를 실천하는 존재자로 여겨진다. 인간이 태어나면서부터 지닐 법한 소질이나 경향성은 대체적으로 개인의 본능적인 충동, 흥미, 관심, 욕구 등을 들 수 있는데, 이 인간관은 이러한 타고난 기질을 어떤 외부의 조작 없이 인간이 타고난 그대로의 성향을 발현시키는 존재라는 것을 의미한다. 우리가 잘 알고 있는 "콩 심은 데 콩 나고 팥 심은 데 팥 난다."라는 속담은 자연주의 관점에서 인간을 이해하는 원리와 매우 밀접한 연관이 있다고 볼 수 있다.

자연주의적 인간관을 대표하는 사상가로는 루소를 들 수 있다. 널리 알려져 있듯이 루소의 교육사상은 '인간은 본질적으로 선하다.'라는 인간학적인 관점에 기반을 두고 있다. 루소는 정치적으로 불평등한 당시의 상황을 비판하면서 그의 교육 소설인 『에밀』의 제1편 서두에서 "조물주가 처음에 만물을 창조할 때는 모든 것이 선하였다. 그러나 인간의 손이 닿으면서 모든 것이 타락한다."라고 주장하고 있다(Rousseau, 2009: 10). 이를 통하여 루소는 인간의 선한 본성인 자유롭고 평등한 상태가 인간이 만들어 낸 제도에 의해 훼손당하고 있음을 강조하였다. 즉, 사회비판적 관점에서 인간의 상태를 묘사하면서 교육을 통하여 인간의 자연적 상태의 순수한 생동감이 보호되어야 함을 강조하였던 것이다.

이를 바탕으로 루소는 그의 자연주의 교육사상에서 인간의 '자연적 발달'이라는 개념을 제시한다. 이것은 발달이 자연의 행보에 따라 진행됨을 의미한다. 즉, 인간은 연령단계와 그에 상응하는 교육이 제공되어야만 개별적으로 타고난 성장 가능성과 소질을 최대한 발현시킬 수 있다는 것이다.[1] 이러한 견해는 그가 바라보았던 타락된 문명사회의 원인이 외부의 영향력에 의존하는 기존의 교육방식에 있다고 보고, 새로운 교육을 통해서 인간들이 충돌이나 모순이 없는 조화로운 사회를 실현할 수 있다는 믿음에서 출발한다. 새로운 교육은 다름 아닌 자연의 발달에 따르는 교육이다. 루소가 제안하는 새로운 교육은 아동의 발달단계에서 나타나는 자연적 특성을 고려하는 것으로, 시간을 단축하는 조기교육보다는 적절한 때를 기다리는 적령기교육으로 이해된다.

결국, 루소에게 참다운 교육이란 인간이 지니고 있는 성향, 소질, 흥미를 일깨워 주는 방향으로 전개하여 인간이 선천적으로 지니고 있는 자연적인 요소를 계발할 수 있는 조력활동으로 파악된다.

이러한 인간의 막강한 자연적인 성향은 루소가 인간교육을 위한 교사로 제시하고 있는 인간, 사물 그리고 자연과의 관계에서도 분명하게 드러난다. 그는 세 가지 교사 중 자연을 인간, 사물과는 다르게 어찌할 수 없는 요소로 보았으며, 자연의 명령에 복종하면서 자연의 법칙 및 원리에 따라, 즉 자연의 발걸음(Gang der

1) 물론 근대 이후 '자연'을 교육의 핵심원리로 차용한 학자는 16세기의 인문주의 사상가였던 에라스무스였으며, 이는 17세기의 코메니우스로 이어졌다. 하지만 교육의 대상인 인간, 교육방법으로서 자연의 원리를 체계화시켜 교육학적 논쟁으로 끌어들인 사상가는 18세기의 루소라 할 수 있다. 이들은 접근방법이 달랐지만, 공통적으로 인간의 자연성과 교육의 방법적 원리를 자연에서 찾으면서 그들의 교육사상을 전개하였다.

Natur)에 의지하여 교육하는 수밖에 없다고 보았다. 따라서 이때의 교사-학생의 교육적 관계에서 학습자는 이미 결정된 자연적 성향을 지닌 존재로서 외부의 인위적인 영향에 의해 간섭받아서는 안 되는 존재이고, 교사는 인간의 고귀한 자연성이 잘 발현될 수 있도록 작용하는 자연의 법칙 뒤에 머물러야만 하는, 오로지 자연의 협력자로서 학습자의 자연적 발달을 위해 주변의 환경을 잘 준비해 주는 관찰자 및 안내자의 위치에 놓이게 된다.

그러나 이 관점의 교육에서는 오늘날 우리가 알고 있는 인간과 인간의 상호관계적 만남이라는 현상을 찾아보기 힘들다. 그럼에도 아동의 성장 가능성과 소질을 발현시켜 주는 것을 교육의 과제로 보는 견해는 훗날 개혁교육학(Reformpädagogik)의 범주에서 핵심이론으로 자리를 잡았으며, 20세기 아동교육의 선구자로 불리는 몬테소리(M. Montessori)가 교육사상을 정립하는 데 원용했던 결정적인 원리이기도 하다.

몬테소리는 교육이라는 활동의 중심에는 항상 인간학에 대한 지식이 그 기반을 이룬다는 기본 가정에서 "우리에게 새로운 형상이 자리 잡고 있다. 그것은 학교나 교육에 대한 형상이 아닌, 우리 앞에 나타나 있는 인간의 모습이다. …… 그러므로 모든 교육의 형태는 인간의 성격을 발달시키는 것에 그 기반을 두어야 한다."라고 주장하고 있다(Oswald & Schulz-Benesch, 1987: 6). 여기에서 그녀는 교육을 다름 아닌 아동의 심리적 발달을 위한 조력활동으로 간주하고, 아동의 자연적인 상태를 정상적으로 발달시켜 주고, 아동들이 자아실현과 주변 환경에 잘 적응할 수 있도록 도움을 주는 활동으로 파악하고 있다.

또한 그녀는 교육의 진정한 목적을 '정상화(Normalisation)'라는 개념 속에서 이해하고 있다. '정상화'란 아동이 독립적으로 자기 인격을 만들어 갈 수 있는 능력과 자기의 관심과 능력을 계발할 수 있는 자유를 지닌 상태를 말한다. 결국 그녀에게 교육은 '정상화'되지 않은 아동을 '정상화'시키는 것인데, 이는 자연이 자연법칙에 의해 진행될 때 조화롭고 인위적이지 않은 순수한 모습을 지닐 수 있는 것처럼 인간도 스스로가 지닌 내적인 형성법칙을 따를 때에만 정상적인 발달이 가능하다는 것이다. 즉, 아동은 내적 형성법칙에 따라 잠재된 힘을 자유롭게 발현할 수 있어야 하는데, 이를 인정하지 않는 성인의 무리한 요구나 지시 또는 통제 때문에 아동이 심리적인 일탈현상을 보인다는 것이다(Böhm, 1996: 114).

이러한 몬테소리의 견해는 비록 교육이라는 행위를 통하여 추구하고자 하는 목적이 달랐을 뿐, 교육의 과정에서 필연적으로 제시될 수 있는 자연의 작품으로서 인간의 위치는 루소의 그것과 크게 다를 바가 없다. 이 관점에서의 교육적 행위는 인간의 성장, 개인의 욕구, 흥미, 충동 등과 같은 심리학적 개념들을 교육의 실천 영역으로 끌어들여 교육의 목적을 달성하는 조력활동으로 이해된다. 여기에 매몰된 교육의 형태와 관련된 교육의 구호를 우리는 “아동이 스스로 계발하도록 도와주는 것, 자라게 두는 것, 관찰하고 기다리되 간섭하지 않는 것, 아동으로 하여금 창조적 능력들을 펼치게 하는 것 등의 모든 교육은 ‘아동으로부터 출발’로 요약할 수 있다”(Böhm, 1995: 86). 언뜻 보기에 이 입장에서의 교육은 성인의 영향이 아닌 인간의 스스로 도야를 지향하는 교육의 활동으로 여겨지는 것처럼 보이지만, 엄밀한 의미에서 본다면 이 입장에서의 개별적 인간은 단지 수동적으로 결정된 존재로 파악될 수밖에 없다. 왜냐하면 인간은 태어나면서 발달의 계획이 결정되었을 뿐, 인간 스스로가 그 무엇을 인식하고 스스로 결정할 수 있는, 스스로 사고할 수 있는 존재로 이해되지 않기 때문이다(Böhm, 1995: 89). 그럼에도 불구하고 루소와 몬테소리의 교육사상은 ‘인간을 원하는 인간으로 주조할 수 있다’는 당시 교육의 견해를 전환시켜 주었다는 점에서 매우 의미가 있다고 볼 수 있다.

2. 사회학의 관점

인간이 출생 시 이미 성장 가능성을 지니고 태어난다는 자연주의적 관점과는 달리 사회학의 관점에서 인간은 아직 미완성된 동물이고, 사회 속에서 비로소 인간다운 인간이 된다. 따라서 이 관점에서 교육은 아직 거칠고, 잘 다듬어지지 않은 상태의 인간에게 사회에서 요구되는 규범, 관습, 행동양식 등의 질서체계를 내면화시켜 사회에 잘 적응할 수 있도록 하는 '사회화' 과정으로 간주된다. 인간의 자연적 성향에 바탕을 둔 자연주의 교육사상을 루소가 교육학의 영역으로 들여왔다면, 교육을 '사회화' 과정으로 명백하게 표명한 사람은 뒤르켐(E. Durkheim)이라 할 수 있다.[2)]

그러나 그가 교육을 '사회화'의 과정으로 규정지었던 것은 인간의 삶에서 교육 그 자체의 중요성 때문이 아니라 당시 프랑스 사회가 안고 있는 다양한 사회적 문제를 해결하려고 노력하는 과정에서 교육학이 사회학에 밀접하게 의존하고 있다고 보았기 때문이다(Durkheim/이종각 역, 2004: 143-144). 따라서 그의 교육사상이 사회학적 인식론에 기반을 두어 전개되고 있다는 것은 어찌 보면 당연한 일이다.

사회학 이론에 바탕을 둔 그의 교육에 대한 견해는 인간을 사회적인 존재로서 파악한 그의 저서 『교육과 사회학』에 잘 나타나 있다. 여기에서 그는 교육을 다음과 같이 정의하고 있다.

> "교육이란 기성세대가 사회생활에 있어서 여전히 성숙하지 못한 젊은 세대에게 작용하는 모든 총체적인 활동으로서 젊은 세대에게 확실한 신체적 · 지적 · 관습적인 일정한 수준을 습득하게 하여 발전시키는 데 그 목적을 두고, 더 나아가 이들이 사회의 일치감에 적응케 할 뿐 아니라 젊은 세대에게 요구되는 역할 수준을 습득시키게 하는 과정의 활동이다."(Durkheim/이종각 역, 2004: 30)

2) 물론 뒤르켐 외에 베버나 마르크스 역시 사회 현상과 관련하여 인간의 교육에 관심이 있었다. 그러나 그들이 이를 교육학의 영역으로 발전시키지 못한 반면, 뒤르켐은 이를 교육학의 영역으로 끌어들여 하나의 학문영역으로의 완성을 시도하였던 것이다(김철, 2010: 27).

그에게 교육이란 개인의 사회화를 위한, 사회의 생산을 위한 하나의 수단이다. 뒤르켐의 교육에 대한 이러한 관점은 자연주의 교육사상가들이 옹호하는 교육의 궁극적인 목적, 즉 인간이 타고난 개별성들을 교육을 통하여 실현될 수 있도록 조력한다는 것을 단호히 거부한다.[3] 선천적으로 부여된 인간의 자연성은 이기적이고 비사회적이기 때문에 인간의 성장발달을 촉진하는 데 아무런 가치나 의미가 없고, 오로지 사회환경 안에서 상호작용을 통해 극복되어야 하는 것들이다. 그래서 그는 교육의 과제를 인간이 출생한 후 인간을 새로운 존재(사회적 존재)로 형성시키는 데에 있다고 보고, 이를 위해서 교육은 인간에게 "선천적으로 부여된 자연성을 극복하는 데 기여해야만 하고 이러한 조건하에서 비로소 인간이 된다." (Durkheim/이종각 역, 2004: 46)라고 주장하고 있다.

즉, 뒤르켐은 자연주의적 입장에서 인간은 태생 때부터 촉진되어져야만 하는 개별적인 요소들을 지니고 있지만, 사회는 오히려 인간을 이러한 자연상태로부터 해방시켜 준다고 보고 있는 것이다. 이러한 맥락에서 로크와 마찬가지로 뒤르켐 역시 인간을 아무것도 써 있지 않은 '백지(tabula rasa)'로 간주하고 있음을 알 수 있다. 이러한 인간이해를 바탕으로 그는 교육의 과제를 다음과 같이 진술하고 있다.

> "사회는 새로운 세대를 받아들일 때마다 사회가 새로이 그려야 하는 백지나 그와 유사한 것에 직면하게 된다. 이기적이고 비사회적인 존재인 신생아에게는 가능한 한 한 빨리 새로운 도덕적 생활을 영위해 나갈 수 있도록 해 주어야 한다. 이러한 활동이 교육의 과업이다." (Durkheim/이종각 역, 2004: 77)

교육을 '사회화'의 과정으로 보는 사회학적 관점에서 인간은 사회가 추구하는 공동의 목표를 달성하고자 하는 집합체의 한 요소로서 간주될 수밖에 없다. 왜냐

3) 그의 견해는 당시의 심리학에 의지하고 있던 교육학의 경향에 대한 비판으로부터 비롯되었는데, 그는 심리학에 대해 '개인의 문제를 다루는 과학'으로 기껏해야 교육의 방법을 도출하는 기능만을 가질 뿐이라고 하면서, 인간의 성향과 능력을 계발시키는 것을 교육으로 이해하려는 시도를 단호히 거부했던 것이다.

하면 인간은 단지 사회가 요구하는 집합의식을 지닌 존재로서, 개별적 인간의 양심 차원과는 무관한 그 사회가 지배하고 있는 규칙, 행동양식에 충실히 따라야 하는 존재로 나타나기 때문이다. 여기에서 뒤르켐은 '집합의식'이라는 사회학적 개념을 교육행위의 영역으로 끌어들임으로써 인간의 개별성보다는 사회적 질서, 도덕성을 중요시하고 있다는 점을 짐작하게 한다.

그에게 집합의식은 사회의 존폐를 결정하는 하나의 제도 형태이며, 사회를 창조적으로 통합하여 합일시킬 수 있는 객관적 정신(김순언, 1990: 3)이기 때문에 집합의식이 없는 사회는 붕괴될 수밖에 없다. 따라서 교육은 아동에게 집합성을 전수시켜야 한다. 만일 그렇지 않다면 사회는 아노미(anomie) 현상에 봉착할 것이고, 그 안에서의 인간 존재에 대한 어떤 실질적인 기대도 지닐 수 없게 될 것이다. 이처럼 뒤르켐은 인간의 지성과 도덕의 근원을 개인이 아닌 사회의 집합성에 대한 교육에서 찾고 있다. 이것은 자연주의자들이 파악하고 있는 교육의 과업, 즉 교육을 소질의 계발이나 혹은 자연적 인간의 실현으로 간주하는 것과 완전히 반대되는 입장이다.

뒤르켐에게 있어서 교육이라는 활동은 오로지 '태어나면서부터 개인적이고 비사회적인 존재를 전혀 새로운 존재로 형성'하는 데 기여할 때 비로소 그 가치를 지닌다. 이때 인간은 태어나면서부터 결정되어지는 자연적 성향을 지닌 존재가 아니라 오로지 교육을 통한 '사회적 존재'로서 그의 정체성을 지닌다. 이러한 관점을 뒤르켐은 다음과 같이 일목요연하게 정리하여 함축적으로 언급하고 있다.

> "사실 이 사회적 존재는 인간 본래의 소질에 충분히 형성되어진 소여(所與)의 것이 아니며 자연적 발달로 형성되어지는 것도 아니다. 동시에 인간이 정치적 권위에 따르는 복종심을 갖고 태어나는 것도 아니며, 도덕적 원리를 존경하는 태도나 자기희생정신, 헌신하는 정신도 본래적으로 타고나는 것이 아니다. 신의 권위나 사회의 상징 수단에 복종하고, 그것을 숭배하고, 그 영광을 위해서 자신을 희생해야 하는 필연적인 기질, 경향성을 유전성 속에서는 찾

아볼 수 없다."(Durkheim/이종각 역, 2004: 77)

이 관점에서의 인간은 결국 자신보다 우수한 사회적 집합의식에 의해 지배되기 때문에 인간의 타고난 무질서한 자연적 성향들이라고 여겨지는 개별적인 사고, 느낌, 선택 등은 그 자체로서가 아닌 오로지 사회적 상황에 의해 그 의미가 부여될 뿐이다.

이렇게 사회학적 인식론에 경도된 교육사상에서 학습자는 하나의 백지상태로 간주되며, 교사와 성인세대는 사회의 위임을 받아 이 백지 위에 사회에서 요구되는 요소들을 가득 그려 넣음으로써 백지가 빨리 사회적이고 도덕적인 생활에 적응해 나갈 수 있는 존재자로, 사회가 요구하고 있는 임무를 충실히 수행할 수 있는 '역할자'로 전환될 수 있도록 하는 과제를 안고 있다. 이러한 인간상은 뒤르켐이 바라보는 사회의 이상으로서의 새로운 인간이해에서 비롯될 뿐, 인간의 고유한 본질로서의 의미를 지닐 수 없다.

이를 에라스무스(D. Erasmus)가 교육의 필요성을 강조하면서 표현한 "인간은 인간으로 태어나는 것이 아니라, 인간으로 교육되어진다."에 적용시켜 보면 "인간은 인간으로 태어나는 것이 아니라, 사회에 의해 제작되어진다."로 나타날 수밖에 없다(Böhm, 1995: 102). 다시 말하면, 뒤르켐에게 인간은 독자적 개인이 아닌 사회체제의 한 요소이기 때문에 사회적 환경에 순응시키는 교육적 힘을 통할 때만 인간으로 된다. 따라서 교육에 대한 그의 견해는 '성장세대에 대한 계획적인 사회화'이기 때문에 '사회화'의 객체인 인간은 사회의 작품으로 제작(poiesis)되어질 수 있는, 제작되어진 존재로 나타난다고 볼 수 있다.

그러나 이때 '나'의 인식과 행위를 주관하는 것은 내가 아닌 사회이며, 교육적 관계 안에서 사회의 위임을 받은 교사이다. 따라서 '나'의 자유와 자율성은 이 안에서 그 위치를 상실하며, '나'는 오로지 나의 의지와는 상관없이 나에게 부여된 사회의 '역할자'로서 사고하고 행위할 뿐이다. 즉, 내가 무엇에 대해 인식하고 행동하지만, 그것은 나의 인격적 자율성으로부터가 아닌 사회가 '나'를 인식으로 이끌며 행위하도록 할 뿐이다. 현실교육에서 이러한 성향의 교육적 관계에 기반을 둔 교육은 이데올로기 교육의 위험성으로부터 결코 자유로울 수 없다.

그렇다면 과연 인간의 존재가 자유에 근거하여 생각하는 '나', 행동하는 '나'로서 나타나지 않고, 사회의 조류나 조종에 의해서만 '나'의 존재가 나타나야 하는가? 인간의 인식과 행동이 스스로 성취할 수 있는 존재로서 표현될 수는 없을까? 이러한 전제로부터 교육에서의 인간과 인간의 관계적 형성이 실현될 수는 없을까? 이러한 질문에 대한 답은 인간은 인격적 존재라는 관점에서 발견할 수 있다.

3. 인격주의 관점

앞에서 살펴본 자연주의 관점과 사회학 관점의 교육과는 다르게 인격주의 관점에서의 교육은 인간을 '인격체(person)'로 간주하면서 출발한다. 인간이 인격체라는 것은 교육활동에서의 인간은 외부에서 이미 설정된 일정한 의도나 계획에 의해 조형되어질 수 있는 객관화된 모델이 아닌, 교육의 주체인 동시에 목적이라는 것을 의미한다(d'Arcais, 1991: 117). 이것은 앞서 살펴보았던, 교육이 이미 결정된 인간의 자연성을 실현하는 과정으로, 사회적 상황에 의해 정해진 목표를 추구하는 과정이라는 견해와는 사뭇 다른 차원의 관점이라고 할 수 있다. 다음에서는 인격의 개념과 이를 바탕으로 한 교육 그리고 교육활동에서 교사-학생의 관계가 어떠한 형태로 나타날 수 있는지에 대하여 살펴볼 것이다.

인간의 '인격' 또는 '인격주의'에 대한 연구는 서구에서 아주 오랜 전통을 지니고 있다. 우선 실존주의 철학자인 키에르케고르(S. Kierkegaard)의 업적에서 그 의미를 찾을 수 있다. 그는 '전적으로 선택과 자유를 가능하게 하는 완전한 실존적 인간 존재를 파악'하는 것에 관심을 두었다(d'Arcais, 1991: 26). 또한 프랑스의 인격주의자로 대표되는 무니에(E. Mounier)는 그가 주축이 되어 발행했던 잡지인 『정신(Esprit)』에서 '마르크스의 집단주의와 시민적 · 보수적 산물의 자본주의적 개인주의와 차별화를 두면서 인격주의(Personalismus)를 선포'하였다(d'Arcais, 1991: 26). 독일의 대표적인 인격주의자로는 1950~1960년대 독일 교육이론에 많은 영향을 미쳤던 구아르디니(R. Guardini)와 부버(M. Buber)를 들 수 있다. 또한 우리에게는 잘 알려지지 않았지만, 이탈리아의 교육학자 다르카이스(F. d'Arcais) 역시 '인격주의 교육이론' 정립에 지대한 공헌을 하였다. 이들 모두는 그들 나름대로의 방법으로 '인간은 인격체'라는 기본 가치를 바탕으로 인격교육학 이론을 정립하는 데 지대한 영향을 주었으며, 이를 토대로 교사-학생의 교육적 관계 현상을 기존의 자연적 · 사회학적 관점이 아닌 교육학적 담론으로 완성시키는 데 공헌하였다.

이들의 견해에 의하면 인격체로서의 인간은 '나의 자유와 선택이 나를 형성하고 실현시킨다'는 실존주의 입장과 밀접한 관련이 있다. 이 관점에서 인간은 나의 자유의지가 아닌 낯선 힘에 의해 지배를 받는 객관적 객체 또는 이미 주어진 또는 본인의 의지와는 관계없이 그 무엇으로 주조될 수 있는 존재가 아니다. 이는 페스탈로치(J. H. Pestalozzi)가 도덕적 존재로서 "나는 나의 양심의 힘을 통하여 내가 지닌 동물적 자연상태와 사회적 냉혹함을 인식하는"(Pestalozzi, 1797: 185) 존재라고 표현하고 있는 것과 일치한다고 볼 수 있다. 그러나 인간은 이러한 주체적인 인격을 바탕으로 도덕적 상태에 이르더라도 '나'는 자연적 개인과 사회적 역할 담당자로서 존재하기 때문에 '나'의 자연성과 사회성은 소멸되지 않는다.

이러한 인격체의 인간은 인식과 행위의 주체로서 자신의 인격적 유일성과 반복 불가능성 그리고 대체 불가능성에서 다른 사람과 구별된다. 그러나 인간의 인격은 한순간에 결정되는 것도 아니고, 천성적으로 가지고 태어나는 것도 아니다. 오히려 인격은 인간이 스스로 형성해 나가는 것을 의미한다. 이러한 인격의 성취를 무니에는 다음과 같이 소명의 개념을 사용하여 설명하고 있다.

> "인격은 나의 모든 행위를 점진적으로 통일한다. 또한 나의 개성적인 면들은 이를 통하여 내가 처한 상황을 하나로 통합한다. 이는 결코 추상적이거나 체계화된 통일이 아니라 나의 정신적인 삶의 원리가 점차로 드러나는 것이다. 이러한 삶의 원리는 스스로 포착한 것을 파괴하는 것이 아니라 그 내면에서부터 새롭게 재창출함으로써 보존하고 완성시킨다. 이러한 생동적 · 창조적 삶의 원리를 우리는 인격의 소명이라고 명명한다. …… 인격은 그 자체로서 인간 내부에 고유한 형태로 내재되어 있다. 그렇기 때문에 인격의 목표는 이러한 소명이 분절되지 않게 끊임없이 추구하는 것이다."(Mounier, 1936: 89; Böhm, 1995: 125에서 재인용)

이 인용문은 인격이 개체적 존재로서의 인간, 자아의식을 지닌 인간으로서의 확증을 의미하는 것이 아니라 인간의 삶 전체에 걸쳐 스스로가 고유한 방식으로 실현하고자 하는 인간의 궁극적인 목적임을 밝히고 있다. 다시 말하면, 인격은 모든 인간이 지닌 것이지만, 일반적으로 알고 있는 성품과는 구별되는, 인간이 실존적 존재임을 밝히는 유일무이한 요소라는 것이다. 교육의 과제는 생동적이고 구체적인 인간과 관계하는 것으로서 이러한 고유한 인격의 소명을 자각하게 하고 이를 자유롭게 실현하도록 일깨워 주는 것이다(정영근, 2007: 155).

여기로부터 교육에서의 교사–학생의 관계에서 인격적 만남, 즉 나와 너의 인격적 상호관계가 나타난다. 이 역동적 상호관계에서 각 인간의 참여와 의무가 요구되는 것이다. 인격은 단지 관조하는 사람이 아니라 주체적으로 실천하는 인간의 삶 속에서 실현된다. 이러한 인격적 관계의 설정에서 "모든 참여는 의무이다. 구속력이 없는 참여는 오만한 것일 뿐 아니라 교만의 극치로 치부될 수 있는 것이다."라고 표현되고 있다(Marcel, 1968: 49; Böhm, 1995: 127에서 재인용).

이렇게 도출되는 인간의 인격적인 양태를 바탕으로 부버는 교사–학생의 교육적 관계 현상을 '인격적 만남'으로 규정짓기를 요구한다. 그는 더 나아가 이러한 인격적 만남의 속성을 '대화(Dialog)'로 표현하고 있다. 즉, 교육이 일정한 목적을 추구하기 위해서는 교사–학생의 인격적 만남이라는 관계적 현상이 전제되어야 하며, 이를 성취시키는 원리는 대화에 있다는 것이다(Buber, 1986: 40). 이것은 교육적 상황에서 교사-학생 간의 관계를 규명하는 데 대화의 원리가 본질적 의미를 지닌다는 것을 시사해 준다. 여기에서 대화의 원리란 사고체계와 같은 지각 등의 미시적인 영역뿐만이 아니라 세계에 대한, 특히 '너'에 대한 인간의 모든 활동력을 지칭하는 인간의 총체적인 행동양식을 의미한다(Buber, 1986: 41). 부버의 이러한 견해는 인간이 오로지 대화를 통해서만 인격적 존재로 나타날 수 있음을 의미한다.

인격체로서의 인간은 정신세계와의 만남에서도 각성과 실존적 비약을 스스로 경험하며 성장을 이룬다. 이때의 만남은 비록 대상인 '너'가 '나'와 동등한 인격체가 아닌 그것으로 여겨질 수 있는 사물, 사건과의 만남일 수 있지만, 이것을 우리가 경험적 이용의 수단으로서 지배하거나 예속하지 않는다면 이것 역시 인격적 관점에서의 '나-너'의 관계가 성립될 수 있는 것이다.

결국 인간은 인격체라는 관점은 심리-유물론적 관점에서 바라보는 경험적 연상이나 연합의 축적된 경험에 의한 산출물이 아니다. 또한 인간의 상태는 로크가 예견한 인간의 특성을 백지로 표현하고 의미 있는 경험들을 여기에 기술하려 했던 것을 교육으로 생각했던 '백지(tabula rasa)'도 아니다. 인간은 그 자체로서 인격체이기 때문에 이런 모델에 결코 인격을 대입시킬 수 없다. 단지 스스로의 인격 그 자체가 교육의 주체로서 여겨져야 한다. 그러므로 교육은 객관적으로 주어지고 정해져 있는 목적으로 이끄는 하나의 길로서 생각될 수 없고, 오로지 인격의 완전한 자아실현 속에서 나타난다. 교육의 진정한 가치는 인격의 완전한 자아실현 속에 자리하고 있다. 인간은 인격체로서의 삶을 살고, 가치를 실현하고 자아실현을 할 수 있는 능력이 있다. 따라서 교육적 관계에서 학습자 역시 성인이나 교사, 사회에 의해 원하는 대로 주조가 가능한 생산품이 아닌, 하나의 고유한 인격으로서의 위치를 부여해야 한다는 것이다. 이러한 인간관을 바탕으로 한 교육은 그동안 훈육된 실천에 의한, 단지 교사가 권위를 앞세워 원하는 대로 일정한 수준으로 도달케 하는, 그 결과로서 교육이 이미 정해진 규범에 적응시키는 과정의 활동으로 이해했던 것으로부터의 커다란 변화라 볼 수 있다.

4. 인간과 교육

앞에서 우리는 다양한 인간이해의 관점에 따른 교육에 대하여 살펴보았다. 인간 존재의 본질에 관한 상이한 논의에도 불구하고 공통적인 것은 인간이 다른 동물과는 달리 그의 능력을 발휘하기 위해서는 교육이 필요하다는 것이다. 즉, 인간은 태어나면서부터 교육을 떠나서는 존재할 수 없다는 것이다. 그만큼 인간에게 교육은 필수 불가결한 행위이다. 인간에게 교육이 필요하다는 것은 인간은 교육이 가능한 존재라는 것을 전제로 하고 있다. 교육이 가능하다는 것은 변화를 전제하고 있으므로 어느 범위까지 변화가 가능한지에 대한 논의가 요구된다. 다음에서는 인간과 교육의 관계를 교육의 필요성, 교육의 가능성 그리고 교육의 한계성으로 구분하여 살펴볼 것이다.

1) 교육의 필요성

인간의 본질에 대한 관점이 다양할지라도 교육이 인간에게 반드시 필요한 활동임은 부인할 수 없다. 인간에게 반드시 교육이 필요하다는 것은 인간이 그만큼 미성숙한 존재라는 것이다. 미성숙의 개념을 우리는 흔히 부족이나 결핍의 부정적인 의미로 받아들이지만 교육에서의 미성숙은 듀이의 견해처럼 성장할 수 있는 잠재적인 가능성을 의미한다. 우리가 주변에서 어렵지 않게 목격할 수 있는 반려동물이나 송아지 등은 출생하고 얼마 되지 않았음에도 불구하고 주위의 환경에 쉽게 적응하는 것을 볼 수 있다. 그러나 인간은 이러한 동물과는 달리 출생 당시 자립할 수 있는 능력이 턱없이 부족하다. 이것이 동물과 인간의 근본적인 차이점이다.

인간은 다른 동물과는 달리 환경에 바로 적응할 수 있는 능력이 부족한 반면, 동물과는 비교가 되지 않을 정도로 무한한 잠재능력을 가지고 태어난다. 이 무한한 잠재능력은 교육이라는 활동을 통하여 발현된다. 일찍이 16세기의 인문주의자인 에라스무스는 "인간은 인간으로 태어나는 것이 아니라 인간으로 교육되어진다."라고 하였고, 18세기의 자연주의 교육사상가인 루소는 "식물은 재배에 의하여 자라고 사람은 교육에 의하여 사람이 된다."라고 하였다. 동시대의 칸트 역시 인간이란 교육을 필요로 하는 유일한 존재로서 '교육의 산물'이라고 표현하였다. 또한 파스칼(B. Pascal)은 인간을 신처럼 모든 것을 행할 수 있는 전능한 능력도, 그렇다고 동물처럼 환경에 바로 적응할 수 있는 본능도 지니고 있지 않은 존재로 파악하면서 교육이 필요한 존재라고 하였다.

따라서 인간에게 교육은 반드시 필요하며 오로지 인간만이 교육활동을 통하여 인간으로서의 기본적인 가치를 실현한다고 볼 수 있다. 이것은 교육의 필요성과 중요성을 강조하는 것이다. 한 어린이가 아무리 뛰어난 소질과 재능을 지니고 태어났다고 할지라도 인간 사회의 교육적 영향을 전혀 받지 않거나, 교육을 받지 않는다면 그 어린이는 동물과 다를 바가 없을 것이다. 그렇다면 만일 인간이 태어난 후 지속적인 성장의 과정에서 교육이라는 활동을 접하지 않는다면 어떻게 될까? 교육과 인간의 삶은 밀접한 관계를 유지하고 있기에 실제 우리의 주변을 보면 교육이라는 활동과 분리되어서 생활하는 인간은 없다. 그렇기 때문에 그 현상을 상상하는 것은 쉽지 않을 것이다.

역사적으로 봤을 때 인간에게 교육이라는 활동이 결핍될 경우 인간은 인간으로서의 가치를 상실할 수밖에 없다는 것을 우리는 인도의 늑대소녀(Wolf Children)의 사례를 통하여 알 수 있다. 1920년 인도의 콜카타 근처 마을의 숲 속 동굴에서 늑대 떼와 함께 생활하고 있는 두 여자 아이가 발견되었다. 당시 8세와 15세로 추정되었던 두 소녀는 사람들에 의해 각각 '카말라(Kamala)'와 '아말라(Amala)'라는 이름이 붙여졌고, 이들은 싱(Singh) 목사 부부에 의해 양육되었다. 이때부터 사람들은 이들을 인간화하는 데 많은 노력을 기울였다. 그럴 수밖에 없었던 이유는 발견 당시 이들은 육체만 인간이었을 뿐 모든 행동 양태가 늑대의 그것과 흡사하였기 때문이었다. 직립보행보다는 네 발로 걷고 뛰었으며, 감정의 표현으로 으르렁거리고 울부짖었다. 음식을 보면 냄새부터 맡았으며 땅에 놓고 핥아 먹기만 하였다. 특히 늑대의 습성처럼 고기 냄새에 아주 예민하였다. 감각기관이 매우 발달하여 어두운 곳에서도 큰 불편이 없었으며, 상당히 떨어진 장소의 특정한 냄새도 곧잘 맡았다. 또한 옷을 입혀 주면 찢어 버리고 인간을 피하고 접근을 싫어하였다. 이들은 인간일까, 늑대일까?

이보다 훨씬 전이지만 1795년 프랑스 남부 아베롱의 산림 속에서 발견된 12세 안팎의 야생소년에 대한 청년의사 이따르(J. Itard)의 관찰과 실험내용을 통해서도 교육의 필요성을 확인할 수 있다. 발견 당시 야생소년은 감각기능뿐만 아니라 기억력, 판단력, 사고력, 지적능력 등이 결여되어 있는 상태였기에 많은 의사는 그를 가망 없는 결함을 갖고 있는 아이로 진단하였다. 그러나 이따르는 이 야생소년의 이름을 승리자라는 의미의 빅토르(Victor)라고 부르면서 교육을 시켰다. 그의 이러한 결정은 "인간은 자기의 환경에 의해 결정되고 적절히 양육될 경우 그 능력은 거의 무한하다."라고 주장한 영국의 사상가인 로크로부터 영향을 받았기 때문이다. 5년에 걸친 이따르의 교육적 보살핌은 이 야생소년의 감각기능을 재생시키고, 사회성 발달이 촉진되는 등 상당한 성과로 나타났다.

이따르는 이 과정을 통해 인간에게 있어서 교육의 기능에 대하여 다음과 같은 내용을 발표하였다(Itard, 2001).

첫째, 인간에게 고유한 기능적인 지적능력이나 심정의 능력을 상실할 경우 인간은 오히려 다른 동물에 비해 열등하다. 둘째, 인간에게 본래 주어져 있는 것으로 생각되었던 도덕적 우월성은 문명사회의 산물이다. 셋째, 출생 초기 언어의 학습을 결정짓는 활발한 모방능력은 외부의 자극적 환경을 통해서만 활발해질 수 있다. 넷째, 인간의 사고와 욕구의 관계는 지속적으로 형성되어 왔으며 문화에 대한 욕구의 증가는 인간의 정신을 발달시키는 수단이 된다.

비록 의학적인 측면에서 교육의 필요성을 강조하였지만 이따르의 야생소년에 대한 보고서는 인도의 늑대소녀 이야기와 더불어 인간에게 교육이 얼마나 필요한 요소이며 중요한 것인가를 말해 주는 사례이다.

2) 교육의 가능성

앞서 밝힌 바와 마찬가지로 인간으로서의 존엄적 가치를 위해서 인간에게는 교육이 필요하다. 이것은 동시에 인간에게 교육이 가능하다는 전제를 바탕으로 하고 있다. 왜냐하면 아무리 인간에게 교육이 필요하다 할지라도 그러한 행위가 인간에게 가능하지 않다면 그것은 무용지물이기 때문이다. 그렇다면 인간에게 교육이 가능하다는 것은 인간의 어떤 존재적 특징 때문일까? 결국 이러한 질문에 대답하기 위해서 우리는 인간의 가소성(可塑性, plasticity)에 대한 담론으로부터 출발해야 한다.

우선 앞서 언급한 전통적인 인간의 본성에 대한 사상들, 즉 맹자의 성선설, 순자의 성악설, 로크의 백지설을 되새길 필요가 있다. 또한 교육이 필요한 존재로서 인간의 교육가능성에 대한 논의를 세 가지 관점에서 제시한 독일의 교육사상가인 베버(E. Weber)의 견해로부터 출발할 수 있다(Weber, 1982: 24).

그가 제시한 교육의 가능성은, 첫째, 인간의 결정론에 근거한 '교육비관주의'의 관점이다. 이 관점에서 인간은 전반적으로 미리 결정되어 있는 존재이기 때문에 교육을 통해 나올 수 있는 결과는 각 개인에게 이미 정해져 있다. 특히 유전학적 결정론자들은 인간을 단지 자연의 산물로서 그에게 유전된 소질의 결과로 보고 있다. 그러나 이러한 극단적 논리는 오늘날의 교육학에서는 더 이상 논의되지 않는다.

둘째, 교육을 통해 인간으로부터 의도된 어떤 변화도 이끌어 낼 수 있다는 '교육낙관주의'의 입장이다. 이것은 앞서 살펴보았던 백지설 및 교육의 관계와 그 맥을 같이한다. 백지설의 입장에서 인간의 모든 것은 경험의 산물로 이해되는데, 교육적 의도에서 추구된 학습경험이 바로 이러한 경험에 해당된다. 이 입장은 교육을 통한 인간의 무한한 발전과 진보를 가장 신뢰하고 합리적으로 여겼던 계몽주의 시대의 교육관의 영향으로 확산되었다. 그러나 이 입장 역시 교육이 무엇이든지 가능하게 할 수 있다는 낙관적인 행위라는 교육만능설과 같은 극단적인 생각으로 비춰질 수 있다. 예를 들면, 우리에게 널리 알려진 행동주의 심리학자인 왓슨(J. B. Watson)의 견해가 바로 그것이다. 그는 "나에게 12명의 건강한 어린이를 맡겨 주고 내가 원하는 적절한 여건을 갖춘 장소를 마련해 주면, 나는 그들의 재능, 취미, 성향, 능력, 직업, 종족에 관계없이 원했던 어떤 유형의 인간, 즉 의사, 변호사, 예술가, 상인 그리고 심지어 거지나 도둑으로도 만들 수 있다."라고 주장하고 있다(Watson, 1924: 82).

교육비관주의 입장이 교육의 가능성을 운명론적인 체념상태에 이르게 한다고 한다면, 교육낙관주의는 교육이 무엇이든 가능하게 할 수 있다는 지나치게 낙관적인 견해로 비춰질 수 있기 때문에, 이 두 입장은 교육의 가능성을 논의하는 데 도움이 되지 않을 수 있다.

이런 이유 때문에 세 번째의 '교육사실주의' 관점이 요구된다. 이 입장은 성공적인 교육을 위해 요구되는 모든 가능한 도움을 제공해야 하며, 또 이러한 경험을 통해 인간은 교육이론을 수정하거나 보완하면서 교육현실을 개선해 가야 한다는 것이다. 이 입장은 19세기의 헤르바르트(J. F. Herbart)에 의해 더욱더 자세히 표명되었는데, 그는 "교육이 실제로 할 수 있는 것보다 교육의 능력을 과대평가 또는 과소평가해서는 안 된다. 교육자는 그가 해낼 수 있을 만큼 성취하려고 시도해야 한다. 하지만 그는 자신이 이루어 낸 성과에 대한 관찰을 통해 합리적인 시도의 한계를 깨달아야 한다는 점을 항상 명심해야 한다."라고 하였다(Herbart, 1984: 6). 따라서 '교육사실주의' 관점이야말로 교육의 가능성을 논의하는 데 가장 책임성 있는 태도를 견지한다고 할 수 있다.

이렇듯 교육의 가능성을 여러 입장에서 해석하는 이유는 교육활동이 그만큼 다면적이고 복잡하며, 아울러 교육활동의 목적과 방법도 다양하기 때문이다.

3) 교육의 한계성

앞서 살펴본 바와 마찬가지로 교육의 가능성이 인정된다고 할지라도 그것이 인간의 모든 조건을 초월하여 인간이 교육을 통해 변화될 수 있음을 의미하는 것은 아니다. 즉, 인간은 교육이 필요한 존재이고, 또한 그것이 교육이 가능한 존재이기 때문이기는 하지만 교육이 완전히 무(無)의 상태에서 출발하는 것도 아니고, 또한 완전성을 지향하는 신적인 것에 의해 이루어지는 것도 아닌 만큼 교육을 통해서도 불가능한 인간의 한계가 있는 것이다. 일반적으로 교육의 한계를 결정하는 요소로서 유전과 환경을 들 수 있다.

인간의 생식세포는 유전형질에 의해 선천적으로 결정된 것이기 때문에 후천적 영향에 의해 변화될 수 없다. 따라서 유전형질에 의해 결정된 신체적 특징 및 기능과 정신적 특징들은 출생 후의 후천적 영향이라고 할 수 있는 교육에 의해서도 변화될 수 없다. 예컨대, 피부색이 희고 눈동자가 회색이며 머리카락이 갈색인 백인이 교육을 통해서 다른 종족인 흑인이나 황인종이 될 수 없는 것이다. 비록 영양과 운동에 따라 체질과 본능의 개선이 가능할지는 몰라도 종족적인 유전의 결과는 근본적으로 변화될 수 없다.

교육의 한계성을 설명할 수 있는 요소인 환경은 교육을 포함한 후천적 요인을 말하며, 자연적 · 사회적 · 경제적 · 문화적 환경을 포괄하는 개념이다. 일반적으로 환경이란 개체를 둘러싸고 있는 외부의 세계라고 하지만 단순한 외부의 세계는 환경이 될 수 없다. 환경은 인간과 기능적인 관련을 맺고 인간의 행동을 규정할 때 진정한 의미의 환경이라고 할 수 있다. 따라서 환경은 독자적으로 존재하는 것이 아니라 반드시 인간과의 상호작용을 통하여 존재한다. 그리고 인간의 성장발달도 환경과의 상호작용에 따라 전개된다.

아동은 출생 당시 다양한 가능성을 지니고 있으며 이는 교육을 통하여 발현된다. 즉, 다양한 가능성을 지닌 아동은 환경적 조건들에 의해 신체적 · 지적 · 정서적인 형태를 갖추게 된다. 따라서 선천적으로 타고난 유전은 환경 여하에 따라 그 개발과 성장을 제한되게 되며 아울러 교육의 한계가 결정되는 것이다. 이러한 맥락에서 교육은 환경적 조건에 따라 한계를 지닌다고 할 수 있다.

연습문제

1. 자연주의 관점, 사회학의 관점, 인격주의 관점에서 교육을 정의해 보자.
2. 교육의 필요성, 가능성, 한계성에 대해 자신의 견해를 제시해 보자.
3. 한 인간의 성장과 발달에서 유전과 환경 중 어느 요소가 더 중요한 역할을 하는가에 대해서 토론하고 자신의 생각을 한 편의 글로 완성해 보자.

제 3 장 교육의 개념과 의미

1. 교육의 근본문제
2. 교육의 어원
3. 교육에 대한 비유
4. 교육의 기본 기능
5. 교육과 유사한 용어들

제3장 교육의 개념과 의미

교육은 매우 복합적인 인간의 활동이다. 여기서는 교육이란 무엇인가의 물음을 던지고 다양한 측면에서 이 물음에 대한 해답을 모색해 본다. 먼저, 교육의 근본 문제가 무엇인지를 살펴봄으로써 이 문제에 접근한다. 칸트는 '자유와 강제'가 모든 교육의 가장 중요한 문제라고 주장하였다. 여기서 교육은 개인의 자유, 인격의 완성과 사회적 요구 및 규칙 준수 간의 긴장 위에서 벌어지는 활동임이 드러난다. 이것은 교육의 어원에서도 분명히 드러난다. 또 제작자의 비유, 정원사의 비유, 성년식의 비유, 예술의 비유 등 교육의 본질을 포착하려는 다양한 정의와 비유를 살펴봄으로써 교육의 기본적인 특징들이 무엇인지 확인하게 될 것이다. 이러한 다양한 측면에서의 검토를 종합하는 의미에서 교육의 대표적인 기능을 문화의 전수, 사회화, 자아실현, 인재 양성 등으로 나누어 살펴보고, 이어서 교육의 근접 개념들인 학습, 사회화의 다양한 장소, 수업 등을 간략하게 살펴본다. 이 개념들은 다른 기회를 통해서도 언급될 것이지만 교육의 개념에 대한 포괄적인 이해를 도모한다는 측면에서 여기서도 간략히 살펴볼 필요가 있다.

1. 교육의 근본문제

교육의 본질을 이해하기 위한 한 방편으로 먼저 교육활동에서 해결해야만 하는 가장 근본적인 과제 또는 핵심적인 과제가 무엇인지를 생각해 보는 것은 유익

하다. 칸트에 따르면 교육의 가장 핵심적인 과제는 '강제를 통해 자유를 길러 줌'에 있다. 교육은 필연적으로 강제라는 요소를 포함한다. 그리고 교육은 이 강제를 통해서 학생을 자유로운 인격체로 만들어야 한다. 그러므로 교육은 자유와 강제라는 두 가지의 충돌하는 차원을 통합해야 하는 어려운 과제를 해결해야 한다는 것이다. 이 과제는 동시에 교육에서 등장하는 사회의 요구와 개인적인 완성 사이의 갈등과 균열을 어떻게 해소할 것인가의 문제와 연관되어 있다.

전통적으로 사람들은 교육의 이 두 요소 중 하나에만 관심을 기울여 왔다. 그래서 한편에서는 교육에 대해 장인이 자신의 영감과 설계도에 따라서 작품을 만들듯이 학생을 미리 설정한 목표에 따라 강제적으로 변화시키는 활동이라는 주장을 한다. 이런 관점에서는 사회적 요구가 절대화되고, 학생은 일방적 사회화의 대상이 된다. 다른 한편으로는 교육에 대해 농부가 농작물의 자연스럽고 풍성한 발달을 위해서 모든 지원과 보호를 제공하는 것처럼 학생이 자신의 본성과 개성을 스스로 발전시키도록 도와주는 활동이라는 주장을 하기도 한다. 이런 관점에서는 학생이 신성한 존재이고, 사회적 요구는 학생의 성숙과 발달을 위협할 수 있는 요소이다.

전자의 입장에 따르면 부모나 교사는 적극적이고 외적인 방식으로 학생에게 사회적으로 바람직하다고 생각되는 보편적 지식과 태도를 형성해 주어야 한다. 이 입장은 사회의 전통적 가치와 윤리적 질서는 그 자체로 보존되어야 할 가치를 갖는 것이고 이를 후세에 전하기 위해서는 외적인 강제와 주입이 불가피하다는 생각을 전제로 하고 있다. 동시에 성장과정에서 어른의 지도와 개입이 없다면 어린이는 버릇없고 비사회적인 인간으로 성장할 것이라는 우려가 그 배후에 놓여 있다. 여기서 부모나 교사는 참된 지식과 가치의 담지자이고, 학생들은 그것을 배워야 비로소 성숙한 인간이 될 수 있다.

후자의 입장은 부모나 교사에 의한 권위주의적 억압이 없는 교육을 주장한다. 이 입장은 모든 어린이에게는 올바른 발전과 성장의 가능성이 이미 내재되어 있다고 생각한다. 교육의 관건은 이러한 가능성을 온전히 실현하는 것인데, 거기서 어른들의 섣부른 간섭과 강요는 불필요할 뿐 아니라 오히려 방해가 될 수 있다고 본다. 또한 기존의 사회적 관습과 가치를 일방적으로 강요해서는 안 된다고 본다. 어린이는 삶의 다양한 문제를 스스로 경험하고 판단하는 과정을 통해서 자신의 고유한 삶의 방식과 가치를 형성할 수 있어야 한다고 본다. 그러므로 교육은 성장세대가 언제나 자신의 요구를 자유롭게 표현할 권리를 갖거나 그것을 자기 나름의 방식으로 충족하도록 다양한 기회와 지원을 제공해야 한다고 본다.

교육의 역사를 돌이켜 보면 이 두 입장은 끊임없이 갈등을 빚어 왔다. 전자의 입장은 모든 가족이 아버지에게 복종해야 하는 가부장적 사회에 의지하여 오랫동안 큰 영향력을 발휘해 왔다. 사실 지금도 교육자를 포함한 많은 사람이 교육은 기본적으로 강제이며 학교는 기본적으로 강제적 훈육기관이라고 생각한다. 이런 생각은 일찍이 루소의 '소극적 교육(negative education)'론에 의해서 강력한 반대에 부딪혔다. 루소는 교사가 학생의 자연적 발달과정에 외적으로 개입하지 않아야만 본래의 인간 본성이 실현될 수 있다고 주장하였다. 루소의 사상을 계승했던 개혁교육학의 선도자 엘렌 케이(E. K. S. Key)는 "고요하고 천천히 자연이 스스로 돕도록 놓아두고 단지 주변 상황이 자연의 작업을 지원하도록 보살피는 것이 교육"이라고 주장했고, 알렉산더 닐(A. S. Neill)은 섬머힐 학교에서 모든 '외적 억압과 권위'가 배제된 교육을 실천에 옮겼다.

이 두 입장이 서로 갈등하는 배후에는 인간에 대한 서로 다른 이해가 가로놓여 있다. 루소는 창조자의 손에서 나온 모든 것은 선한데, 인간의 손을 거치면서 변질되어 버린다고 말하면서 본성의 선함을 주장하였다. 반면, 교육에서의 강제를 인정 또는 강조하는 교육자들은 인간이 본래 선한 존재라는 생각을 거부한다. 이들은 인간이 사악한 본성을 지니고 태어난다고 생각한다. 또는 인간은 타고난 경향성과 현실의 유혹 때문에, 필연적으로 도덕과 규범을 어길 수밖에 없다고 생각한다.

칸트는 이 두 가지 입장을 모두 비판하면서 강제를 통해 어떻게 자유를 실현할 것인가를 교육의 근본 문제로 내세웠다. 이렇게 교육이 외적 강제와 내적 자유의 통합을 본질로 한다는 통찰은 교육의 어원에서도 확인할 수 있다.

2. 교육의 어원

우리는 어원(etymology), 즉 '한 단어나 개념의 근원적 의미'로 거슬러 올라감으로써 오랜 사용을 통해 오히려 애매모호하게 된 단어의 의미를 명료하게 만들 수 있다. 여기서는 'education' 'pedagogy' '敎育' '가르치고 배움'이라는 교육을 의미하는 네 가지 단어의 어원을 살펴보려 한다.

우리가 흔히 사용하고 있는 영어의 education은 원래 라틴어에서 유래한 단어이다. 어원적으로 이 단어에는 두 가지 의미가 있다. 한편으로 그것은 단순한 이동의 의미로서 한 장소에서 다른 장소로 이끌어 옮기는 것을 뜻한다. 다른 한편으로는 내부에 잠재되어 있는 것을 외부로 표출시키는 것을 의미한다. 전자의 의미로 볼 때 교육이 외적 강제를 의미한다면, 후자의 의미로 볼 때 교육은 내적 잠재력의 실현을 의미하고 있다. 즉, 학생의 내면에 있는 것을 교사가 도와서 밖으로 발현시킨다는 의미로 이해될 수 있다. 따라서 education은 교사가 주도하는 주형의 교육을 의미할 수도 있고, 학생의 자발성이 존중되는 성장의 교육을 의미할 수도 있다.

교육 또는 교육학을 의미하는 또 다른 단어인 pedagogy는 고대 그리스어에서 유래한다. 고대 그리스어에서 ped는 어린이를 의미하고, agogy는 지도, 인도를 의미한다. 그러므로 pedagogy는 일반적으로 어린이를 지도하는 활동을 뜻한다. pedagogy의 의미는 또 다른 관련 단어인 paidagogos(교복, 敎僕)에서도 잘 드러난다. 교사를 의미하는 pedagogue의 어원인 paidagogos는 고대 그리스에서 주인 자녀의 등굣길 및 하굣길에 동반하였고, 집에서는 학업 및 인성 형성을 도와주었던 일종의 가정교사 노예들을 지칭하는 말이었다. paidagogos는 전쟁 포로로서 부상 등의 이유로 노동력이 없지만 상당한 학식을 갖춘 노예들 가운데에서 선발되었다.

그렇다면, 우리에게 가장 익숙한 한자 敎育의 어원은 무엇일까? 이에 대한 자세하고 전문적인 연구는 논문 「교육(敎育)과 학(學)의 근원에 대한 탐구: 문자적 의미와 현대 교육학적 독해」에서 상세한 해설을 발견할 수 있다(신창호, 2006). 이 글에서는 '敎'자를 파자(破字)하여, 학생(子)이 세계(爻)와 마주하여 그 이치를 깨달아 가는 과정 옆에 회초리를 든 손(攵, 攴)이 서 있는 형상으로 해석하고 있다. 이때 회초리는 원래 타작할 때 쓰는 도리깨의 모습을 가지고 있다는 점에서 교육은 다분히 강제적인 지도와 편달의 역할이 강조되고 있다고 할 수 있다.

그러나 '敎育'의 어원적 의미는 뒷글자인 '育'자의 의미까지 살펴보아야 온전히 드러난다. 이 글자는 원래 출산의 장면을 형상화하고 있다. 윗부분은 거꾸로 선 '子'이고 아랫부분은 어머니의 몸을 형상화하고 있다. 따라서 育은 어머니가 아이를 열 달 동안 태내에 품고 있다가 일단 생물학적으로 완성된 한 존재로서 세상에 내보내는 과정을 상징한다. 그렇다면 교육의 또 한 가지 의미요소는 마치 어머니가 태내에서 따뜻한 온기와 영양의 공급으로 태아를 성장시켜 세상에 내보내듯이 학생의 내적인 소질과 성향을 온전히 발전시켜 성숙한 인간으로 길러 낸다는 것을 뜻한다. 그러므로 敎育은 한편으로는 교사의 엄격한 지도를 통해 아이가 세계를 학습하여 알아 나간다는 뜻과 다른 한편으로는 아이가 따스하고 온화한 교육환경에서 자신의 내적인 소질과 잠재력을 계발하고 자립적인 존재로 성장한다는 뜻을 포괄하고 있다.

우리말에서 교육은 사람을 '가르치고 기르는 활동'을 뜻한다. 먼저 '가르치다'는 '갈다'와 '치다'가 합해져서 성립하는 단어이다. '갈다'는 씨앗을 심어 가꾸다, 낡은 것을 새것으로 바꾸다, 맷돌로 갈아 고운 가루로 만들다, 문질러서 예리하게 하거나 광채가 나게 하다 등의 뜻을 지닌다. '치다'는 두드리거나 때리다, 가지나 잎을 잘라 다듬다, 고운 가루를 뽑아내다, 길러 번식시키다, 엮어서 만들어 내다 등을 의미한다. 합성어인 '가르치다'의 사전적 의미는 지식이나 기능, 이치를 깨닫게 하거나 익히게 하다, 그릇된 버릇 따위를 고치어 바로잡다, 상대방이 모르는 것을 알도록 일러 주다 등을 뜻한다.

'기르다'는 동식물을 보살펴 자라게 하다, 아이를 보살펴 키우다, 육체나 정신을 단련하여 더 강하게 만들다 등을 의미한다. 그러므로 한글에서 가르치고 기른다는 것은 아동을 보살펴 키움으로써 세련되게 하고, 올바른 방향으로 변화시키며, 완성한다는 뜻을 함축한다. 따라서 한글에서도 교육활동의 본질적인 두 측면이 드러나 있다. '가르치다'에는 어른이나 교사의 주도적인 활동이 함축되어 있고, '기르다'에는 학생의 자연스럽고 자유로운 성장에 대한 지향이 함축되어 있다.

이처럼 다양한 언어, 문화권에서 사용되는 교육의 어원을 통해 볼 때, 교육의 본래적 의미는 어른 또는 교사의 지도와 격려 아래에서 학습자가 지닌 잠재적인 능력이 올바른 방향으로 발전되고 실현되는 과정이라는 데에 핵심이 있다. 물론 교육의 본질과 의미는 역사적 조건 속에서 변화되었지만, 거기에 변함없이 관통하고 있는 것은 강제와 자유, 외적인 사회적 요구와 내면적 발달, 주형과 성장이 교육의 기본적인 요소라는 것이다.

3. 교육에 대한 비유

교육의 본질에 접근하는 하나의 방법으로써 비유를 생각할 수 있다. 비유는 어떤 사물이나 상태를 직접 설명하지 않고 그와 비슷한 다른 것을 빌려 표현하는 것을 뜻한다. 교육에 대한 대표적인 비유로는 제작자의 비유, 정원사의 비유, 성년식의 비유, 예술의 비유가 있다.

'제작자'의 비유에서는 교육을 '제작(making)'으로 본다. 이 비유에서 교육자는 어떤 작품을 만들어 내는 제작자이며 학생은 작품 제작을 위한 재료나 소재이다. 그리고 교육은 장인이나 기술자가 쇳물이나 진흙을 일정한 모양의 틀에 넣어 의도된 모양의 물건을 찍어 내는 과정으로 이해된다. 여기서 학생은 대체로 불완전한 존재이고, 교사는 권위를 가지고 통제와 강제를 행사하는 사람이며, 교수-학습이란 어떤 미리 고정된 교육내용을 일방적으로 전달하는 일이다. 학교는 교육목적에 부합하는 인간을 생산하는 공장이다.

반면, '정원사'의 비유에서는 학생의 내부에 있는 성장하는 힘에 초점을 맞춘다. 그리고 교사는 이러한 학생의 잠재력이 자연스럽게 실현되어 가도록 도와주는 보호자 또는 지원자의 역할을 해야 한다고 주장한다. 여기서는 아동의 자발적 욕구, 흥미, 자연적 발달단계 등이 교육의 과정에서 중심적으로 고려해야 할 요소로 생각된다. 정원사의 비유는 루소의 '자연주의' 교육사상에서 분명하게 등장한 이후 개혁교육 전통의 기본 관점을 형성해 왔다. 프뢰벨(F. W. A. Fröbel)은 유치원을 '킨더가든(kindergarden)'이라고 명명했는데, 이 말은 단지 정원과 같은 곳에서 아동을 보살핀다는 뜻이 아니다. '장미정원'이 장미가 자라는 곳이듯이 '킨더가든'은 아동이 자라는 곳이다. 여기서 교육은 정확히 식물을 기르는 일에 비유되고 있다.

한편, 피터스(R. S. Peters)는 '제작자'의 교육관과 '정원사'의 교육관이 모두 일면적이라고 비판한다. 그에 따르면 "교육은 어떤 집단의 언어와 개념에 기초하는 공적(公的)인 세계로 사람들을 입문시키며 분화된 사고의 여러 형식에 상응하는 경험 영역들을 탐색하는 일에 참여하도록 이끄는 일"(Peters, 2003)이다. 제작자나 정원사의 비유는 교육의 이런 본질적 측면을 간과하고 있다. 피터스가 말하는 교육의 핵심은 원시시대의 성년식에 비유될 수 있다. 원시 부족 사회에서 성년식은 일정 나이에 이른 학생을 그 집단의 삶의 방식과 가치관에 입문하게 하는 교육기관으로서의 역할을 하였다. 피터스에 따르면 교육은 이러한 '성년식'에 비유할 수 있다.

마지막으로, '예술'의 비유를 들 수 있다. 예술의 비유에서는 교사와 학생의 상호적 관계를 강조하여 교육은 교사와 학생이 함께 가르치고 배우는 미묘하고 복잡한 과정이라고 간주한다. 이 과정에서 교사는 '예술가'로서의 창조성과 유연성을 발휘하여 학생의 자유를 자신의 교육자적 임무 및 과제와 조화시키지 않으면 안 된다. 이것은 오케스트라의 지휘자가 다양한 악기의 컬래버를 통해 훌륭한 음악을 만들어 낼 때의 예술가적인 능력과 태도를 요구한다. 그러므로 교사는 언제나 예술가로서 행동하지 않으면 안 된다. 예술의 비유는 교육이 단지 기계적인 매뉴얼이나 몇 가지 단순한 테크닉으로 환원될 수 없다는 점을 강조한다.

교육에 대한 다양한 비유는 교육의 어떤 본질적 측면을 생생하게 이해할 수 있게 도와준다. 물론 이상의 비유들 이외에도 다양한 방식의 비유가 있을 수 있다. 더 나아가 새로운 비유를 통해 교육의 어떤 측면을 드러내는 것도 얼마든지 가능하다.

4. 교육의 기본 기능

1) 문화의 전수와 발전으로서의 교육

역사적으로 보면 교육이라는 활동은 한 개인의 개성, 흥미, 관심에 대한 욕구를 충족시켜 주는 개성교육의 형태에 머무르지 않고, 인류의 역사를 통해 축적되어 온 여러 영역에 걸친 문화유산을 다음 세대에 전달하고, 더 나아가 그들의 창의적 활동을 통해서 가치 지향적으로 발전시키는 기능을 갖는다. 이러한 교육의 목적은 동서양을 막론하고 오랜 전통을 지니고 있다.

독일의 문화교육학자인 슈프랑거(E. Spranger)는 교육이란 문화의 성장과 발달 그 자체이며, 바로 거기에 교육의 본질이 있다고 하였다. 즉, 인간이 오랜 세월을 통해서 창조해 낸 문화유산을 갈고 닦아서 다음 세대에 전수하고 발전시켜 나가는 활동이 교육이다. 이런 의미에서 문화란 사회적 소산이다. 교육은 바로 이 사회적 소산인 문화를 창조하고, 확충하며, 발전시키기 위한 활동의 총체를 의미한다.

그러나 여기서 문화의 전달이란 마치 속이 텅 빈 용기 속에 물을 부어 넣듯이 후속 세대의 머릿속에 기존의 문화를 주입하는 것을 뜻하지 않는다. 교육은 모든 문화 속에 내포된 가치 있는 문화만을 문화유산으로 계승하고, 그것을 학생에게 전달함으로써 그들이 새로운 문화의 창조에 참여할 수 있도록 원조하는 작용이다. 그러한 의미에서 교육의 중요한 기능은 인류의 문화생활에 공헌하고, 그 문화를 계승 · 발전케 하는 것이다(김정환, 강선보, 2016).

2) 사회화로서의 교육

사회적인 측면에서 보면 교육은 그 사회의 구성원, 특히 아동과 청소년을 사회화함으로써 그 사회에 적응할 수 있는 자질을 갖추게 하고, 나아가서 그들이 주체적으로 사회적 삶에 참여함으로써 새로운 삶의 방식과 가치를 만들어 내도록 하는 기능을 갖는다. 그러므로 교육은 사회의 자기보존을 위해 필수적인 기능인 동시에 사회의 발전과 혁신을 돕는 활동이다. 즉, 교육은 사회의 존속과 발전을 추진하는 근원적인 기능을 갖는다.

듀이는 교육을 1차적으로 사회화의 과정으로 인식하면서, 동시에 교육을 사회의 존속을 넘어서 사회의 변화 발전을 위한 개혁의 수단이라고 정의하였다. 즉, 교육은 한편으로는 사회를 존속시키고 유지하는 도구이며, 다른 한편으로는 사회의 진보와 개조의 근본적인 수단이다.

3) 자아실현으로서의 교육

인간의 참된 삶은 개체의 인격 완성을 위한 끊임없는 의지적 노력의 과정이며, 이와 같은 노력은 출생에서 죽음에 이르기까지 계속된다. 인간은 현실적인 자아에 만족하지 않고 자기의 성장과 완성을 추구하는 존재로서 누구나 출생하면서부터 물질적 · 정신적으로 끊임없이 성장과 발달을 추구한다. 교육은 인간의 이러한 개별적 성장발달의 과정과 불가분하게 결합되어 있다.

그러므로 교육은 궁극적으로 바람직한 인격 형성을 위한 활동이며, 이 바람직한 인격 형성은 궁극적으로 국가와 사회의 발전에 원동력이 된다. 바람직한 자아실현의 결과가 무엇인지 한마디로 말하기는 불가능하다. 그것은 시대와 조건에 따라서 항상 새롭게 규정되어 왔다. 그러나 기본적으로는 지식(知) · 덕성(德) · 신체(體) · 정서(情)의 각 부분이 조화롭게 발달한 전인(全人, the whole man)이 바람직한 인간이라고 할 수 있다.

이렇게 교육은 미성숙한 개체가 완전한 자아실현을 목표로 하여 각자의 타고난 소질과 잠재력을 최대한으로 발휘하도록 도와주고 지원하는 활동이다.

4) 인재 양성으로서의 교육

교육의 기능을 좀 더 구체적인 각도에서 보면 교육은 국가와 사회의 발전을 위한 도구라는 점에 주목할 수 있다. 국가의 발전이라는 것은 눈에 보이는 기술 및 제도의 발전 같은 유형적인 차원과 지식, 태도 및 가치관 같은 추상적이고 무형적인 차원으로 나누어 생각할 수 있는데, 교육은 무형적 차원의 문화 발전에 직접적인 도움을 주며 더 나아가 결국에는 유형적 차원의 국가 발전에도 도움을 준다.

제2차 세계대전 이후, 더 정확히는 1960년대에 와서 '인간 자본(human capital)'의 개념이 본격화되었다. 교육이 국가 발전의 수단이 되고 인간을 생산을 위한 자본으로 보았기 때문에 '인간 자본'이라는 용어가 생겨났다. 한 국가가 발전하는 데는, 물론 자연 자원과 자본이 되는 물질적 자원이 우선적으로 필요하다. 하지만 더 중요한 것은 그것을 운영하고 만들어 내는 기술, 정신, 태도로서의 인간 자원이라는 인식이 대두되었다. 그리하여 세계 각국은 인적 자원 또는 인력(manpower)의 개발을 위하여 총력을 기울이고 있다.

교육이 국가 발전에 필요한 인간의 행동특성을 계획적으로 조성하는 일은 비단 경제 발전을 위해서만 필요한 것이 아니다. 한 국가가 아무리 물질적으로 부강해졌다 하더라도 국민의 정신적 · 도덕적 문화가 타락되었다면 국가의 운명은 멀지 않은 장래에 종말을 고하게 될 것이다. 따라서 교육은 경제적인 측면에서의 인적 자원 개발과 함께 정신문화의 계발에도 적극적으로 참여해야 한다.

이상에서 우리는 교육의 다양한 기능을 살펴보았다. 바로 여기서 우리는 왜 교육의 본질을 한마디로 규정하는 일이 어려울 수밖에 없는지를 이해할 수 있다. 앞의 논의에서 보듯이 교육은 서로 충돌할 수 있는 다양한 요소의 각축을 통해서 진행될 수밖에 없는 복합적 활동이며, 자신 속에 있는 긴장과 대립의 역동적 운동을 통해서 진행되는 과정인 것이다. 참된 교육의 본질은 이러한 교육의 이질적 기능들을 통합할 수 있는 구체적이고 잠정적인 지점들을 찾아 나가는 지속적 과정이라고 정의할 수 있을 것이다. 그러므로 교육 본래의 긴장관계는 우리가 교육이라는 문제를 생각할 때 항상 되돌아가야 하는 기본 지형도라고 할 수 있을 것이다.

다음 절에서는 교육과 연관된 핵심 용어인 학습, 사회화, 수업에 대하여 간략히 살펴봄으로써 교육의 본질을 좀 더 분명히 드러내고자 한다.

5. 교육과 유사한 용어들

1) 학습

교육과 관련하여 우리가 흔히 접할 수 있는 용어가 학습(learning)이다. 현대의 대표적인 학습이론 중 하나는 '행동주의 학습이론'이다. 행동주의에서는 학습을 개인이 경험이나 훈련 또는 반복연습을 통해 얻는 지식과 행동의 지속적인 변화라고 주장한다.

또한 '인지주의 학습이론'에서는 학습을 환경과의 상호작용을 통한 '인지구조의 변화'라고 정의한다. 행동주의 학습이론과 인지주의 학습이론에서의 학습은 결국 인간의 인지구조나 행동의 변화를 학습이라고 보는 공통점을 지닌다. 여기에서 '변화'는 다음과 같은 의미를 포함한다.

첫째, 변화의 지속기간은 단기적이 아니라 장기적이다. 즉, 학습은 어떤 결과가 단기간에 나타났다가 바로 소멸하는 것이 아니라 그 배운 내용을 토대로 장기간에 걸쳐 지속적인 변화가 나타나는 것이다.

둘째, 지속적인 변화라고 하더라도 그 원인이 본능적으로 반응하는 성향에 의한 것, 자연적인 생물학적 성숙에 의한 것 그리고 피로, 약물 등에 의한 것 등이라면 그것은 학습에 속하지 않는다. 학습은 학습자가 스스로 환경과 상호작용함으로써 일으킨 변화에만 적용된다.

셋째, 학습에서 변화의 대상은 학습자의 지식의 내용과 기억구조 또는 학습자의 행동이라는 것이다.

그러나 이들 간에는 분명한 차이점이 있다. 행동주의 심리학자들은 기본적으로 학습자의 수행 자체에서의 변화, 즉 관찰 가능한 행동의 변화에 초점을 두고 있는 반면에 인지주의 심리학자들은 학습자가 아는 것에서의 변화, 즉 기억구조에서 지식의 내용과 구조의 변화에 초점을 둔다.

한편, 심리학 이론에서 도출할 수 있는 학습 이해 이외에도 '인본주의'에 기초하는 학습이론도 있다. 인간행동의 변화나 인지구조의 변화를 학습으로 보는 관점과 달리 이 입장은 개별적 인간이 자발적이고 능동적인 활동을 통하여 무한한 잠재력을 실현하는 것을 학습으로 이해하면서 인간의 능력을 외부 환경과의 상호작용에서 찾기보다는 인간 자신의 내면적 역량에서 찾는다.

그러므로 인본주의 학습이론은 학습을 단지 행동이나 인지구조의 지속적 변화로 규정하는 데 반대한다. 이 경우 과학적 탐구방법으로는 완전히 파악할 수 없는 인간 존재의 전체성을 간과할 위험이 있기 때문이다. 인간은 비록 환경적인 제약이나 본능적인 성향의 지배를 받기도 하지만 또 다른 한편으로는 환경 및 본능적인 성향과 개인과의 관계에서 자아를 실현하려는 정신적인 측면을 지닌 존재이다.

2) 사회화

교육은 인간이 속해 있는 사회 속에서 벌어지는 활동이다. 사회의 구성원인 인간은 태어나면서부터 죽음을 맞이할 때까지 교육이라는 활동과 관계되어 있기 때문에 교육이라는 활동은 인간 사회 속에서 그 영향을 발휘한다고 할 수 있다. 사실 인간이 처음 태어날 때는 자신의 고유한 의지와는 관계없이 자신에게 주어진 특정한 환경에서 영향을 주고받으며 성장한다. 즉, 개인은 각기 그가 속해 있는 언어적 습관, 이념, 사상, 인간관계 등의 사회문화적 환경에 의해 삶의 양식이 규정된다. 이것을 우리는 '사회화'라고 칭한다.

사회화는 한 사회의 문화 형태가 개인에게 내면화(internalization)되는 것을 의미한다. 백지상태로 태어난 인간은 사회적 존재로 점차 성장해 가면서 그가 속한 사회의 다른 구성원들과의 상호작용을 통하여 새로운 지식, 기술, 태도, 규범, 가치 등을 습득하게 된다. 이렇듯 개인이 자기가 소속되어 있는 사회집단의 행동방식, 가치관, 규범과 같은 문화를 학습하여 내면화하고 자기 자신의 독특한 개성과 자아를 형성하는 과정을 사회화라고 한다. 그러므로 교육은 인간의 삶에 있어서 가장 결정적인 영향을 미치는 사회와 밀접한 관련이 있다고 할 수 있다.

교육과 사회의 이러한 밀접한 관계는 교육이 개별적인 인간의 관점, 즉 '개성(個性)교육'이라는 종래의 관점에 교육의 사회적 기능을 첨가한 것이라고 볼 수 있다. 역사적으로 볼 때 사회와 관련된 교육의 사회 기능적 관점은 19세기 독일의 신칸트주의 교육학자인 나토르프(P. G. Natorp)를 비롯해 이후의 많은 학자의 연구를 통해 나타나기 시작하였다.[1] 또 교육과 사회의 긴밀한 관계에 주목했던 대표적인 학자로서 교육사회학의 창시자라고 불리는 뒤르켐과 미국의 실용주의 교육학자인 듀이를 들 수 있다.

뒤르켐에 따르면, 교육은 애초에 사회생활에 익숙하지 못한 비사회적인 존재였던 인간을 성숙한 세대의 영향에 의해서 사회적인 존재로 만들어 가는 과정이다. 또 듀이에게 교육이라는 행위는 사회적 필요에 따라 생긴 사회적 활동이며, 이를 체계적으로 담당하고 있는 학교는 사회적 필요에 따라 생긴 사회적 기관이다. 교육과 사회의 관계에 대한 이러한 주장에 따르면, 교육, 특히 학교는 개인적인 차원의 덕성이나 가치를 가르치는 곳이 아니라 주어진 사회의 중심적인 가치체계를 학습시키고, 사회적 존재의 필요성을 각성시키는 장이라고 할 수 있다. 여기서 교육과 사회의 밀접한 관계가 이미 상정되어 있다. 오늘날의 교육에서 특히 사회적 기능을 강조하고 있는 이유는 인간이 그가 속한 사회에서 요구하고 있는 규범, 지식, 태도 등을 내면화함으로써 개인이 지닌 역할을 충실히 수행하여 사회의 통합, 유지 및 발전을 이루고자 하는 데 있다.

결론적으로 인간은 현재의 사회를 떠나 존재할 수 없는 존재이고 사회에서의 삶을 가능하게 하는 것은 교육의 힘이다. 이 관점에서 교육은 그것이 놓여 있는

1) 이 책의 '제12장 사회교육과 학교교육' 참조.

사회의 경제적 · 정치적 · 문화적 환경에서 직접 영향을 받기도 하며, 반대로 영향을 주기도 한다. 즉, 교육과 사회는 서로 분리할 수 없는 불가분의 관계에 있다.[2)]

사회화의 대표적인 기관으로는 가정, 또래집단, 학교, 대중매체를 들 수 있다. 이 중에서 가장 큰 영향력을 미치는 것은 가정이다.

(1) 가정

가정은 인간이 태어나면서 본인의 의지와는 관계없이 자연적으로 속하게 되는 1차적인 사회기관이다. 각 개인은 자신이 태어난 가정의 생활방식에 따라 사회에서 요구되는 여러 가지 행동, 태도, 가치, 규범 등을 습득함으로써 사회구성원으로서의 기반을 지니게 된다. 우리는 흔히 가정교육이 중요하다는 이야기를 듣는다. 이것은 비형식교육으로서의 가정교육이 인간의 인격 형성에 미치는 영향이 상당함을 말해 준다. 특히 심리학자들은 6세경의 아동에게는 가소성이 상당히 나타나기 때문에 이 시기의 환경이 매우 중요하다고 강조한다. 즉, 심리발달 이론가들은 가정에서 주로 언어와 모방, 행위 유형 습득 등이 이루어진다고 주장한다. 이러한 특징들은 교육을 통한 인간의 성장발달 과정에서 가정이 중요한 역할을 하는 사회화 기관이라는 것을 증명한다.

(2) 또래집단

또래집단은 같은 지역이나 공동체를 기반으로 비슷한 연령의 구성원들이 모여 있는 집단이다. 어린이나 청소년은 가정이나 학교 외에 자기 또래의 동무들과 어울리면서 성장한다. 또래라는 말은 평등한 것을 의미하며 어린이들 사이에 수립된 친구관계에는 나름대로 평등주의적인 경향이 있다. 이를 바탕으로 그들은 집

2) 구조기능주의 사회학 입장에서 사회화란 사회의 여러 기능을 수행하는 데 필요한 행동양식을 습득하는 과정을 의미한다. 이때 사회화는 사회적 행동양식을 습득하여 유능한 사회구성원이 될 수 있도록 사회적 지위에 따르는 행동양식을 습득하는 문제에 초점을 두며, 따라서 역할학습을 강조하는 경향이 있다.

단 속에서 친밀한 유대관계를 유지하며, 가족과 학교에서 가르쳐 주지 않는 새로운 언어 및 의사전달능력, 인지 기술, 사회적 기술, 성역할, 사회성 등을 형성하게 된다.

우리가 제도권의 교육 형태만을 중요시하여 사회화 기관으로서 또래집단에 대한 중요성을 크게 인식하지 못할 수 있으나 스위스의 심리학자인 피아제(J. Piaget)의 이론은 또래집단의 중요성을 정확하게 강조하고 있다. 그에 의하면 또래집단에서 구성원들 간의 상호관계는 어린이와 그 부모나 학교에서 교사와의 인간관계보다 더 민주적이다. 물론 힘이 세거나 육체적으로 강한 어린이가 그렇지 못한 다른 어린이들을 지배하는 경우는 있을 수 있다. 하지만 앞에서 밝혔듯이 또래관계는 그들 간의 상호 합의라는 기반 위에서 성립되므로 가정이나 학교에서 가르쳐 주지 않는 여러 가지의 사고방식이나 행동양식이 또래들과의 의사소통을 통하여 형성된다.

따라서 부모가 그들의 선천적인 지배력을 통해 자녀의 자유의지와는 상관없이 여러 가지 행위 규칙을 일방적으로 강요하는 것과 달리 또래집단에서는 자율적으로 행동양식을 형성해 갈 수 있다. 이런 점에서 또래집단은 사회화 기관으로서 중요한 역할을 담당한다고 할 수 있다.

(3) 학교

학교는 가장 일반적인 사회화 기관이라 할 수 있다. 어린이나 청소년은 가정이나 또래집단 등의 비형식적인 사회화 기관 외에 제도권의 학교라는 집단 속에서 형식적 기대와 규범을 통한 조직적인 생활을 습득하게 된다. 학교에서의 사회화는 사회에서 그들에게 기대되는 효과를 미리 설정함으로써 가정이나 또래집단의 경우에 비하여 더 계획적 · 합리적 · 의도적으로 진행된다. 학교는 특정한 지식과 기술을 가르치기도 하고, 또 사회의 도덕적 규범이나 가치체계를 함양시키는 역할을 담당한다.

학교에서 아동과 청소년을 사회화하는 데서 중요한 위치를 차지하는 것은 교사의 역할이다. 교사는 학생에 대한 사회화를 담당하며, 사회화 모델, 행동수정 등의 역할을 담당한다. 이에 따라 학생들은 학교생활을 통하여 일반적인 지식, 태도, 기술을 습득할 뿐만 아니라 또래교사와의 관계를 통하여 사회적 역할 등을 습득함으로써 사회화된다.

(4) 대중매체

21세기 정보화시대에 우리 생활에 크게 영향을 미치고 있는 대중매체(mass media) 역시 사회화의 중요한 대행자 역할을 담당한다. 요즈음 쉽게 접할 수 있는 스마트폰의 다양한 기능이나 컴퓨터 통신 등이 좋은 예라고 할 수 있다. 어릴 때부터 TV와 컴퓨터, 스마트폰 등을 접하게 되면서 이것들을 통해 학교나 가정에서 습득하지 못한 다양한 지식과 사회의 가치관, 태도를 형성하고 있다. 특히 사회적으로 민감한 사안들이 SNS나 Facebook 등을 통하여 대규모로 그리고 신속하게 전달, 공유되는 현실이다. 이것은 아동과 청소년의 행동방식과 가치관 형성에 큰 영향을 미친다. 비록 아동이나 청소년이 대중매체에 많이 노출되어 무분별한 지식과 태도 및 생활양식을 그대로 맹목적으로 받아들이며 생활하는 경향이 있어 그 부정적인 측면을 인정할 수밖에 없을지라도 대중매체가 인간의 사회화에 중요한 역할을 담당하고 있다는 것은 부인할 수 없는 사실이다.

3) 수업

교육을 하나의 행위로서 그 의미를 '무엇을 가르치고 배움'이라고 할 때 우리는 수업(Unterricht)이라는 상황을 떠올린다. 그만큼 교육과 수업은 밀접한 관련성이 있다고 할 수 있다. 우리가 흔히 말하는 수업은 항상 교육적 의도에서 계획되며 실행된다. 가르치는 방법은 전문화되고, 가르치는 내용 역시 면밀하게 선정된 지식과 기술로 구성되며, 이것이 수업이라는 교육적 상황에서 실행되고 사용된다. 이러한 점에서 수업은 우연히 일어나는 교육과는 분명히 구분된다.

오늘날 우리가 알고 있는 근대적 수업의 개념을 처음으로 정립한 사람은 독일의 교육학자인 헤르바르트이다. 그는 '교육적 수업(erziehender Unterricht)'이라는 개념을 제시하였다. "지식을 위한 지식의 획득이나 다음 단계로 나아가기 위해 또는 취미로 무엇인가를 배울 때, 우리는 어떤 지식을 통해 인간이 더 나아지거나 혹은 못해지거나 하는 문제에 신경을 쓰지 않는다. 내가 여기서 말하려는 것은 그런 수업이 아니라 교육적 수업이다."(Herbart, 2006)

여기에서 그는 수업이 단순히 학문영역에서의 단편적인 지식이나 기능의 습득을 넘어서 윤리적 행동이나 도덕적 태도 형성에 기여해야 함을 강조하였다. 즉, 오늘날 우리가 말하는 수업은 단순한 수업이 아니라 그 앞에 '교육적'이라는 접두어가 생략되어 있는 것으로 이해해야 한다.

따라서 모름지기 수업은 학습자와 교수자 사이에서의 단순한 지식이나 기능의 전달과 습득이 아닌 그 이상의 개인의 윤리적 · 도덕적 · 가치적 태도 형성을 지향한다고 할 때 그 정당성을 지닌다고 할 수 있다. 이러한 기준에 따라 우리는 오늘날 교육의 이름 아래 행해지고 있는 가르치고 배우는 다양한 형태의 수업이 진정한 교육의 형태인지를 검토해 볼 필요가 있다.

연습문제

1. '교육이란 무엇인가'에 대한 견해를 만들어 보고 이를 하나의 완성된 논술문의 형태로 진술해 보자.
2. 교육의 여러 비유(제작자, 정원사, 성년식, 예술 등) 이외에 자신의 교육관을 잘 표현할 수 있다고 생각하는 비유를 하나 이상 생각해 보고 그에 대해 서술해 보자.
3. 자신이 학창시절에 경험한 수업이 헤르바르트의 교육적 수업의 개념에 부합한 것인지에 대해서 평가하고 서술해 보자.

제4장 교사

1. 교직의 성격
2. 교직실천을 위한 기본 지식과 능력
3. 학교에서 교사의 역할
4. 바람직한 교사상: 교사-학생 관계를 중심으로
5. 결론

제4장 교사

하나의 복합체로서 교육현상은 다양한 요소로 구성되어 있다. 무엇보다도 교육활동이 성립되기 위해서는 가르치는 사람(교사), 배우는 사람(학생) 그리고 이를 매개하는 교육내용(교육과정)이 존재해야만 한다. 교육이라는 활동이 이루어지는 곳이라면 반드시 이러한 세 가지 기본 요소가 존재하게 된다. 이 중에서 하나라도 빠진다면 완결된 의미에 있어서 교육활동은 성립되지 않는다. 여기에 부가적으로 교육활동이 이루어지는 장소, 즉 학교도 포함할 수 있다. 이 장에서는 교육의 주체 중 한 축인 교사에 대하여 살펴볼 것이다. 교육활동에서 교사 역할의 중요성은 아무리 강조해도 지나치지 않는다. 교사는 어떠한 사람이며 교직은 어떤 종류의 직업인가? 교사는 어떤 특징과 자질이 있어야 하는가? 이런 물음에 대한 논의는 그동안 끊임없이 이어져 왔다(정영근, 2011: 16). 교육에서 교사의 중요성은 “교육의 수준은 교사의 수준을 넘어설 수 없다.”라는 말에 응결되어 있다. 최근 교육의 패러다임이 변화되면서 교육자는 안내자, 조력자라는 주장이 자주 등장한다. 하지만 교육에서 교사의 주도적 역할은 부인할 수 없다. 교육자는 기본적으로 학습자의 모델이 되기 때문이다. 일반적으로 학생은 성숙한 존재가 되기를 열망하며, 이를 위해 기성세대의 대변자인 교사의 인간됨과 능력을 보고 배우려 한다. 학생은 교사의 지도와 안내가 필요하다. 단어의 의미만 놓고 보면 ‘교사’는 가르치는 사람이다. 그러나 이러한 일반적인 교사의 특성만을 가지고 교사에 대하여 살펴본다는 것은 한계가 있다. 교사는 무엇을, 왜, 어떻게 가르쳐야 하는지, 더 나아가 교사의 자질과 역할, 교사라는 직업의 특성, 교사의 권위 등이 무었인지 파악해야만 교사의 본질에 대한 이해가 가능하다. 이 장에서는 교육활동의 한 축인 교사의 의미를 교직의 성격, 교사의 역할을 통해 살펴보고, 이를 바탕으로 인간적인 교사에 대하여 살펴본다.

1. 교직의 성격

1) 성직 또는 천직에서 전문직으로

교직이 어떠한 성격을 지니고 있느냐 하는 것은 시대와 사회에 따라 차이가 있고 그 지위도 다르게 평가된다. 특히 우리나라를 비롯한 동양 사회에서는 교사를 다른 어떤 직업에 종사하는 사람보다 존경해 왔다. 그런데 지난날 교사가 뭇사람으로부터 존경을 받고 비교적 높은 지위를 누릴 수 있었던 것은 그들이 단순히 지식이 많고 전문성이 높았기 때문이 아니라 인격적 · 도덕적으로 사회의 지도자였기 때문이다. 동서양을 막론하고 교사는 개인적인 성공과 영달보다는 올바른 사람을 길러 냄으로써 사회의 공적인 복지에 기여하기 때문에 사회적으로 존경받을 수 있었다.

그러므로 전통적으로 교직은 소명의식이 요청되어 돈, 명예, 권력을 지향하는 여타의 다른 직종과는 달리 희생과 봉사의 정신을 중요시하였다. 이러한 전통적 의미에서 교직은 성직 또는 천직으로 간주된다. 성직은 세속성을 넘어서는 도덕적 가치를 추구한다는 뜻을 포함하고, 천직은 자신의 직업을 단지 생존의 수단이 아니라 하늘의 소명으로 여긴다는 뜻을 포함한다. 이러한 천직으로서의 교직관은 아직도 우리나라 교육현장에서 영향력을 발휘하고 있다. 교직을 천직으로 여기는 교사는 학생들을 전체 인격으로 대하며 단지 교육이라는 제한된 관점을 넘어서 학생의 삶에 깊이 관여하려는 성향을 갖는다. 그래서 전도유망한 학생이 집

안 사정으로 대학 입학을 포기하려 할 때, 장학금 등을 주선해 지원하려 하며 심지어 직접적으로 물질적인 도움을 주기도 한다.

그러나 사회가 발전하고 사회구조가 다양하게 변화하면서 교육의 대중화와 직업의 세분화로 인해 교직도 많은 변화를 겪고 있다. 한편으로는 교직도 생활을 위해 선택하는 선망하는 직업 중의 하나에 불과하다는 생각이 늘어났다. 또 교사의 수가 많아지게 되면서 교육 역량이나 도덕적 자질이 부족한 교사들도 자주 발견된다. 이런 영향으로 교직의 성격과 사회적 지위가 격하되는 우려할 만한 현상이 나타나기도 한다. 물론 교사가 학생을 대상으로 하여 교육을 담당하는 사람이라는 데에는 변함이 없다. 그러나 교직과 생계형 직업 간의 구분과 차이가 흐려지고 있다. 과거의 교사가 누렸던 커다란 존경심이 점점 약화되는 것은 어쩌면 당연한 일이다. 현대의 교사는 다른 모든 직업에 종사하는 사람과 마찬가지로 하나의 직업인으로 인식되고 있다.

그러나 우리는 현대의 교사에게 단지 성직자처럼 탈세속적인 삶을 살라고 강요할 수 없다. 현대의 교사가 엄연한 생활인인 이상 일정 수준 이상의 보수와 노동조건에 대해 관심을 가지는 것을 나무랄 수는 없다. 과거의 농경 사회에서와 같은 천직으로서의 스승상을 그대로 현대 사회에 적용하는 것은 시대착오적이다. 교사는 한편으로 노동자이며 다른 한편으로 인간을 교육한다는 성스러운 직무를 수행하는 자이다. 이에 더하여 현대 사회에서 교직은 점점 전문직이라는 새로운 지위를 얻어 가고 있다.

2) 전문직으로서의 교사

교사는 미성숙하고 또 개성 있는 학생들과 밀접한 관계를 맺는 속에서 이들이 장차 사회인으로서 그리고 완성된 한 인간으로서 살아갈 수 있도록 삶을 준비시켜야 한다. 이러한 작업은 한 사회가 유지, 발전하는 데 필수적인 조건이 되며,

그만큼 공적이며 중차대한 일이고 또 결코 달성하기가 쉽지 않은 일이다. 더 나아가 교육에서 교사의 행동은 자기책임성을 가지고 자율적으로 이루어지지 않으면 안 된다. 이런 점에서 교직은 다른 일반적인 직종과는 달리 직업인으로서의 특수한 자질 및 역할이 절실히 필요하다. 그러므로 교직은 의사, 변호사, 약사, 한의사 등과 같은 전문직종에 속한다. 그렇다면 왜 교직은 전문직이어야 하는 것인가?[1)]

무엇보다도 교사는 자신의 역할을 훌륭히 수행하기 위한 충분한 준비가 되어 있어야 한다. 이러한 준비를 통하여 교육에 대한 사회적 요구는 무엇이며, 학생의 개별적인 필요와 요구가 무엇인지 그리고 그들을 어떻게 가르쳐야 하는가를 알고 실천해야 하는 직업이다. 교사가 되려는 사람은 이러한 것을 준비하기 위해서 상당히 긴 양성과정을 거쳐야만 한다. 또 교사에게 중요한 것은 아직 나이가 어리고 인격이 형성되는 과정에 있는 학생을 겸손하고 인간적으로 대하는 태도를 갖는 것이다. 교사는 생리학적으로도 또 제도적으로도 학생과 비교해 훨씬 우월한 위치에 있다. 교사가 마음만 먹으면 이러한 자신의 권력을 마음대로 휘두르는 것은 그리 어려운 일이 아니다. 그렇다고 교실현장에서 교사의 권한과 자율성을 제한하는 것은 다른 큰 문제를 낳는다. 교육이라는 고유하고 복잡 미묘한 활동에 외부의 힘(정치권력이나 학부모의 욕망 등)이 개입할 경우 그것은 진정한 의미의 교육을 방해할 위험이 매우 높다. 그러므로 교사에게 자기책임성과 자율성을 허용하는 것은 교육의 불가피한 조건이다.

한 직업에 내재되어 있는 권력 남용의 위험성과 자율성 보장이라는 2개의 요소가 충돌하는 것은 모든 전문직의 공통된 특성이기도 하다. 이것은 우리가 의사 앞에서 느끼는 양가감정에 그대로 나타난다. 의사는 고통과 병을 고쳐 줄 수 있

---

1) 특정한 직업의 전문성 여부를 가늠해 주는 기본적 특징을 살펴보면, 첫째, 상당히 긴 기간의 양성과정을 거쳐 직업 소양을 습득하며 자격증을 받는다. 둘째, 자격증의 권한 부여 아래에서 사회에 봉사해야만 한다. 셋째, 직업을 대표하는 조직과 윤리강령을 마련하고 있다. 넷째, 전문적 자율성의 범주에서 판단하고 실천한 것에 대하여 책임을 진다.

는 큰 힘을 가진 사람이지만 동시에 그의 실수나 나태로 인해서 고통을 받게 되어도 한마디 항변도 할 수 없는 경우가 많이 있다. 그러므로 우리는 의사가 스스로 높은 윤리적 책임감 아래에서 결정하고 행동하기를 바란다. 의사협회는 히포크라테스 선서를 통해 자신들의 윤리강령을 제시함으로써 자신들에게 부여된 권력에 대한 정당성을 마련하려 한다. 이것은 교사에게도 마찬가지이다. 우리나라의 사도헌장에서는 다음과 같이 선언한다. “오늘의 교육은 개인의 성장과 사회의 발전과 내일의 국운을 좌우한다. 우리는 국민 교육의 수임자로서 존경받는 스승이요, 신뢰받는 선도자임을 자각한다. 이에 긍지와 사명을 새로이 명심하고 스승의 길을 밝힌다.” 이렇듯 교사에게는 높은 윤리적 태도가 요구된다.

요약하자면, 교직은 다음과 같은 몇 가지 측면에서 전문직으로서의 성격을 가진다. 첫째, 교사는 상당히 긴 기간의 양성과정을 거쳐야만 필요한 직업 소양을 습득할 수 있으며 공식적인 자격을 부여받는다. 둘째, 교사는 자격증의 권한 부여 아래에서 교직을 수행하며 전문직 종사자로서 요구되는 사회봉사의 책무를 갖는다. 셋째, 교사의 행위와 활동은 사회적으로 중대한 의미와 파급성을 가지기 때문에 교사들은 교원조직과 윤리강령을 통해 자신의 품위를 자율적으로 관리한다. 넷째, 교사는 전문가로서 자율성에 기초하여 판단하고 실천한 것에 대해서 책임을 져야 한다. 물론 교직이 현실적으로 다른 전문직종만큼 확실한 전문직으로서의 위상을 갖추고 있는가에 대해서는 의문이 제기된다. 특히 정부와 국가의 교육에 대한 과도한 통제는 교사의 전문성에 대한 심각한 위협이 될 수 있다. 교사와 교육계는 전문직으로서 교직의 위상을 더 확립하기 위해서 노력할 필요가 있다.

교육에 필요한 다양한 전문지식과 교사로서의 올바른 직업관을 갖추지 못한 채 아무나 교단에 서게 한다면 그 파장은 매우 심각할 수밖에 없다. 그래서 교직은 다른 일반 직종처럼 개인이 사적으로 필요한 기준을 충족하여 마음대로 수행할 수 있는 직종이 아니다. 예를 들어, 대학을 마친 경영학 전공자가 비록 이 분야에 대한 지식이 많이 있더라도 마음대로 상업 교사가 될 수는 없는 것이다. 이는 의사, 약사, 간호사, 변호사 같은 전문직종에도 공통되는 특징이다. 우리나라든 외국이든 교사가 되려는 사람은 매우 엄격한 양성과정을 거쳐야만 한다. 우리나라의 경우 국가로부터 인정받은 양성기관에서 양성과정을 거친 후 일정한 성취를 얻은 사람에 대해서만 자격증을 부여하고 있다. 이는 전문직으로서 교사의 역할을 하는 데에 요구되는 요소를 검증하기 위한 과정이라고 볼 수 있다.

2. 교직실천을 위한 기본 지식과 능력

앞에서 살펴본 것처럼 전문직으로서 교사는 교직을 원활하게 수행하기 위해 요구되는 소양을 갖추어야 한다. 교사가 교직을 수행하기 위해서 갖추어야 할 가장 기본적 지식과 능력은 다음과 같다.

1) 교과에 대한 전문지식과 일반교양지식 그리고 교수학적 실천지식

교사가 지녀야 할 자질 중에서 교과에 대한 전문지식은 필수적이다. 실제로 우리나라에서 전공과목에 대한 지식은 교사 선발에 있어서 가장 중요한 요인의 하나가 되고, 외국에서도 마찬가지로 상당히 중요한 자질로 인정되고 있다. 그런데 미국교사교육연구회(American Council on Teacher Education)는 교사에게 필요한 필수적인 자질로 전공과목에 대한 지식뿐 아니라 일반교양지식의 중요성을 강조한다. 교사는 자신이 전공하는 교과에 대해서뿐 아니라 역사와 사회 그리고 인간 일반에 관한 풍부한 지식을 가져야 한다는 것이다. 문학, 음악, 미술 등 예술에 관한 소양 및 역사, 철학, 시사 등 상식을 주축으로 하는 일반교양과 더불어 가르치고 있는 과목이 근거하고 있는 학문에 대한 해박한 지식은 지식과 교양을 갖춘 건전한 시민을 기르는 데 필수적인 교사의 자질이다.

그러나 아무리 교과에 대한 풍부한 지식을 갖추고 있을지라도 이를 학습자들에게 효과적으로 전달하지 못한다면 무용지물이다. 따라서 교사는 정확하고 풍부한 지식 이외에도 이를 전달할 수 있는 교수 기술, 즉 교수학적 실천지식이 필요하다. 이것은 외과 의사가 환자를 수술하는 전문적인 방법과 기술을 필요로 하는 것과 마찬가지이다. 그러므로 교사는 수업 상황을 잘 이끌어 가도록 전문적인 교수방법을 습득, 활용할 수 있어야 한다. 가네(R. M. Gagne)와 브릭스(L. J. Briggs)에 의하면 수업집단을 조직하는 것이 교사의 핵심적인 역할이다. 사실 교사의 일상에서 주요한 활동은 교실 안에서 상호 교섭과 소통을 촉진하고, 수업에서 발언의 기회와 자원을 적절히 분배하는 것이다.

교수학적 실천지식에는 훌륭한 평가 기술도 포함된다. 평가의 목적은 교수과정과 학습과정에 최대한으로 도움을 주고 그렇게 함으로써 학생의 학습효과를 극대화시키는 것이기 때문이다. 평가 기술은 유능한 교사가 갖추어야 할 필수적 요건이며, 학습과제에 대한 학생들의 준비도를 파악하고 평가하며 기록 · 보고하는 일련의 작업은 교사가 교실에서 학생들과 접촉할 때 매우 중요한 역할을 한다.

2) 학생들에 대한 깊은 이해력

유능한 교사가 되기 위해서는 학생에 대한 기본적인 이해가 있어야 한다. 아동기부터 청소년기에 나타나는 고유한 특징들에 대한 이해는 교사의 직무수행에 필수적으로 요구되는 요소들이다. 교육학자들은 이러한 분야의 지식을 제공하기 위해서 많이 노력해 왔다. 피아제, 에릭슨(E. H. Erikson), 콜버그(L. Kohlberg), 하비거스트(R. Havighurst) 등이 매 성장단계에서 학생의 심리적 · 행동적 특성을 규명하는 작업을 하였다. 예를 들어, 하비거스트는 삶의 중요한 각 단계에서 학생들이 해결해야 하는 '발달과제'를 제시함으로써 학생에 대해 깊이 이해할 수 있도록 도움을 주었다. 그러나 동시에 교사는 개개 학생의 상황과 요구를 파악할 수 있는 해석학적 능력을 갖추어야 한다. 교사는 학생의 침묵이나 분노 같은 현상을 통해서 학생 개개인의 내면에서 일어나는 일이 무엇인지를 파악할 필요가 있다. 물론 학생의 내면에 대한 교사의 해석은 언제나 불완전한 것일 수밖에 없다. 그것은 가다머(H-G. Gadamer)가 말한 '해석학적 순환'[2)]의 과정을 통해서 조금씩 더 분명하게 파악될 수 있을 뿐이다. 교사가 학생들의 일반적이고 개별적인 심리적 특성과 요구를 이해하지 못한다면 교과에 대한 지식을 효과적으로 전달할 수 없을 뿐만 아니라 그들이 성장과정에서 절실하게 필요로 하는 도움을 줄 수 없을 것이다.

3) 자기성찰 능력

교사가 해야 하는 일은 다양하다. 교사는 지식과 능력을 전수하고, 학생의 인격발달과 자립성의 형성을 돕고, 학생의 개인적인 발달과정을 평가하며, 생활이나 학업에서의 어려움에 대해 상담해 주며, 더 나아가 학교와 지역사회의 발전과 개선에도 기여해야 한다. 이를 위해 교사는 지속적인 자기성찰과 자기계발을 수행해야 한다. 1966년 유네스코는 '교원의 지위에 대한 권고'에서 "교직은 엄격하고도 계속적인 연구를 통하여 습득, 유지되는 전문적 지식과 기술을 필요로 하는 공공적 업무"라고 규정하고 있다. 교사는 자신의 직업이 요구하는 다양한 과제를 해결할 수 있도록 지속적인 자기학습 및 자기성찰의 힘을 길러 나가야 한다. 특히 자신의 수업을 그 의미와 효과에 대해 이론적 · 실천적으로 끊임없이 성찰하

2) 해석학적 순환은 어떤 텍스트를 이해하기 위해서 우리가 실행하는 방법이다. 예를 들어, 어려운 영어 문장을 해석할 때 우리는 문장 전체의 의미를 1차적으로 파악한 뒤에 다시 각각의 단어의 의미를 분명히 해 나가며 각 단어의 의미들이 좀 더 분명해지면서 다시 문장의 전체 의미가 더 잘 파악된다. 이것은 다시 그 문장 속의 단어를 정확히 이해하는 데 도움이 된다. …… 이런 방식으로 전체와 부분의 지속적인 순환과 피드백 속에서 우리는 어떤 텍스트를 이해할 수 있다. 학생의 표출된 행동들은 교사가 읽어 내야 하는 텍스트이다(Gadamer, 1972 참조).

면서 개선해 가는 '반성적 실천가'로서의 자세가 요구된다(Meyer, 2011).

3. 학교에서 교사의 역할

1) 학급의 경영자

교사는 학급 경영 및 관리를 주도한다. 교사는 학급 사회의 공동목표를 합리적으로 달성하기 위한 제반 조건을 조직하고 확립하는 역할을 한다. 여기에서 학급 사회의 공동목표는 학생 개개인이 지적 · 정서적으로 성장하도록 하는 것이며, 학급경영은 이를 성취하기 위하여 인적 · 물적 제반 조건을 정비하고 마련하는 활동을 의미하는 것이다. 따라서 학급 사회에서 교사가 학급의 경영자로서 담당하게 되는 역할은 매우 많으며 구체적으로는 다음과 같다.

첫째, 학급의 기본적인 활동방침과 실천목표의 설정, 둘째, 학급의 인적 조직과 관리, 셋째, 학급에 관한 물적 환경의 정비와 관리, 넷째, 학급의 교육계획에 관한 시간표의 정비, 다섯째, 학급 관계 기록 및 장부의 정비, 여섯째, 학급에 관한 연구 및 조사, 일곱째, 학급경영에 관한 자기평가 등이다.

교사가 학급의 경영자로서 자신의 역할을 충실히 수행하는 데 있어 의거하여야 할 원리에는 크게 세 가지가 있다.

첫째, 합리주의의 원리이다. 합리주의는 주먹구구식 사고방식을 버리고 과학적인 자료를 기초로 하여 제반계획을 수립하고 집행하는 것을 의미한다. 이를 통해 교사는 다양한 학급활동에서 쓸데없는 낭비를 없애고 능률적으로 직무를 수행할 수 있다. 합리주의의 원리는 특히 교사와 학생 간의 갈등이 불거졌을 때 중요한 역할을 할 수 있다. 이때 교사는 일시적인 감정이 아니라 이성적인 판단에 따라서 행동해야 한다.

둘째, 인격주의의 원리이다. 이것은 학급 사회에 있어서 화기애애한 인간관계의 유지 및 발전을 의미한다. 학급 사회의 구성원들이 서로 사랑하고 존경하고 협조함으로써 공동목표를 가장 효과적으로 달성할 수 있도록 인격적 관계를 조성하는 것은 교사가 학생과 더불어 노력해야 할 중대목표 중의 하나이다. 이것은 무엇보다도 학급경영을 단순히 사무적인 처리에 그치게 해서는 안 된다는 것을 의미하는 것이기도 하다. 최대의 교육적 효과는 교실 내에 정의로운 인격적 관계가 성립되었을 때 저절로 흘러나온다.

셋째, 민주주의의 원리이다. 민주주의는 교사의 독단적인 행동을 없애고 학생들에게 권한을 널리 이양해 준다. 학생들은 학급 내의 규칙이나 분쟁의 해결에서부터 교수-학습 활동에 이르기까지 자신들의 요구를 자유롭게 개진할 수 있다. 민주주의적 교사는 이러한 요구를 일단 진지하게 수용하려 한다. 그러나 이것은 교사가 권위주의 대신 그 반대 극단인 자유방임적 태도를 취해야 한다는 뜻이 아니다. 민주주의는 자율적이고 비판적인 시민을 기르는 데에 필수적인 조건이다.

2) 학습의 인도자

수업을 맡는 교사의 역할 중에서 가장 중요한 것은 두말할 것 없이 학습지도자의 역할이다. 학습한다는 것은 학급 사회의 중심이 되는 과제이며, 학생들이 학습을 잘하도록 이끌어 주는 것이 교사의 으뜸가는 임무임에는 이론의 여지가 없다. 학습이란 어린이들에게 그들의 심리적 발달단계에 부합되고 사회적 요구에 알맞은 경험을 제공함으로써 그들의 행동에 바람직한 변화를 일으키게 하는 과정을 말한다. 물론 진정한 학습은 가르침에 대한 학생의 호응과 학생 자신의 자기 활동을 통해서 일어난다. 하지만 그 전체 과정을 관장하는 것은 어디까지나 교사이다.

교사는 여러 가지 종류의 학습경험 중에서 무엇을 선택하고 그것을 어떠한 방법으로 학생들에게 제공할 것인가—종종 학생의 의식적 · 무의식적 요구를 반영하여 또 학생과 더불어—를 고민하고 결정한다. 교육내용과 학습지도 방법은 서로 구분할 수 없을 정도로 밀접히 연관되어 있다. 따라서 교사의 학습지도는 교육내용을 선정하고 조직하며 학습과정 전체를 안내하는 역할을 모두 포함한다.

교사가 학습을 지도할 때, 특히 주목할 점은 학습에서 드러나는 학생들의 엄연한 개인차이다. 동일 학급 안에 있는 학생들은 앞에서도 지적한 바와 같이 연령 · 적성 · 능력 등에 있어서 비교적 동질적이라는 것은 일단 전제되지만, 동시에 상호 간의 개인차는 항상 존재하기 마련이다. 학습지도를 할 때 교사는 이를 간과해서는 안 된다. 학습지도에서 교사는 성숙도, 능력 · 경험 · 동기 등에 따라 학습에 대한 학생의 준비도를 파악하여 유효적절한 학습지도 계획을 만들고 실행해야 한다. 여기에는 평가자의 역할도 포함된다. 교사는 학생의 학습능력과 학습성취를 투명하게 평가하고 이를 통해 학생의 성장을 촉진해야 한다.

3) 생활지도 및 상담자

학급교사의 역할 중 또 한 가지 중요한 것은 생활지도이다. 생활지도(guidance)라는 용어나 개념은 비교적 새로운 것이지만 실질적 내용에 있어서 그것은 예로부터 학급교사의 중요한 책임에 속하는 것이었다. 생활지도는 학생이 학교생활을 포함한 일상적인 삶 속에서 마주하는 다양한 문제를 해결하여 더 나은 삶을 영위할 수 있도록 지원해 주는 행위를 의미한다.

오늘날 학생들이 그들의 생활의 측면에서 교사의 지도와 상담을 요구하는 문제 영역은 크게 네 가지이다.

첫째, 개인적 영역으로서 학생의 자기 자신에 대한 적응문제이다. 개인적 문제 가운데 중요한 것은 신체적 · 정신적 건강의 문제와 정서적 적응문제라 할 수 있다. 개인적 문제에 관하여 털어놓고 상의할 수 있는 부모나 교사 또는 친구를 갖는다는 것은 극히 중요한 일이며, 특히 학급 사회에 있어서 학생의 개인적 적응 문제를 교사가 도와준다는 것은 무엇보다도 학습활동의 성과를 얻게 하는 중요한 조건이 된다.

둘째, 사회적 영역으로서 인간관계 및 사회관계에 관한 문제이다. 학생이 가족이나 기타 집단 또는 학교 사회 등에서 직면하게 되는 복잡한 사회적 관계를 원만히 조절함으로써 사회적 적응을 얻도록 하는 데 있어서 교사의 지도와 조언은 필수적이다.

셋째, 교육적 영역으로서 교과선택제 아래에서 교과의 선택이나 효과적인 학습과정 설계 및 진학 등에 관한 문제이다. 교육과정이 복잡해지고, 특히 선택과정이 많아지는 고등학교 단계에서 학과의 선택이나 진학에 관하여 교사의 지도와 조언은 중요하다. 또 비교과활동의 선택이나 개인적인 독서의 방법, 여가의 선용과 오락활동 등에 관해서도 지도가 필요하다. 아동이 개인의 적성과 흥미에 맞추어 학습과정을 선택해 나가는 데 있어서 교사가 줄 수 있는 영향력은 결정적이라 해도 과언이 아니다.

넷째, 직업적 영역으로서 자신에게 맞는 직업 선택과 준비에 관한 문제이다. 개인이 자신의 개성을 살리고 사회적 분업에 참여할 뿐만 아니라 생계의 수단을 얻게 되는 것은 직업을 통해서이며, 모든 교육은 직간접적으로 직업과 연결되어 있다고 할 수 있다. 따라서 직업에 대하여 준비한다는 것은 학교교육의 가장 중요한 목표 중의 하나이며, 아동이 그 능력, 적성, 취미에 맞는 직업을 선택할 수 있도록 진로지도를 하는 것은 학교에서 교사가 수행해야 하는 중요한 역할이다. 이를 위해서 교사는 학생의 소질과 성향 그리고 재능을 찾아내는 섬세한 감수성을 지녀야 한다.

4. 바람직한 교사상: 교사-학생 관계를 중심으로

훌륭한 교사의 판단기준은 효과적으로 가르치는 방법에 있지 않다. 오히려 교사의 사람됨이 방법보다 더 중요할 수도 있다. 학습이 학습자의 내면에서 자기결정에 의해 일어나는 것이라면, 훌륭한 교사는 단순히 사실, 정보, 지식을 전달해 주는 하나의 전달자에 그쳐서는 안 된다. 패터슨(C. H. Patterson)은 이런 맥락에서 다음과 같이 말하였다. "훌륭한 교사는 단지 교과, 교수방법, 교육과정의 전문가이거나 시청각 보조물과 같은 자료를 능숙하게 활용하는 그런 사람이 아니다. 일류 교사란 하나의 인간적인 관계를 이룩함으로써 학생이 자유롭게 학습하도록 돕는 사람이다."(Patterson, 1989)

고던(T. Gordon)에 의하면, 학생을 가르치고자 하는 노력의 결과에 가장 많은 영향을 미치는 요인은 교사와 학생 간의 인간적인 관계이다. 아무리 뛰어난 교수기술도 교사와 학생 간의 관계가 좋지 않으면 아무런 소용이 없다. 그런데 왜 교사들은 학생들과 인간적인 관계를 수립하지 못하는가? 고던은 그 원인이 이상적 교사상에 관한 왜곡된 이미지에 있다고 분석한다. 이 왜곡된 이미지는 교사 및 가르치는 일에 관한 다음과 같은 일반적인 신화에 근거하고 있다(Gordon, 1997: 33-34).

첫째, 훌륭한 교사는 조용하고, 과묵하며, 항상 침착하다. 어떤 상황에서도 냉정함을 잃거나 격한 감정을 그대로 표현하거나 하지 않는다. 둘째, 훌륭한 교사는 선입관이나 편견이 없다. 훌륭한 교사에게는 흑인, 백인, 스페인계, 우둔한 아이, 영리한 아이, 여학생, 남학생 모두가 동등하게 보인다. 즉, 인종차별이나 성차별을 전혀 하지 않는다. 셋째, 훌륭한 교사는 실제 감정을 학생들에게 철저히 숨긴다. 넷째, 훌륭한 교사는 학생들을 모두 동등하게 받아들이고 절대 '편애'하는 일이 없다. 다섯째, 훌륭한 교사는 항상 조용하고 정돈된 학급 및 학습 분위기를 조성한다. 여섯째, 훌륭한 교사는 항상 일관된 태도를 보인다. 전혀 변하는 일이 없고, 실수로 무언가를 망각하지 않으며, 감정의 고저도 없다. 일곱째, 훌륭한 교사는 모든 문제에 대해 답을 알고 있다. 당연히 학생보다 더 훌륭한 지혜를 지니고 있다. 여덟째, 훌륭한 교사는 동료 교사를 항상 지원하며, 개인의 감정 · 가치관 · 신념에 관계없이 학생들에 대해서 '연합전선'을 형성한다.

고던에 따르면 많은 교사가 이러한 교사상을 내면화하고 있다. 그러나 이를 내면화하는 것은 문제가 된다. 교사가 생각하는 훌륭한 교사의 모습이 이렇게 완벽하고 특별한 것일 때, 교사는 자신의 실제 모습을 숨기고 가장된 연극을 하듯이 학교생활을 하게 된다. 그러나 교사가 가식적인 행동을 할 때 이를 누구보다도 빨리 깨닫는 사람은 학생들이다. 학생들은 교사의 입 주위의 미세한 경련, 근육의 긴장, 스쳐 지나가는 표정이나 사소한 동작 등을 보고 교사의 가식을 인지한다.

교사가 학생과 인간적 관계를 형성하기 위해서는 반드시 진실한 인간의 모습을 보여야 한다. 그러나 앞에 언급한 신화를 신봉하는 교사들은 교실에서 가식적으로 되기 쉽다. 그 결과 교사는 종종 권위주의적이고, 감정을 숨기며, 냉혹하고, 기계적으로 행동한다. 이런 상황에서 좋은 사제관계, 인격적인 교사-학생의 관계는 성립되기 어렵다.

그렇다면 교사와 학생 간의 좋은 인간관계란 어떠한 것인가?

부버는 교사-학생의 인간적 관계의 특징을 다음과 같이 서술한다(강선보, 1983). 첫째, 상호 인격적 친교, 둘째, 구도적 동반자, 셋째, 교사가 행하는 포용, 넷째, 상호 개방적 신뢰, 다섯째, 개성의 상호 조화, 여섯째, 대화이다.

상호 인격적 친교의 관계란 자판기와 같은 단순한 투입-산출 관계가 아니라 인격적으로 서로 감정을 주고받을 수 있는 관계이다. 구도적 동반자 관계란 수직적 위계의 관계가 아니라 진리와 삶 앞에서 함께 진리를 탐구하는 동지의 관계이다. 포용적 관계는 교사가 '이중감각'을 발휘하여 교사의 직분을 잊지 않으면서 동시에 학생을 포용함으로써 학생을 교육적으로 인도하는 관계이다. 상호 개방적 신뢰관계는 교사와 학생이 서로 신뢰하는 분위기 속에서 서로의 삶 앞에 자신을 과감하게 드러내는 것을 의미한다. 개성의 상호 조화는 '너'와 '나'의 다름을 인정하면서도 모종의 합일을 추구하는 관계이다. 이것은 서로의 독립적 인격이 보장되는 관계이다. 대화적 관계는 '나와 너'의 진정한 만남의 관계이다.

한편, 정신과학적 교육학의 전통에 서 있는 베니거(E. Weniger)에 따르면 교육적 관계와 관련하여 바람직한 교육자의 태도는 다음과 같다(1952: 80–83).

첫째, 교육자는 무엇보다도 아동과 청소년의 고유권리를 존중하여야 한다. 둘째, 교육자는 교육적으로 영향을 주기 위하여 하나의 고유한 인간으로서 자신의 모습을 보여 주어야 한다. 그러나 교육자는 피교육자가 스스로 이해할 수 있도록 자신의 고유한 견해들을 상대화하여야 한다. 셋째, 교육자는 다음 세대이면서 인간인 아동의 과거의 보호자이고, 더욱이 그의 현재와 미래에 대한 보호자이다. 넷째, 교육자는 교육영역의 문지기가 되어 외부의 사회적인 힘들의 부적절한 요구로부터 학생들을 보호해야 한다. 다섯째, 교육은 인간적인 통합과 사회 전체의 안녕을 위해서 진력하지만, 동시에 교육자는 해결되지 않은 성인의 문제들이 여과 없이 아동에게 옮겨지지 않도록 감시해야 한다.

5. 결론

이상에서 살펴본 것처럼 교직은 독특하고 전문적인 사회봉사, 전문지식과 기술, 장기간의 양성과정, 자율성, 책임성 등이 필요한 전문직이다. 여타의 전문직과 유사하게 인간을 대상으로 하고 있지만, 이들과 구별되는 점은 그 대상이 여전히 지적 · 정신적 · 도덕적 성장발달단계에 있는 미성숙한 자를 대상으로 한다는 점이다. 여기에서 미성숙의 의미는 단순한 부족이나 결핍을 의미하지 않는다. "미성숙이라는 말에서 '미'자는 단순히 없다든가 결핍되어 있다는 뜻이 아니라 훨씬 적극적인 의미를 지니고 있다."(Dewey, 2007: 93) 아직 미성숙한 학생들과 관계한다는 점에서 교사에게는 다른 전문직 종사자보다 더 큰 사명감이 요구된다.

교사는 자신의 직업에 대한 분명한 이해에 기초해서 교직의 신성함에 대한 신념과 자부심을 가질 필요가 있다. 교직에 대한 신념이나 자부심이 없는 사람이 교사가 될 때, 그것은 본인의 발전이나 성공은 물론 교육을 받아야 할 많은 학생에게 그리고 전 사회에 불행한 일이 될 것이다. 특히 오늘날의 사회가 요구하는 교사란 지식이나 기능만을 가르치는 사람이 아니라 학생들이 자신의 모든 가능성과 잠재력 그리고 개성을 실현하게 하는 사람이다. 이런 교직에 대한 높은 요구는 교육활동 자체에 대한 교사의 애정과 신념 없이는 달성되기 어렵다. 이런 의미에서 교사에게 진지하고 확고한 교직신념은 아무리 강조해도 지나치지 않다.[3)]

교사는 교직에 대한 높은 관심과 순수한 동기를 가지고 교직을 천직으로 생각하고, 자기를 긍정적으로 생각하며, 어떤 일을 해낼 수 있다고 믿고, 자기가 가르치는 학생을 존중하고 신뢰하며 인정하고, 수업 전문가로서 자기의 지식과 기술을 성의를 다하여 학생들에게 전달하려는 마음가짐이 있어야 한다.

그러므로 이상적인 교사는 무엇보다도 학생을 하나의 인간으로 존중하고 교사 자신도 솔직하게 인간적인 모습을 보여 주는 사람이다. 이를 위해서 교사는 기본적으로 타인과 인격적 관계를 맺을 수 있는 성숙한 사람이어야 한다. 20세기 초에 교육적 관계를 교육학의 중심적인 주제로 발전시킨 노올(H. Nohl)은 개혁교육운동의 입장에서 교육적 관계의 특성을 도출한다. 그에 의하면 교육은 외부로부터 가르칠 내용을 아동에게 주입하는 것이 아니라 아동의 고유성을 인정하면서 스스로 주체적인 삶을 살 수 있도록 도와주는 것으로 이해된다. 전통적인 교육에서 아동이 자신의 의지와 상관없이 성인세대의 목적에 순응하는 존재였다면, 이제는 내부에 자신의 목적을 갖고 자발적이고 생산적인 삶을 살 수 있는 존재로

3) 천직과 전문직으로서 교직관은 서로 충돌할 가능성이 있다. 현장에서 요구되는 교직관은 양자를 통합하는 방향으로 나아가야 한다. 이에 대해서는 곽덕주(2007) 참조.

여겨진다.

이러한 아동에 대한 새로운 인식에 기초해서 노올은 교육의 목표를 '통합된 정신적인 삶'을 일깨우는 일로 본다. 그에 의하면 이러한 과정은 "개인적인 정신과 정신의 만남에서 발달한다. 교육적 영향은 유효한 가치들의 체계 자체에서 나오는 것이 아니라 언제나 오직 본원적인 '자아'로부터, 즉 자신의 확고한 의지를 가진 실제의 인간에서 나온다. 이것은 객관적인 정신이나 사실의 힘을 통하여 이미 형성된 하나의 단순한 이념보다 교육실천에서 형성되는 인격적인 인간들의 공동체가 더 중요함"을 의미한다(Nohl, 1988: 167).

그러므로 교사에게 요구되는 것은 단순히 교과목에 대한 전문적인 지식도 아니고, 그것을 효과적으로 전달할 수 있는 교수학적 지식도 아니다. 무엇보다 교사에게 요구되는 것은 인간, 즉 학생에 대한 정신적 사랑이다. 이러한 관계를 노올은 성숙한 인간(교사)이 성장하는 인간(학생)에 대해 갖는 '열정적인 관계'라고 명명하였다. 이 관계는 부모, 형제의 관계와 같은, 특히 어머니와 자식의 관계와 같은 인간의 가장 자연적인 삶의 관계들에 뿌리를 두고 있다(Nohl, 1988: 169). 그러므로 이상적인 교사는 결국 타인과 인격적 관계를 맺을 수 있는 인간적인 교사이다.[4]

4) 클라프키(W. Klafki)는 노올의 '교육적 관계'는 다음과 같은 근본적인 이해에 기초하고 있다고 분석하였다. 첫째, 교육적 관계는 항상 의도성을 갖고 있다. 교육적 관계는 교육목적에 의하여 결정되는 관계이기 때문이다. 의도적인 교육은 인간이 성숙에 도달할 때, 즉 스스로 주체적인 삶을 영위할 수 있을 때 끝난다. 그러므로 교육적 관계가 교육자와 피교육자가 상호 영향을 주고받는 관계라고 할지라도 그 영향은 동질적인 것이 아니다. 교사의 관점에서 볼 때 그것은 '사랑과 권위'의 관계이고, 피교육자의 관점에서 볼 때 그것은 '사랑과 복종'의 관계이다. 둘째, 교육적 의도의 목적과 내용은 '청소년을 위하여'라는 문구로 귀착한다. 그러므로 교육자들은 정당화되지 않은 국가적 · 사회적 · 종교적 · 정치적 · 경제적 요구들에 맞서 젊은이의 자기 권리를 옹호해야 한다. 즉, 교육적 관계를 주도하고 있는 관심은 주체적인 존재로서의 아동에 대한 이해라고 할 수 있다.

연습문제

1. 본문에서의 논의를 바탕으로 '나의 교직관'에 대하여 조별 토론을 하고, 1~2매 분량의 글을 써 보자.
2. 교사를 주인공으로 하는 교육영화 한 편을 선정해 시청하고 거기에 나타난 교사상에 대해 분석하고 비판해 보자.
3. 교사가 갖추어야 할 필수적인 지식과 능력은 무엇이며, 교직과정에서 그것을 어떻게 습득할 수 있을지 장기적인 계획안을 마련해 보자.
4. 학창 시절에 가장 인상 깊었던 선생님의 모습을 떠올려 분석하고 이를 발표하여 좋은 선생님의 특징을 추출해 보자.

제5장 학생

1. 학생관의 패러다임 전환
2. ‘유능한 유아’에 대하여
3. 학생은 어떤 존재인가
4. 학생 자치와 책임분담

제5장 학생

제목은 이미 잊었지만, 오래전에 보았던 일본의 학교영화가 생각이 난다. 교사와 학생의 관계가 어떤 이유로 꼬이고 파행으로만 흐를 때 주인공인 교사는 학생들에게 학생은 교사가 없이도 존재할 수 있지만, 교사는 학생 없이는 아무런 의미도 없는 존재라고 말하며 학생들에게 먼저 마음을 열고 다가간다. 교사가 교육의 주체이며 무게 중심이라고 생각했던 나는 이 영화에서 큰 충격을 받았다. 학생이 있기에 교사가 있는 것이지, 교사가 있기에 학생이 있는 것이 아니다. 그런 점에서 교사가 자신의 교육관과 교직관을 형성할 때 무엇보다도 중요한 것은 학생을 어떻게 이해하느냐에 달려 있다. 그러므로 어떤 교사의 교육철학과 교육관을 평가할 때 중요한 잣대가 되는 것은 학생을 어떤 존재로 생각하느냐이다. 이 장에서 우리는 학생에 관한 교육학적 연구와 그 견해들을 살펴본다. 물론 교육의 '블랙박스'라고 해야 할 학생에 대해서는 다양한 견해가 있다. 우리는 학생이 교육의 주체라는 관점에서 학생이 누구인가에 대해서 살펴볼 것이다. 종종 학생은 피교육자로 지칭되며, 미성숙한 존재로서 생각된다. 그러나 루소 이래 아동중심 전통의 교육철학과 피아제 이래 아동과 학생에 관한 심리학적 연구는 이들이 어른들이 생각해 온 것보다 훨씬 더 능동적이고 주체적인 존재라는 점을 증명하고 있다. 미래의 교사는 이러한 주체적 아동관을 단지 이론 지식으로서가 아니라 마음과 몸으로 받아들일 필요가 있다.

1. 학생관의 패러다임 전환

학생은 종종 교사나 성인에 의해 마음대로 주조될 수 있는 수동적인 존재로 생각된다. 이런 생각의 뿌리는 어디서 나왔을까? 동서양을 막론하고 근대 이전에 아동 또는 학생은 어리석고 미숙한 존재로 여겨졌다. 학생은 교육을 통하여 비로소 기성세대가 이룩해 놓은 질서와 질서로 편입되어야만 하는 존재에 불과하였다. 그리고 근대 이전에 배움은 대개 교사의 전문적 교수–학습 활동을 통해서가 아니라 학생 자신의 활동과 노력으로 이루어진다는 생각이 강하였다. 거기서 교사는 학생의 수련과 연습의 과정에 동반하면서 적절하게 개입하는 코치의 모습에 가깝다.[1]

학생을 교육의 단순한 소재로 생각하여 가르침을 전면에 내세우고 배움의 가치를 격하한 것은 근대 국민교육의 탄생을 통해서 시작되었다. 한 국가의 시민으로서 알아야 할 방대한 지식과 기능 및 태도를 전달하기 위해서 근대 교육학은 효율적이고 기계적인 교수방법에 관심을 기울였다. 그리고 이러한 근대 교육의 일방적인 교사 및 지식 중심성에 반발하여 학습자인 학생의 주체성과 배움중심성을 강조하는 입장이 형성되었다. 그러므로 학생이 교육의 대상 또는 피교육자라는 생각과 학생이 주체적 · 창의적 존재라는 생각은 근대 이후 지속적으로 경쟁하면서 발전되어 왔다.

물론 이 두 가지 입장 중에서 지금까지 교육실천을 주도한 것은 아무래도 전자의 입장이라고 할 수 있다. 교육활동에서 주체는 가르치는 사람이고, 학생은 교사나 성인에 의존하는 미숙한 존재라는 생각은 오늘날에도 여전히 큰 영향력을 행사한다. 지금도 학교교육 일반에서 국가와 학부모는 학생의 개성적 발달과 인격의 실현보다는 사회에서 요구되는 역량과 기능을 효과적으로 주입, 전달하는 일에 더 몰두하는 경향을 보인다.

1) 영화 〈쿵푸팬더〉에 나오는 교사–학생의 관계 참조.

그러나 이미 20세기 중반부터 학습자의 능동적이고 활동적인 특성에 관한 새로운 연구가 많이 축적되었다. 그리고 이제 4차 산업혁명과 AI 그리고 빅데이터의 등장과 더불어 교육의 수동적 대상으로서의 학생이라는 개념은 근본적으로 변화되어야 할 필요에 직면하고 있다. 학생은 다양하고 무한한 잠재력의 소유자이며, 외부의 영향을 민감하게 받는 동시에 자유로운 존재이며, 외부의 영향에 능동적으로 반작용하는 존재이다. 그리고 학생은 이제 지식과 정보의 효율적인 처리보다는 감성적이고 창조적인 사고 및 행위 능력을 갖춘 사람으로 교육될 필요가 있다. 현재 우리나라에서 활발하게 진행되고 있는 창의적 체험활동, 혁신학교의 확산, 자유학기제 시행, 고교학점제 도입 등은 이러한 변화를 반영하고 있다. 현재 교육과 교육학은 학생관과 교사–학생 관계 전반에서 패러다임의 전환을 요구받고 있다.

학생이 교육의 주체적 동력이고 교육학적 사고의 중심이 되어야 한다는 생각은 오늘날 단지 일부 개혁교육학자의 전유물이 아니다. 루소가 처음 시작했고 20세기 초의 개혁교육학자들이 제기했던 교육개혁의 요구가 제도적으로 실현되고 정착될 현실적 가능성은 현재 진행되고 있는 4차 산업혁명과 더불어 보편적 유행처럼 되고 있다. 이것은 한편으로 긍정적 측면을 갖는다. 그러나 동시에 한 가지 유의해야 할 점이 있다. 즉, 교사와 교육학자는 급격한 사회 변화에 기초한 교육개혁운동이 단지 사회경제적 필요에 대응하는 수단으로 전락하지 않도록, 다시 말해 교육받는 학생들의 내적인 성장과 외적인 자아실현이 언제나 교육의 근본 가치요 방향타가 되도록 주의할 필요가 있다.

교사는 학생을 단지 자신의 분신으로 생각하는 오류를 범하지 말아야 한다. 학생은 스스로 목표를 세우고 추진하는 데 필요한 안목과 능력을 충분히 갖추지 못하고 있을 뿐이다. 학생에게 필요한 도움은 단지 '스스로 할 수 있게 도와주는' 도움이다. 그러므로 교사는 학생이 능동적인 참여자이고, 지식의 구성자라는 측면을 항상 염두에 두어야 한다. 학생이 자신의 삶과 성장에 관하여 스스로 판단하고 해결해 나가도록 기회와 시간 그리고 여유 공간을 제공하고, 그리하여 자발적 존재인 학생이 스스로 자기 앞의 문제를 해결하고, 그럼으로써 한 인간으로서 지적 · 정서적 능력과 인격적 정체성을 발전시켜 가도록 돕는 것이야말로 교사의 핵심적 과제 중 하나이다.

2. '유능한 유아'에 대하여

20세기 중 · 후반에 걸쳐 이루어진 유아의 성장에 관한 연구는 앞에서 제시한 대안적인 학생관을 뒷받침한다. 주지하듯이 인류가 교육에 대해 생각하기 시작한 수천 년 동안 신생아와 유아는 특히 무력한 존재로 여겨졌다. 유아들이 자기 나름의 주도성을 갖고 어떤 신호를 발신한다는 사실은 전혀 의식조차 되지 않았다. 그러나 새로운 연구에 따르면 유아가 자립성도 없고 철저히 어른에게 의존한다는 생각은 어른들의 편견에 불과하다.

화이트(R. White)는 자기주도적으로 활동하고 또 거기서 초래된 변화를 확인하는 성향은 이미 신생아 시절부터 나타나는 인간의 근본적인 욕구라는 사실을 밝혀냈다(1959: 297). 더불어 자기 능력에 대한 신뢰와 효능감의 경험은 아이의 행동방식과 기본적 인성 형성에 근본적인 영향을 준다는 사실이 분명히 드러났다. 아주 어린아이조차도 주체적 · 자립적으로 어떤 행위를 수행할 수 있으며, 그 행위의 결과를 통해서 역량을 획득하고 발전시킬 수 있다. 모든 '역량'은 환경에 적응하는 것과 동시에 환경을 변화시킬 때 획득된다. 무엇을 스스로 할 수 있는 능력으로서의 역량의 형성과 발휘는 인간 주체의 형성에서 본질적인 역할을 한다.

그렇다면 역량의 정확한 의미는 무엇인가? 역량은 다음과 같은 세 가지 요소로 구성된다. 역량을 발휘하는 사람은 ① 전체 환경으로부터 어떤 의도된 행위에 적합한 특징을 선별해 내고, ② 설정된 목표 달성을 위해 합리적으로 계획을 짜고 실행하며, ③ 거기서 얻은 지식과 기능을 새로운 계획을 짤 때 이용할 줄 안다(Bruner, 1974: 3). '유능한 유아(competent infants)'라는 개념은 아주 어린 유아들에서도 이상과 같은 특성이 맹아적으로 발견된다는 주장이다.

유아가 역량을 가지고 있고 또 발휘하는 유능한 존재라는 증거들을 살펴보자(Wolff, 1959). 먼저, 유아들은 기존의 통념에 비해 환경에 훨씬 더 능동적으로 반응한다. 신생아가 태어난 날부터 이미 빛이 있는 방향으로 머리와 눈을 돌릴 줄 안다는 사실은 주목을 요한다. 또 생후 일주일이 안 된 신생아도 형태나 대상을 지각하며 자기가 좋아하는 대상을 향해 훨씬 자주 고개를 돌린다. 즉, 선택적 · 의도적인 관심을 보일 줄 안다. 또 그들은 서로 다른 소리 신호를 구별할 수 있다. 이런 연구들은 기존의 발달심리학 연구에 따를 때 훨씬 나중에 획득된다고 알려진 분화된 형태의 능력들—비록 아직 초보적인 형태이지만—을 신생아들도 이미 가지고 있다는 사실을 보여 준다.

그러나 이러한 사실들보다 더 중요한 것은 '이런 능력들을 신생아들이 자신의 일상적 삶에서 어떻게 활용하는가?' '이 능력들이 어떻게 발전하고 또 분화하는가?' '그리고 그것은 어떤 점에서 아동의 인성 형성에 기여하는가?' 등의 물음이다. 과거의 발달심리학은 어른들이 설정한 상황에서만 유아들의 행동 변화를 고찰했기 때문에, 유아들이 일상적 삶 속에서 얼마나 능동적으로 스스로 기획을 하고 또 그것을 실행하는가에 대해서는 주목하지 못하였다. 그리고 이것은 어른들이 유아들의 주도성을 촉진하고 그들의 성공을 도와주는 일을 주목할 수 없게 만들었다. 유아들이 얼마나 능동적으로 환경과 상호작용할 수 있는가는 그들에게 능력을 발휘할 수 있는 적절한 환경을 제공할 때 분명히 드러난다. 이런 조건 아래에서 보면 유아들은 일상 속에서 통상적인 경우보다 훨씬 더 많은 능력을 발휘함을 볼 수 있다.

예를 들어, 신생아는 어른의 손길에 대해서 편안하게 또는 거부적으로 반응할 줄 안다. 안아 올렸을 때, 신생아는 몸을 움츠리기도 하고 어른의 손길에 몸을 맡기기도 한다. 우리가 그를 어떻게 다루느냐에 따라서 신생아는 불과 며칠 만에 긍정적 또는 부정적인 반응을 보이게 된다. 또 돌봄을 받는 상황에서도 신생아는 능동적이다. 그에게 새로운 음료를 주면, 신생아는 그것에 대한 호불호를 명확히 표현한다. 자신이 좋아하는 것일 때 신생아는 그것을 활발히 빨고 삼키며 심지어는 입맛을 다시기도 한다. 맛이 없으면 그냥 입 밖으로 흘리거나 단호하게 혀로 밀어낸다. 신생아조차 어떤 음료나 상황을 좋아하는지 싫어하는지를 표정이나 태도를 통해서 명확하게 표현할 줄 아는 것이다. 만일 우리가 신생아의 신호에 주의를 기울인다면 아이는 매우 이른 시기부터 자기주도성을 발휘할 수 있을 것이다.

이것은 어른들이 유아의 반응에 세심한 주의를 기울인다면 보육이나 보살핌의 활동이 유아의 요구에 맞추어 진행될 수 있음을 의미한다. 보육의 상황에 능동적으로 참여하는 유아는 정서적으로 균형을 유지하며 또한 일상 속에서 주도성과 능동성을 발휘한다. 그런 유아는 자신의 환경에서 자신의 흥미를 끄는 것을 선택하며 그것을 스스로 탐구하는 데 몰두한다. 이런 방식으로 성장한 아이는 발달의 각 단계에서 어른의 직접적 도움이나 개입 없이 새로운 자세와 운동을 스스로 시작할 줄 안다. 즉, 스스로 뒤집고 앉고 일어서서 걷는다. 스스로 시도하려는 욕구와 거기서 느끼는 즐거움은 유아기 내내 지속되며, 이는 이후 새로운 운동과 활동을 시도하려는 동기부여의 원천이다. 따라서 어른들이 그런 것들을 강요하거나 억지로 가르칠 필요가 없다. 아이들은 자신의 주도 아래 활동하면서 세계를 알아 간다.

이런 과정에서 유아는 유능하고 역량 있는 행위자이자 자신의 행동의 주인으로 성장한다. 다시 말해, 적절한 물리적 환경이 제공되고, 어른들이 올바로 처신할 경우 유아들은 자기주도적으로 학습할 줄 알며, 스스로 발달해 나간다는 것이다. 아이의 활동을 좁은 공간에 제한하는 전통적 교육방식은 이런 기회를 박탈하고, 아이를 수동적이고 의존적으로 만든다. 선의로 포장된 선부른 '도움'과 '가르침'은 아이를 마치 재료나 사물처럼 취급하며, 아이가 주도성을 발휘하고 효능감을 획득할 기회를 박탈한다. 특히 몇몇 영역에서 보통의 경우보다 발달이 느린 아이들은 이렇게 취급당할 위험성이 높다.

성급한 부모들은 종종 아이를 한 살이라도 빨리 체계적 학습에 노출시켜 아이가 남보다 먼저 학업을 시작하기를 원한다. 그러나 조기학습으로 인해 학습의 어려움을 겪는 상태보다는 여유 있게 교육과정을 따라가는 편이 아이에게 훨씬 더 바람직하다. 아이들이 평균보다 늦더라도 자신의 다양한 잠재력을 자기 수준에서 스스로 발휘하는 기회를 누리는 편이 일종의 선행학습을 하느라 허덕거리는 것보다 장기적으로 그리고 인성발달 측면에서 훨씬 더 낫다.

최근에는 창의성에 대한 요구가 높다. 반면, 무기력하고 주도성이 없는 학생들에 대한 불평은 자자하다. 그러나 우리가 어떤 일반적 기준에 따라서 고정된 지식이나 능력을 아이들에게 철저히 가르치려고 하면 할수록 아이들은 모방적이고 의존적인 사람으로 성장한다. 창의력 교육은 유아의 자기학습과 발달의 리듬을 존중하는 데서부터 시작된다. 우리는 유아나 어린아이에 대한 교육방식이 그들의 평생에 걸친 삶에 미치는 결정적인 영향에 더 유의해야 한다. 이제 부모와 교사들은 아이를 교육의 대상이 아니라 스스로 배울 수 있는 능동적 주체로 간주하고, 이러한 맥락에서 아이들의 역량을 촉진하는 데에 관심을 더 기울여야 한다.

3. 학생은 어떤 존재인가

루소에 따르면, 교육하기 위해서 우리는 먼저 아동에 관해 분명히 알아야 할 필요가 있다. 그는 기념비적 저작인 『에밀』에서 다음과 같이 말한다. "아동기는 우리에게 완전한 미지의 영역이다. 아동기에 대한 잘못된 생각을 가지고 우리는 점점 더 오류에 빠지고 있다. 지성인들도 아동들이 무엇을 배울 수 있는지 전혀 생각하지 않고 단지 그들이 알아야 할 것에만 주목한다. 그들은 아동들이 무엇인지에 대해 생각하지 않고 아동에게서 성인의 모습을 찾는다."(Rousseau, 1998: 102)

앞에서 우리는 20세기 중반 이후 밝혀진 아동심리학의 연구에 기초해서 학생을 능동적 주체로서 간주해야 할 심리학적 근거를 살펴보았다. 이 절에서는 학생이 지닌 다양한 특성을 세분화해서 살펴봄으로써 학생이란 누구이며 교사는 학생을 어떻게 바라보아야 하는가에 대하여 살펴보고자 한다.

1) 미성숙한 존재로서의 학생

학생은 미성숙한 존재이다. 일반적으로 미성숙은 어떤 것의 부족, 결핍으로 이해된다. 그래서 학생은 어른과 교사에게 부족한 것을 배워야 하고 그러기 위해서 주어지는 것을 공손히 받아들여야만 하는 존재로 생각된다. 성숙한 존재인 교사와 어른은 미성숙한 존재를 손바닥 보듯 훤히 알고 있으며 그들에게 부족한 것이 무엇인지 잘 알고 있다. 이에 기초해서 어른은 아이를 통제하고 지배할 권리를 갖는다.

그러나 과연 아동의 미성숙은 단지 부정적인 의미만을 갖는 것일까? 듀이는 아동의 미성숙이 갖는 교육적 함의를 밝혀냈다. 듀이는 교육과 관련해서 볼 때 아동의 미성숙은 단지 결핍을 의미하는 것이 아니라 '성숙할 수 있는 능력과 가능성'을 뜻한다고 주장하였다. "우리는 미성숙을 단순히 결여로 간주하여, 성장을 미성숙과 성숙 사이의 틈을 메우는 것으로 보는 경향이 있는데, 이는 아동기를 그 본질에서가 아니라 다른 것과 비교해 파악한 데서 온 것이다. …… 이 비교론적 관점은 어느 정도의 목적을 위해서는 충분히 정당하지만 그것을 궁극적이라고 한다면 독단적인 추정을 하는 것은 아닌가 하는 의문이 생긴다."(Dewey, 2016: 54-55)

학생은 미성숙하기 때문에 앞으로 성숙할 수 있으며, 또 성숙해지기 위해서 학생은 배우려 한다. 물론 배우는 과정에 있으므로 학생은 모든 상황에서 옳게 판단하지 못하고 시행착오를 겪을 수밖에 없다. 그러나 이러한 시행착오를 수없이 거쳐서 그들은 이성을 지닌 어엿한 성인으로 완성된다. 그들은 성숙해지기 위해서 배우는 과정에 있고, 그 과정에서 많은 실수나 잘못을 저지르지 않을 수 없는 것이다. 학습의 과정에서 실수한다는 것은 성장한다는 것과 동전의 양면을 이룬다. "비교적으로가 아니라 그 자체로 파악한다면, 미성숙은 적극적인 세력 또는 능력—성장하는 힘—을 가리킨다."(Dewey, 2016: 55)

어른들은 대개 어린이의 미성숙한 모습을 인내를 가지고 지켜보려 하지 않는다. 여기에 전혀 이유가 없는 것은 아니다. 요즈음 학교현장에서 나타나는 왕따나 학교 폭력과 같은 현상들은 학생들이 아직 미성숙한 존재라는 이유로 용인되기 어렵다. 이런 경우 교사가 적극적으로 개입하지 않으면 안 될 경우가 많이 있다. 문제는 어른들이 이러한 '미성숙'의 존재론적 의미를 제대로 이해하지 못하고 있다는 데 있다. 교사들은 학생의 미성숙함이 갖는 적극적인 의미를 망각하고, 자기중심적인 사고에 빠지기 쉽다. 그래서 여전히 '성인의 축소판으로서의 아동관'에 머무른다.

이제는 학생의 미성숙을 미래의 창조와 혁신을 위한 무한한 잠재력과 가능성으로 이해하는 것이 필요하다. 동물과 달리 인간 아이에게 두드러진 미성숙은 오히려 인간의 위대함을 보여 주는 것이며, 인류가 주체적으로 세계와 대결하고 사회를 진보시킬 수 있게 하는 동력이다. 그래서 "사회생활이 복잡해질수록 필요한 능력을 획득하기 위해 한층 긴 유아기가 필요하게 된다. 이 의존성의 장기화는 가소성, 즉 가변적이고 새로운 제어양식을 획득하는 능력의 연장을 의미하는 것이다"(Dewey, 2016: 59).

2) 감각적 존재로서의 학생

계몽주의자들은 이성의 기능을 사용해야만 사물의 본질을 온전히 파악할 수 있다고 말한다. 이러한 진술이 전혀 틀린 말은 아니지만, 엄밀히 따져 보면 단지 일면만을 보는 것이다. 뇌과학의 성과가 보여 주듯이, 세계에 대한 우리의 인식은 이성과 감성 그리고 의지의 복합적 작용을 통해서 이루어진다. 특히 배우는 과정에 있는 학생들은 이성보다는 신체의 감각기관을 사용하여 마주하고 있는 사물의 의미를 파악한다. 이는 인간의 발달단계에 따른 특성을 연구한 학자들의 견해를 굳이 빌리지 않더라도 우리 삶의 경험으로부터 쉽게 접할 수 있다.

인간의 인지적 발달단계를 연구한 피아제에 따르면 어린 세대일수록 아직 이성이 충분히 발달하지 않았기 때문에 그들 주변의 사물을 파악할 때 논리적 · 추상적인 사고가 아니라 자신의 신체와 감각 기관을 주로 사용한다. 그리고 이를 통해 사물에 의미를 부여한다. 사물에 어떤 의미를 부여하는 것은 곧 그의 관점에서 사물의 본질을 파악하는 것이다. 신체와 감각 기관에 기초한 세계의 이해가 반드시 이성을 통한 세계의 이해보다 열등하다고 생각할 확실한 근거는 없다. 그것은 이성과는 다른 관점에서 사물의 의미를 파악하려는 시도로 이해될 수 있다.

이렇게 볼 때, 세계를 이해하는 데 있어 성인은 주로 이성을, 어린 학생은 주로 감각을 사용한다는 차이가 있을 뿐 그 사물을 파악하고 이해하려 한다는 최종 목표는 동일하다. 다만, 그 접근방식이 다를 뿐이다. 그렇다면 성인이 어떤 대상에 대하여 이성적으로 사유한다는 것과 어린 학생이 감각을 통하여 세계를 이해하려 한다는 것을 어떤 위계질서로 보는 것은 과연 정당한 것인가? 어린 학생이 감각이나 감성에 기초해서 하는 행동을 그저 성숙하지 못한, 충동적인 행동이라고 보는 것은 과연 정당화될 수 있는가? 계몽주의의 이성중심적 사유가 초래한 현대 사회의 문제(지구온난화 등의 환경 위기, 핵무기와 원자력의 위험, 인간의 소외 현상 등)를 생각하면 이런 의문은 더욱 커진다.

루소는 그의 저서『에밀』의 제2장에서 인간에게 최초로 형성되는 능력을 이성이 아닌 감각으로 보고 이것을 먼저 충실히 길러야 한다고 주장하고 있다. 루소는 어린 아동의 감각적 인식능력을 단지 능력의 부족이라는 관점에서 보지 않는다. 그는 오히려 아동이 감각기관을 충분히 발전시켜야 나중에 이성적인 어른이 된다고 본다. 루소에 따르면, 감각과 이성은 단적으로 분리될 수 없는 것이다. 아동은 감각기관을 통해 느끼고 지각한 대상을 경험하고, 비교하고, 판단함으로써 점차 이해력과 논리적인 사고력 및 판단력 등의 고등한 정신능력을 함양하게 된다. 이것이 바로 루소가 이야기한 자연주의 교육의 핵심이기도 하다.

이러한 학생의 근본 특성은 직관교육과 시청각 교육의 중요성을 말해 주며, 지식 전수의 교육보다는 경험과 탐구를 바탕으로 한 교육이 그들에게 걸맞은 교육형태라는 입장을 지지한다. 교사는 아동이 감각기관을 사용하여 사물을 파악하고 이해하려는 행동은 결코 원시적 · 저차원적인 것이 아니라 그들의 실존적 특성임을 인정할 필요가 있다.

3) 활동적 존재로서의 학생

앞서 이야기한 바대로, 학생은 감각기관을 통해 사물을 분석하고 파악한다. 구체적으로 살펴보면 이것은 그들의 끊임없는 신체활동으로 나타난다. 학교활동에서도 어린 학생일수록 장난이 심하고, 이리저리 뛰면서 노는 등 매우 분주하다. 한마디로 그들의 일상은 충만한 에너지를 바탕으로 매우 분주하고 활발하다. 또 흔히 우리가 볼 수 있는 어린 학생들은 목적지만을 향해서 곧바로 걸어가지 않는다. 가는 길 곳곳에 놓여 있는 여러 가지 상황에 대해 일일이 관심을 보이고 또 의미를 형성하는 것을 볼 수 있다. 심할 경우 자칫 주의력결핍 과잉행동장애 증상으로도 보일 수 있는 이러한 행동은 학생들이 기본적으로 적극적이고 활동적인 존재임을 방증한다. 교실에서 다소곳하게 앉아 있는 학생들의 모습은 결코 그들의 참모습이라고 할 수 없다.

이러한 학생들의 특성을 고려하여 루소는 아동기의 교육적 과제는 신체와 감각 기관을 마음껏 사용하게 하는 것이라고 강조하였다. 아동기의 발달에서 가장 중요한 매개체는 신체와 감각 기관이기 때문이다. 아동의 활동성에 대한 강조는 신체교육과 긴밀히 연결된다. 연습과 단련을 통한 신체교육은 고대부터 강조되었고, 그 전통은 오늘날까지 이어져 학교교육에서 체육은 필수적인 교과가 되었다. 하지만 아동의 활동성은 단지 체육 교과가 아니라 다른 교과와 일상적인 삶 전체에서도 허용되고 장려될 필요가 있다. 학생은 자신의 신체기관을 매개로 끊임없이 활동하는 존재인 것이다. 좀 더 구체적으로 학생의 신체가 갖는 교육적 역할을 살펴보면 다음과 같다.

첫째, 신체는 아동과 학생이 아니라 인간이 세계를 경험하고 관찰하며 상호작용하는 가장 근본적인 요소이다. 그들의 다양한 감각기관은 단순한 생물학적 기관이 아니라 이를 통하여 다양한 세계를 체험하고 세계와 소통하는 대화적 기관이라 할 수 있다.

둘째, 신체기관은 자기 자신을 이해하는 데 매우 중요한 척도가 된다. 학생들은 자신이 마주하고 있는 대상과 관계하는 속에서 신체기관을 통하여 자신의 능력과 무능력을 판단할 수 있다. 또 신체기관을 통해서 자기정체성뿐 아니라 사물과 자신과의 관계를 실천적으로 정립한다.

셋째, 신체기관을 통하여 학생은 사물의 의미를 파악하고 표현한다. 성인은 이미 성장과정에서 얻은 풍부한 지식을 바탕으로 사물의 의미를 언어적으로 파악한다. 그러나 어린아이일수록 주변 세계에 대한 의미의 파악과 전달은 언어보다는 행동을 통해서 이루어지는 것을 볼 수 있다.

4) 탐구적 존재로서의 학생

인간은 출생과 더불어 낯선 환경과 마주한다. 부모 형제들과의 첫 만남 이후 인간은 언제나 새롭게 등장하는 낯선 사물과 낯선 상황에 마주친다. 아동은 주변의 대인관계를 포함하여 주변의 다양한 사물의 본질을 파악하면서 그것들과의 관계를 정립한다. 아동은 특정한 사물과 마주하여 그것을 다양한 맥락에서 만져 보고, 바꿔 보고, 서로 대결하는 가운데 그것이 무엇인지를 알게 된다.

그 과정에서 이들의 행동은 어떤 외적인 강요에 의한 것이 아닌, 스스로가 대상에 대해 가지는 호기심, 즉 탐구심으로부터 출발한다. 아이들의 사물에 대한 이러한 관찰과 흥미는 매우 적극적이며 창조적인 행위로 나타난다. 이러한 노력을 독일의 교육학자 랑에펠트(M. J. Langeveld)는 '의미부여 작업' 또는 '의미해석 작업'이라고 부른다(Stieve, 2003: 51).

주변의 사물에 대한 관찰과 흥미에 따른 어린아이의 의미부여 작업은 성인들의 통상적인 이해를 초월한다. 예를 들면, 일상적인 푸른색 보자기는 물건을 포장하는 도구에 불과하지만, 어린아이에게는 배트맨의 망토처럼 하늘을 날게 하는 추진체로 생각될 수 있다. 그래서 그들은 푸른색 보자기를 두르고 높은 곳에서 뛰어내리기도 한다. 그것은 무모한 행동이지만, 아이가 그러한 행동을 하는 이유는 보자기라는 사물에 대한 이해가 아직 다양하고 미결정되어 있기 때문이다.

이러한 시도를 통하여 비로소 어린아이는 보자기로 하늘을 나는 것은 불가능한 일임을 깨닫게 될 것이다. 그래서 이때 어린아이는 '날다'의 의미, 보자기의 본질과 기능, 더 나아가 영화의 허구성과 비현실성 등을 이해하면서 주변의 세계와 자신과의 관계를 설정하는데, 이는 곧 세계에 대한 '의미부여 작업'인 것이다. 이러한 의미부여 작업을 통해 어린아이는 한 인격체로서의 자신의 모습과 자신의 세계를 점차 완성해 나간다.

물론 이러한 작업을 가능하게 하는 것은 앞서 이야기한 감각기관을 활용한 왕성한 신체활동과 밀접한 관계가 있다. 따라서 그들이 한 인격체로서 스스로 성장할 수 있도록 안정감과 신뢰감을 제공하는 일은 매우 중요한 교육의 과제일 수밖에 없다. 더 나아가 성인이 이해하지 못하는 그들의 행동이 단지 충동적으로 행해지는 무모하고, 단순한 행위처럼 보이지만 그것은 그들의 실존적 특징으로부터 비롯되는 고귀한 행위임을 인정해야 할 것이다.

이런 사실을 인정하지 않는 교육자는 어린아이를 의존적이고 무능력한 인간으로 기를 위험성이 크다. 어린이의 탐구욕은 아주 어린 유아 시기부터 시작된다. 따라서 학생의 탐구욕은 교육자에 의해 적극적으로 뒷받침되어야만 할 것이다. 이렇게 될 때, 학생들은 교육의 과정에서 스스로 주변 사물과의 관계를 형성함과 동시에 자신의 고유한 세계를 창조해 갈 수 있을 것이다.

4. 학생 자치와 책임분담

현대 교육에서 점점 더 강조되고 있는 것은 학교와 교사가 교육의 책임을 학생과 분담하는 것이다. 학생의 자치와 책임분담은 원칙적으로 학교행정, 규칙, 수업 등 모든 영역에 걸쳐서 가능하다.

학생이 학교의 조직과 운영에 참여하는 것은 인성 및 사회성 교육에 도움이 된다. 학생 자치가 민주시민교육의 일환이며 학생의 정치적 소양을 길러 준다는 것은 널리 인정되는 사실이다. 학생 자치나 참여는 학생들이 장차 자유로운 민주주의 사회에서 살아가기 위해 필요한 정치적 사고와 행동을 익히는 데 도움이 된다. 그러므로 역사적으로 학생 자치와 참여는 사회의 민주화와 더불어 학교가 민주화되고 권위적인 교육의 폐해로 인해 개혁적인 교육의 중요성이 증대할 때마다 논의의 중심으로 떠올랐다.

현재 우리나라의 「초 · 중등교육법」 제17조(학생자치활동)에서는 “학생의 자치활동은 권장 · 보호되며, 그 조직과 운영에 관한 기본적인 사항은 학칙으로 정한다."라고 규정하고 있다. 동법 「시행령」 제30조에서는 "학교의 장은 법 제17조의 규정에 의한 학생의 자치활동을 권장 · 보호하기 위하여 필요한 사항을 지원하여야 한다."라고 의무화하고 있다. 학생 자치활동은 "학교에서 학생 스스로 자율과 참여를 바탕으로 학생조직(학생회, 동아리) 구성 및 주도적인 활동 전개를 통하여 학생의 권리 옹호와 민주시민의 자질을 키워 가는 활동 전체를 말한다"(서울시교육청, '2015년 학생 자치활동 활성화 지원계획'). 또 최근 제정된 학생인권조례도 학생의 자치활동을 권장하고 있으며, 특히 인성교육과 민주시민교육 차원에서 교육부와 지역 교육청들은 학생의 자치활동을 더욱 강조하고 있다.

교육사에서 교육에의 학생 참여와 자치의 토대를 제시한 사람 중 하나는 독일의 개혁교육학자였던 케르셴슈타이너(G. Kerschensteiner)이다. 그는 학교개혁에 있어서 학생의 민주적 참여와 자치는 학교의 본질적 요소라고 보았다. 그는 20세기 초 당시까지 학생의 자립성이 학교생활에서 완전히 배제되었다고 지적하고, 이제 학생의 '자치'가 필요하다고 주장하였다. 그에 따르면 학생 자치는 "학생들이 학교에서 자신에게 중요한 의미를 지닌 과제영역 일부를 자신의 지도와 책임 아래 수행할 수 있도록 하는 데에 적합한 조직적 형태를 자율적으로 만든다(Horney, Ruppert, & Schultze, 1970: 867–872)."라는 것을 의미한다.

그러나 학교현장에서 학생 자치나 참여는 단지 형식적인 의미만을 지니거나 학교운영 주체의 가부장적인 개입과 관리 아래서만 진행되곤 하였다. 물론 권위주의적 학교운영 방식이 점차 완화되어 온 것은 사실이지만 여전히 뿌리 깊게 남아 학생 자치를 방해하고 있다. 하지만 국가와 학교는 그 구조가 상당히 다른 조직이므로 학생 자치를 정파적 이해관계에 따라 정치나 선거와 연결하려는 것은 적합하지 않다.

학생 자치와 참여가 현장에 뿌리를 내리기 위해서는 좀 더 진지하고 세심한 교육학적 접근이 요구된다. 말하자면 학생 자치의 실현을 위해서 "학교는 학교생활과 수업에서 무엇보다 먼저 교육적인 관점을 택해야 한다. 즉, 학교는 학생의 자립성을 단계적으로 촉진해야 하며, 마침내 학생의 활동성과 자립성이 수업 조직의 원리로 되어야 한다"(Horney, Ruppert, & Schultze, 1970: 867–872).

우리나라에서도 학생의 자치와 참여를 수업 이외의 비교과활동 및 학교생활 영역에 한정하던 데서 탈피하여 수업 자체를 학생의 요구와 참여에 따라 진행해야 한다는 의식이 높아지고 있다. 혁신학교운동이 대표적인 사례일 것이다. 또 2015년 개정 교육과정이 추구하는 수업혁신에서도 학생의 주도성과 참여를 강조하고 있다. 최근 도입되고 있는 고교학점제 역시 학생이 스스로 자신이 학습과 삶을 설계하고 주도적으로 학습할 수 있도록 하는 제도적 장치가 될 수 있다. 이러한 수업 영역에서의 학생 참여와 자치의 확대는 학급회의나 다양한 동아리활동 같은 비교과활동에서의 자립성을 촉진하는 토대일 뿐 아니라 그 자체로 인성교육과 민주시민교육의 근간이 될 수 있다.

수업에의 학생 참여를 위해서는 먼저 학생 개개인의 요구와 흥미 그리고 진로를 충분히 고려해야 하며, 이에 기초하여 각 학생에게 맞는 개별화된 수업과 교육이 제공되어야 한다. 또 학생들이 가지고 있는 주체적 능력과 잠재력에 대한 심화된 연구가 필요하다. 그리고 여기에 기초해서 새로운 교육문화와 교육과정 그리고 수업실천이 시도되고 실천될 필요가 있다. 그러나 이런 문제들에 대해서 우리나라 교육학계의 연구는 아직 미흡한 수준에 머물러 있다.

물론 교육이 사회적 조건과 요구를 전적으로 외면할 수는 없으나 그런 모든 외적인 고려는 어디까지나 "학습자의 인격을 존중하고 개성을 중시하여 학습자의 능력이 최대한으로 발휘될 수 있도록"(「교육기본법」 제12조) 하는 한에서 정당성을 가질 수 있다. 그러므로 앞으로 교육은 학생의 주도성과 능동성을 깊이 인정하고 학생들이 모든 교육과정을 자기활동에 기초해서 그리고 자신의 개성적 삶과의 연관 속에서 학습할 수 있도록 해야 할 것이다. 이것은 학생들이 각자 자신이 지닌 다양한 잠재력을 충분히 발휘하여 자기 나름으로 인류 사회의 발전에 이바지

할 수 있게 할 것이다.

연습문제

1. 한국의 전통 교육에서 학생의 지위가 어떠했는가를 주제로 각자가 자료 조사를 해 보고, 수집한 자료에 기초해서 조별 토론을 해 보자. 토론 이후에 '한국 전통 교육에서 학생의 지위'라는 주제의 짧은 논술문을 작성해 보자.
2. 학생의 '미성숙'을 어떻게 이해할 것인가? 미성숙을 긍정적이고 적극적인 가치로 해석하는 듀이의 견해에 기초할 때 교사는 구체적으로 어떻게 학생을 대해야 할지 교실이나 학교현장을 배경으로 검토해 보자.
3. 2015년 개정 교육과정과 기타 학생 인권 관련법 그리고 출신 고등학교의 교칙과 실제 등을 검토하여 한국에서 학생 자치와 참여가 어디까지 인정되고 있는지 그 현황을 파악해 보자.
4. 영화 <쿵푸팬더>의 주인공 '팬더'의 학생, 배우는 자로서의 전형적 특징들을 찾아서 그 각각에 대해 부연 설명해 보자.

제 6 장 학교

1. 학교란 무엇인가
2. 학교의 본질적 의미와 학교교육

제6장 학교

1. 학교란 무엇인가

1) 학교의 출현

인류의 역사에서 학교는 어떻게 탄생하였을까? 인위적인 시설로서 학교가 생겨나게 된 동기는 크게 세 가지로 생각해 볼 수 있다.

첫째, 사회가 복잡하게 발달하면서 전달해야 할 문화의 내용이 많아지고 복잡해진 것과 관련이 있다. 사회가 복잡해지면서 이전처럼 성장세대를 일상생활 속에서의 단순한 모방과 활동을 통해서 어른으로 성장시키는 것이 더 이상은 충분하지 않았기 때문에 체계적이고 의도적으로 가르치는 일을 담당할 사회기관이 필요하게 되었다.

둘째, 사회구조가 복잡화되면서 관리, 서기와 같은 전문 인력이 필요하게 되었고, 그러한 인재를 양성하는 기관으로서 학교가 등장하게 되었다.

셋째, 문자의 발명을 들 수 있다. 가치 있는 삶의 내용과 통찰력을 체계적으로 정리하고 의미를 부여하여 전달하는 매개체로서의 문자의 발명은 형식적인 교육기관인 학교의 설립을 촉진하는 요인이 되었다. 문자의 등장은 정신적이고 사회적인 삶의 내용을 전달하는 것을 가능하게 하였고, 이를 통해 개인은 자신의 삶과 공적인 일의 형성에서 합리적인 태도를 증진할 수 있었다. 이것은 문자의 등장이 인간을 미신적인 삶으로부터 해방시키는 데 기여했음을 의미한다.

그러나 학교가 처음부터 모든 개인의 인격 형성을 위한 교육 장소로 생겨난 것은 아니다. 기원전 3000년경 메소포타미아 지역에 수메르인이 세웠던 도시국가에는 아이들에게 읽기와 쓰기를 가르치는 '서판의 집'이란 학교가 있었다. 이들은 이미 문자를 사용하고 있었는데, 글쓰기는 성직자와 귀족들이 경제활동을 관장하는 과정에서 회계장부를 정리하는 데 필요하였다. 글을 쓸 줄 안다는 것은 특권계급의 상징이었고 그들은 권력의 표시로 기록하는 활동을 하였다(성기산, 1999: 23).

이와 비슷한 사실은 고대 이집트에서도 서기가 높은 관직에 오를 수 있었고 명망 있는 직업으로 서술되었다는 것에서도 발견할 수 있다. 이것은 초기 학교의 등장은 글을 읽고 쓸 줄 아는 능력을 가진 사람을 필요로 하는 직업의 발생과 관계가 있으며, 학교는 상류계급 자녀들에게 특권을 누리는 지위를 얻도록 준비시키고 성직자와 정부 관리를 훈련시키는 곳이었음을 짐작케 해 준다.

오늘날과 같이 모든 국민을 대상으로 하는 공교육제도로서 학교가 설립된 것은 18세기 이후 근대국가 체제가 발전하면서부터이다. 유럽에서 국가가 지리적 표현에 그치지 않고 강한 국가의식으로 형성된 것은 18세기 이후부터이다. 각 국가들은 국가의식의 형성에 교육을 활용하려 하였기 때문에 교육에 대한 국가 관리가 필요하였고, 오늘날과 같은 학교가 정비되기 시작하였다. 학교정책에서 중요한 변화는 프로이센에서 시작되었다. 1806년 나폴레옹이 이끄는 프랑스군과의 전투에서 패한 후 프로이센의 국왕 프리드리히 빌헬름 3세(Friedrich Wilhelm Ⅲ.)는 국가 재건을 위하여 학교를 국가 교육시설로서 구상하고 국민의 국가의식을 고취하고자 하였다.

2) 학교의 발전

처음으로 인간을 이성적인 존재로 파악하고 이성에 의해 살려고 노력한 사람들은 그리스인이었다(Monroe, 1994: 44). 그러므로 학교의 교육목적은 이성을 훈련하여 인간다운 삶을 추구하는, 즉 아리스토텔레스가 말하는 '행복한 삶'을 영위할 수 있는 개인을 육성하는 것이었다. 아테네의 소년들은 7세가 되면 파이다고고스(Paidagogos)의 도움으로 체육학교와 음악학교에 다녔다.

체육교육은 신체적인 발달은 물론 감정과 행동을 이성에 의해 제어하는 훈련을 포함하고, 이러한 훈련을 통하여 인내력, 지구력, 용기, 충성, 헌신 및 타인의 권리 존중과 같은 여러 덕목을 발전시키는 것을 목적으로 하였다. 음악교육은 시의 해석이나 악기 연주 등을 통하여 온화하고 안정된 몸가짐을 가질 수 있도록 정신을 순화하는 데 그 목적이 있었다(Monroe, 1994: 59). 신체와 정신의 조화를 추구하는 그리스의 학교교육은 학생들에게 특수한 전문지식보다는 일반적인 덕을 요구하였고, 읽기, 쓰기, 셈하기는 부수적으로 배우는 것에 불과하였다.

중세 유럽에서 학교는 교회에 부속되어 있었다. 가톨릭교회는 신앙 보급과 그를 담당할 성직자 훈련을 목적으로 학교교육에 관심을 갖게 되었고, 가르치는 일은 사원의 통제하에 있었다. 교회의 공식용어는 라틴어였기 때문에 학교와 교육받은 계층이 보편적으로 사용하는 언어 역시 라틴어였다. 그러므로 학교에서는 성서와 종교서적을 읽기 위한 라틴어 교육이 기본적인 교육이었다. 12세기 이후에 생겨난 대학에서도 강의는 라틴어로 행해졌으며 학생들의 토론 역시 라틴어로 하도록 요구되었다.

중세 말 십자군 전쟁 이후 상업과 교역이 활발해지면서 도시가 발달하고 부를 축적한 새로운 시민계층이 성장하였다. 이러한 사회의 변화와 새로운 계층의 출현은 새로운 교육적 요구를 가져왔다. 교회의 감독하에 있던 기존의 학교들은 이러한 실제적인 요구를 충족시킬 수 없었으므로 새로운 학교인 도시학교가 나타나게 되었다. 도시학교에서의 수업은 매우 엄격하였으며 세속적인 삶에서 요구되는 읽기, 쓰기, 셈하기를 가르쳤다. 도시학교의 수업 언어는 라틴어였고, 점차 모국어로 대체되었다. 또한 소수이긴 하지만 시 관청으로부터 교사 활동 허가를 받은 낮은 수준의 교사와 학자들이 모퉁이 학교라는 사설 교육기관을 운영하였다.

뉴톤(I. Newton), 케플러(J. Kepler), 갈릴레오(G. Galileo), 베이컨(F. Bacon) 등에 의한 17세기의 과학적 발견은 개인의 사고와 생활을 종교적인 지배로부터 벗어나게 하는 데 영향을 미쳤고, 교육에서는 코메니우스(J. A. Comenius), 로크, 루소가 세속적 관점으로의 전환에 영향을 미쳤다. 이러한 교육적 관점은 바제도우(J. B. Basedow)와 잘츠만(C. G. Salzman) 같은 박애주의 교육자들에 의해 새로운 학교 모델에 적용되었다. 박애주의 학교는 기존의 학교에서 소홀히 하였던 산책하기, 만들기, 레크리에이션, 정원 가꾸기 등과 같은 신체적인 자기활동과 놀이적인 요소를 도입하여 인류의 행복을 증진시킬 수 있는 인간적인 태도를 학교생활 속에서 자연스럽게 습관화시키고자 하였다.

그러나 종교개혁 이후 19세기 초까지 대부분의 학교는 여전히 편협한 종교적인 형태를 취하였고(Parker, 1987: 91), 르네상스 이후 조성된 인문연구의 붐은 학교교육에서 고전어와 고전 교육을 중시하게 함으로써 지나치게 지적 도야만을 강조하는 결과를 낳았다. 페스탈로치, 훔볼트(K. W. v. Humboldt), 헤르바르트 같은 19세기의 교육사상가들은 지식 중심의 편협한 학교교육을 비판하고 일반 도야를 강조하였다. 교과서 중심 암기 수업과 엄격한 벌이 지배하는 기존 학교교육에 대한 비판은 19세기 말부터 20세기 초에 예나플랜학교, 노작학교, 전원기숙사학교, 몬테소리 교육이론에 기초한 학교, 발도르프학교, 프레네학교 등과 같이 학생이 결과물을 생산하는 과정에 적극적으로 참여하여 다양한 감각경험을 통해 배우는 과정을 중시하는 새로운 학교운동으로 전개되었고, 이는 기존의 학교에 많은 영향을 미쳤다.

3) 학교에 대한 다양한 관점

(1) 사회학의 관점

사회학의 관점은 거시적 차원에서 학교와 사회의 관계에 관심을 갖고, 학교가 사회에서 어떠한 기능을 수행하고 있는지 묻는다. 미국의 사회학자인 파슨스(T. Parsons)로부터 출발한 구조기능주의적 관점이 대표적이다. 그는 미국과 같이 거대한 사회에서 질서가 어떻게 가능한지 그리고 사회체제(system)가 안정적으로 유지되는 조건들이 무엇인지를 묻는다. 질서가 가능한 것은 모든 체제가 생물학적 유기체가 다양한 기관(器官)으로 이루어져 있는 것과 같은 구조를 갖고 있기 때문이다. 구조는 체제의 정적인 측면을 나타내는 것으로 사회체제는 수많은 하위체제로 구성되어 있고 학교는 하나의 하위체제이다. 즉, 학교는 사회를 구성하는 중요한 체제로서 다른 체제들과 연관 관계에 있다. 기능은 하위체제가 전체 체제를 위해서 어떤 기여를 하고 있는, 체제의 역동적인 측면을 나타내는 것이다. 즉, 학교는 사람 몸의 기관들이 서로 관계되는 가운데 기능하고 있듯이 다른 사회적 체제들을 위해서 무엇인가 기여하고 있다. 파슨스는 1964년 발표된「사회체제로서의 학급」이라는 글에서 사회 유지에 기여하는 학급의 두 가지 기능을 언급하였다. 하나의 기능은 학급에서 학생들이 사회화되는 것(사회화 기능 또는 통합 기능)이다. 학생들은 사회화를 통해 사회 존속을 가능하게 하는 가치와 능력을 학습한다. 또 다른 기능은 학생들이 학급을 통해 자신들의 능력에 따라 사회의 다양한 위치에 배치되는 것이다(배치 기능). 독일의 교육학자인 펜트(H. Fend)는 파슨스의 이론을 토대로 학급의 기능을 학교의 기능으로 확대하고, 사회화 기능을 자격부여 기능(Qualifikationsfunktion)과 정당화 기능(Legitimationsfunkion)으로 구분하였다. 학교는 가정과 사회를 이어 주는 기관으로 다음과 같은 기능을 수행한다(Fend, 1980: 17 이하).

첫째, 자격부여 기능이다. 학교는 성장세대에게 훗날 사회생활에 필요한 지식, 숙련성을 중재함으로써 학생들이 사회생활에 참여할 수 있는 자격(능력)을 부여한다. 이것은 읽기, 쓰기, 셈하기와 같은 기초적인 지식부터 음악 또는 수공적 관심과 지식 같은 특별한 능력을 포괄한다.

둘째, 선발 및 배치 기능이다. 학교는 학생을 시험과 성적 등을 통해 그의 능력에 맞는 사회의 위치에 배치함으로써 사회문화와 직업체제를 유지하는 데 기여한다.

셋째, 통합 및 정당화 기능이다. 학교는 성장세대를 그 사회의 규범과 가치에 통합시키는 데 기여한다. 학교는 사회의 지배적인 규범과 가치, 해석의 전형을 중재함으로써 학생을 기존의 사회체제로 편입시킨다. 학교는 이러한 가치, 규범, 견해들을 정당화하여 사회체제가 유지되는 데 기여한다.

사회학 관점은 어느 사회에서나 학교가 존재하는 이유를 묻고 사회의 유지와 존속을 위해서 필요하다고 답한다. 즉, 학교는 대표적인 사회기관으로서 사회의 유지 · 존속이라는 근본적인 기능을 수행하고 있다는 것이다.

교육학과 사회학에서 학교를 바라보는 공통적인 관점은 학교가 사회체제를 유지하는 기능을 수행한다는 것이다. 그러나 교육학의 관점에서 인간은 스스로 자신을 결정해 나가는 존재이므로 학교는 단지 외부의 영향에 의해 사회에서 요구하는 모습으로 성장세대를 형성하기보다는 자발성에 기초해서 학생 개인의 고유한 인격발달을 돕는 기능을 수행해야 한다는 점에서 사회학 관점과 차이가 있다.

학교는 학생을 단지 사회적인 경향에 순응하도록 연습시키는 장소가 아니라 인간적으로 성숙할 수 있는 기회를 제공하는 공간이어야 한다. 왜냐하면 모든 인간은 사회의 구성원일 뿐만 아니라 고유한 개성을 지닌 존재이기 때문이다. 그러므로 학교는 성장세대가 사회의 규범과 행동양식을 학습하도록 하는 기능과 함께 학생의 잠재능력 계발을 촉진하는 환경으로서의 기능도 함께 수행해야 한다.

(2) 실증적인 효과성 연구의 관점

이 관점은 학교와 사회의 관계 같은 거시적 차원보다는 미시적 차원에서 측정 가능한 학생의 학업성취에 기초해서 학교의 효과성을 밝히고자 한다. 또한 이 관점은 실증적인 연구를 수행하고 그 결과를 해석해서 귀납적으로 학업성취에 효과적인 학교 모형을 제시하고자 한다. 학업성취 효과성 연구의 목적은 교사와 수업의 특징을 통해서 중재되는 학교의 질은 학생의 학업성취 결과를 통해 구별될 수 있음을 보여 주는 것이다. 즉, 실증연구를 통해 학업성취에 영향을 미치는 요인들을 설명하고, 그 영향관계를 원인(투입)－결과(산출)로 모형화하려고 시도한다. 원인(투입)으로는 구조적 요인, 재정적 요인, 개인적 요인, 사회－지역적 환경 요인, 지원체제 등을 들 수 있다. 예를 들어, PISA 2000에서 좋지 못한 결과를 얻은 독일에서 그 원인을 분석하는 연구가 활발하게 이루어졌고, 부모의 사회경제적 지위, 부모의 교육수준, 가족의 민족적 출신 배경(이주 배경)이 학생의 학업성취에 주된 영향을 미치는 원인으로 분석되었다. 이러한 연구결과를 토대로 [그림 6-1]과 같은 모형이 산출되었다.

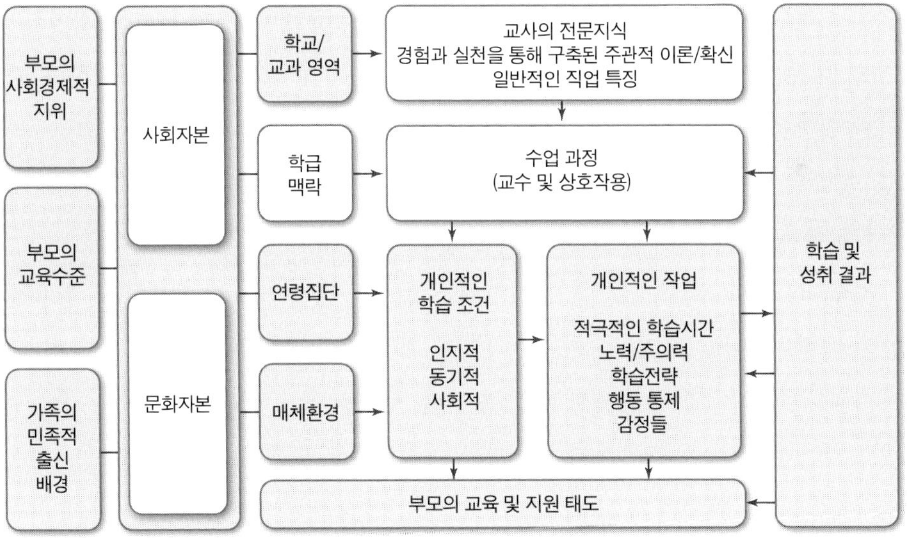

[그림 6-1] 학업성취의 조건들－OECD/PISA에 따른 생산 장소로서의 학교에 대한 관점

출처: Deutsche PISA-Konsortium (2001), 33, In: E. Terhart (2017).

이러한 실증적인 효과성 연구의 관점은 학업성취에 긍정적 · 부정적 영향을 미치는 요소들의 중요도를 분석할 수 있다는 점에서 학교정책과 학교행정에 중요하다. 그럼에도 불구하고 학업성취 결과에만 중점을 두고 있어 자칫하면 학교가 목적합리성이 지배하는 조직이 될 위험성이 있고, 학생들 간의 과도한 경쟁으로 인해 미움, 불안, 불관용, 따돌림, 학교부적응과 같은 심리적인 문제가 발생할 수도 있다. 또한 연구결과 원인들이 제시되더라도 그것을 변경하기가 어렵다. 왜냐하면 출신 배경, 개인의 지적 능력 등을 정책적 · 행정적으로 바꾸거나 변화시키는 것은 실제로 어렵기 때문이다.

(3) 비판적 관점

학교교육에 대해 비판적인 시각을 갖는 학자들은 학교가 학생의 잠재력을 개발시켜 인격적으로 성숙한 개인으로 발달시킨다기보다는, 지식은 산업 사회의 필요에 의해 조직되고, 소수의 특정 이익집단에 기여하며, 기존의 문화를 내면화시키고, 비본래적(非本來的)인 자신의 모습으로 살아가게 하고 있다고 주장한다. 이러한 입장을 보인 사람들로는 크게 탈학교론자, 신교육사회학자, 신마르크스주의자, 문화적 저항론자, 실존철학자 등을 들 수 있다. 여기에서는 신교육사회학자, 탈학교론자, 문화적 저항론자들의 주장을 살펴보기로 한다(정기섭, 1991: 34).

첫째, 신교육사회학자들이다. 여기에는 번스타인(B. Bernstein), 영(M. Young) 등이 속한다. 이들은 지식사회학의 영향을 받아 모든 지식은 인간의 산물이라고 보기 때문에 어떠한 상황에서 어떤 집단이 지식을 창조하고 정당화하는가에 관심을 갖는다. 이들은 교육과정 자체를 문제시함으로써 그 속에 숨어 있는 이데올로기적 내용을 밝히려고 한다. 교육기관에서 가르치고 있는 지식은 사회문화적 통제의 원리와 밀접한 관계가 있다고 보고 전체 문화 중에서 무엇 때문에 특정한 문화만이 교육과정에서 다루어지는지를 묻는다. 결국 학교교육 과정은 특정 집단에게 유리한 것이며 계급을 재생산한다고 주장한다.

둘째, 탈학교론자들이다. 이들은 학교가 실제로 학생을 소외시키고 교육이 가지는 체제 전복적인 잠재력을 순화시키는 역할을 한다고 주장한다. 학교에서 가르치는 행위는 비정치적인 주장에도 불구하고 학생들에게 기존의 정치체제를 주입시킨다고 본다. 일리치(I. Illich)는 그의 저서 『탈학교사회(The Deschooling Society)』에서 학교에서 주입되는 내용을 다음과 같이 들고 있다. ① 학교는 신성시된 사회적 계층과 기원을 이전에 교회가 했던 것보다 더 강력하게 당연한 것으로 받아들이게 한다. ② 어린이들은 길들여지는 소비, 즉 끝없는 소비라는 신화를 교육받는다. ③ 학교는 젊은이들을 모든 것이 양으로 측정되는 세계에 입문시킨다. 그에 의하면 학교는 신화를 저장하고 재생산하며 은폐하는 기능을 가지고 있기 때문에 결과적으로 인간을 허위의식에 종속된 무기력한 존재로 만든다는 것이다. 그러므로 진정한 교육과 인간성 회복이 이루어지기 위해서는 교사와 학교의 범주를 벗어나는 탈학교운동을 전개해야 한다고 본다.

셋째, 문화적 저항론자들이다. 이들은 학교가 헤게모니를 재생산해 내고 있다고 보고 반헤게모니운동을 중시한다. 애플(M. Apple)은 권력, 지식, 이데올로기, 학교, 교육이 끊임없이 변화하는 복잡한 형태로서 서로 관련되어 있다고 인식하고 이러한 상호 관련성에 일정한 형태를 제공해 주는 구조는 사회적이고 정치적이며, 역사의 산물이자 과정이라고 주장한다. 그는 교육과정 이론가, 교사, 학생들은 모두 교육적 경험을 지각하고 구조화함에 있어서 자신들에게 강하게 영향을 주는 특정한 신념, 개념, 규범을 내면화하고 있다고 본다. 즉, 학교에서 가르치고 있는 지식은 우리 사회의 어딘가에서 나온 문화자본으로서 우리 사회에서보다 강력한 영향력을 지니고 있는 집단의 관점과 신념을 반영하고, 학교는 일치된 행동, 개인적 인격보다는 제도적인 목표와 규범을 가르치며 자기가 하는 일로부터 오히려 소외되도록 가르친다는 것이다.

이러한 관점에서 프레이리(P. Freire)는 전통적인 교육을 '은행저금식 교육'이라고 비판한다. 교사는 가르치는 주체이고 학생은 채워지는 '빈 그릇'에 지나지 않는다는 것이다. 그는 이러한 교육이 빈 그릇에 채워진 편협한 지식을 갖고 삶을 해석하는 수동적인 인간을 주형해 낸다고 본다. 억압적인 현실에 상응하는 은행저금식 교육 모델은 무비판적으로 현실에 적응하는 인간을 길러 내고, 억압적인 상황을 재생산한다고 비판한다.

(4) 교육학의 관점

교육학의 관점은 다른 관점과 어떻게 다른가? 교육학의 관점에서 학교는 교육적인 행위가 일어나는 곳이어야 한다. 학교의 역사적 발달에서 알 수 있듯이 근대 이후 많은 교육사상가에 의해 교육행위에 대한 반성이 이루어졌다. 전통적인 교육에서 교육행위가 사회적 차원에 초점을 두고 이해되었다면, 근대 이후에는 개인적인 측면으로 초점이 이동하였다. 전통적인 교육행위에 대한 반성의 일반적인 모델은 페스탈로치에게서 찾을 수 있다. 그 내용은 교육의 대상에 귀족뿐만 아니라 서민도 포함되어야 한다는 것과 교육은 아동의 고유성을 인정하면서 스스로 주체적인 삶을 살 수 있도록 도와주는 것이므로 교육방법도 변화되어야 한다는 것이다. 즉, 이전의 전통적인 교육과 근대 이후의 교육적 반성이 특징적으로 구분되는 것은 아동을 고유성을 가진 주체적인 존재로 인식하는 아동이해의 전환을 가져왔다는 사실이다.

그러므로 학교에 대한 관점에서 교육적이라고 할 수 있는 것은 1차적으로 어떤 것을 투입했을 때 의도한 효과를 얻을 수 있다는 일방적인 기술공학적 관점에서 벗어나는 것이다. 교육학 관점은 오히려 학생의 자발적 활동을 근본적인 출발점으로 삼는 것이다. 이러한 관점에서 교육행위는 '자발적 활동을 요청하는 것'으로 이해된다(Benner, 2003: 290). 자발적 활동은 학생 자신의 동인으로부터 목표를 달성하려는 행위이기 때문에 자율성, 자기결정성, 책임을 포괄한다. 이것은 교육학의 관점이 인격체로서 자신의 사고, 판단, 행위에 고유한 권리가 있는 학생을 전제로 한다는 것을 의미한다. 교육의 최종적인 목적이 성숙한 인간에 있으므로 교육행위는 학생이 자발적인 활동을 통해 자기결정 능력이 있는 자주적인 인간으로 성장하는 데 기여해야 한다. 따라서 문화전달, 자격부여, 가치전달, 학업성취와 같은 학교의 과제들은 이러한 학생의 자발적 활동에 기초해서 수행되어야 하는 것이다.

그렇다고 해서 아동 · 청소년의 고유한 권리에서 출발한 학교에 대한 교육학의 관점이 교육과정을 통해 이미 조직되어 있는 교수-학습활동에서 자유롭다는 것은 아니다. 교육은 역사적 · 사회적 맥락에서 행해지는 행위이므로 학교는 기성세대를 대표하는 교사가 자라나는 세대인 학생들에게 사회구성원으로서 공유할 수 있는 의식을 내면화함으로써 사회적인 존재로 형성시키는 교육의 마당이다. 학교는 역사적 · 사회적으로 제약된 학습의 장소이고 생활 공간이기 때문에 사회가 변화하면 학교도 변화한다. 즉, 산업 사회, 다문화 사회, 지식 사회, 인공지능(AI) 사회에서는 그 사회에서 요구되는 인재상에 맞게 학교교육 계획도 변화한다.

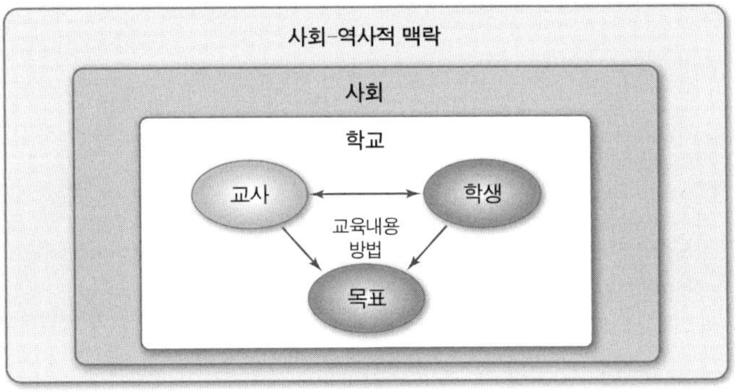

[그림 6-2] 학교교육의 구조

사회화 기관으로서 학교교육은 수립된 사전 계획에 의해 이루어지기 때문에, 학생은 그 틀에서 완전히 자유로울 수 없다. 여기서 언급하고자 하는 것은 수업내용을 학생의 자발적 행위에 기초해서 적합하게 구성할 수 있는 교사의 교육행위이다.

"수업계획과 교육과정, 수업 및 주제와 결합된 교사의 의사소통, 전문적인 교사의 역량 그리고 교육과정 척도에 따른 성적평가는 당연한 학교의 중심적인 활동이다. 이러한 활동은 다른 어느 곳에서도 이룰 수 없고 대체할 수 없는 학교의 업적이다. 이러한 것의 충족 여부, 즉 사회가 합의하고 필요로 하는 전문적인 성취기준으로 학교의 질이 평가된다. 동시에 학교에서의 학습이 교육(Bildung)의 특성을 획득하는 것은 (아동 · 청소년이) 사회에서 자기결정에 의한 행위를 할 수 있도록 인지적이고 규범적인 전제조건들을 개방하기 때문이다."
(Tenorth, 2016: 146)

교육은 성장하는 세대를 일방적으로 기존의 사회질서에 순응시키는 것이 아니라 외부로부터 주어지는 객관적인 것들과 스스로 논쟁하면서 생산적인 삶을 살 수 있는 성숙한 정신적 태도의 발달을 돕는 것으로 이해된다. 이러한 교육이해는 교사와 학생의 관계도 인간적인 관계로의 변화를 요구한다. 그러므로 교사에게 기본적으로 요구되는 것은 학생에 대한 교육적 사랑이다. 페스탈로치가 슈탄츠에서 고아들에게 실천하였던 것과 같은 그런 사랑이다.

코르착(J. Korczak)에 의하면 개인 간의 사랑은 한 사람이 일방적으로 마음먹고 행하는 의지행동이 아니라 서로가 인격적인 주체로 존중하는 대화적인 분위기에서 발생하는 것이다. 사랑은 상대방을 진심으로 이해하려고 노력하는 마음에 기초를 두고 있다. 누군가를 이해한다는 것은 지금의 시점에서 단번에 가능한 것이 아니며, 지금까지 그의 처지에서 그를 면밀히 관찰하여 왔거나 앞으로도 계속해서 세심한 관심과 주의를 기울이는 정성이 필요하다. 그러므로 진정한 사랑이란 아이가 귀여울 때 껴안고 귀찮을 때 혼내는 형식적인 것이 아니다. 즉, 아이를 무조건 간섭하거나 속박하는 것이 아니라 아이의 조금 전과 현재의 변화를 늘 관찰하고 분석하여 이해하려고 하고, 아이의 인격을 존중하면서 아이의 삶에 참여하는 것이다(정기섭, 2000: 107-108).

2. 학교의 본질적 의미와 학교교육

1) 학교의 본질적 의미

독일어와 영어의 학교 개념인 Schule와 School은 '여가' '한가'를 의미하는 그리스어에 근원을 둔 라틴어 schola에서 유래하였다. 고대 그리스의 아테네인들이 추구하던 인간적인 덕은 내적인 깨달음을 통하여 도달될 수 있는 것이었고, 이러한 인간다움을 추구하는 정신적인 생활은 열려 있는 도야의 과정에서 형성되었다. 어원적인 의미에서의 학교는 오늘날처럼 지식전달을 위해 조직적이고 체계적인 외부의 형성 작용이 이루어지는 곳을 뜻하는 것이 아니라 철학자들과 학생들이 자유로운 대화를 통하여 시민으로서의 생활을 준비하는 유희적인 공간을 의미한다고 할 수 있다.

학교의 본래적인 의미인 '여가'는 학교교육의 대상이 자유롭고 한가한 시민계층에 한정되어 있었다는 것을 의미하기도 하지만, 사고하는 주체인 개인이 객관적이고 보편적인 생활의 내용을 강요 없이 자유롭게 자기의 것으로 소화하고 논쟁하는 변증법적 과정을 통해서 인간성을 실현하는 교육의 과정과도 관계된 것이다. 이러한 관점에서 학교가 의미하는 '여가'는 교육의 본질을 나타내는 말로 이해할 수 있다. 교육을 상호작용으로 이해한다면, 교육적인 것이란 일방적으로 외부의 영향을 통해서 바람직한 방향으로 인도하는 것이 아니라 '여가'가 의미하는 것처럼 외부에서 주어지는 내용에 대한 개인적인 자기이해와 인간의 내면에서 인간적인 것을 발달시키는 것을 목표로 한다고 할 수 있다. 그러므로 교육행위가 일어나는 학교는 인간의 삶에서 요구되는 인간적인 미덕들을 무의미하게 암기시키거나 기억하게 하는 장소가 아니라 스스로의 반성과 숙고를 통해 진정한 자기이해에 도달할 수 있는 자유로운 공간이어야 한다.

어원적으로 갖고 있는 학교의 유희적인 성격이 의미하는 것은 학교는 개인적인 측면과 사회적인 측면 중 어느 한쪽만을 고려하여 형성되어서는 안 되고 두 측면이 조화롭게 결합되도록 교육적으로 구성된 공간이어야 한다는 것이다. 이러한 관점에서만 학교가 사회의 유지 · 발전에 기여할 수 있다. 학교가 단순히 지식전달을 통해 미래의 사회생활을 위한 준비 공간으로 형성된다면 사회의 유지는 가능할지 몰라도 개인의 자율적인 사고에서 나오는 사회의 인간화에는 기여할 수 없다.

이러한 학교의 본질과 관련하여 사회적인 요구와 개인적인 발달을 함께 고려하는 학교 모델을 루소와 그의 사상적 기초 위에서 전개된 개혁교육운동에서 발견할 수 있다. 루소와 개혁교육운동이 주장하는 진정한 학습은 '여가'의 의미가 제시하는 것처럼, 학습자가 사실과 마주해서 스스로 사고하고 결정하면서 본질적으로 자기를 실현하는 존재론적 기능이어야 한다는 것이다.

이러한 학습의 방법적인 핵심은 생각하면서 행하고, 행하면서 생각하는 자유로운 정신활동과 자유로운 행위의 결합이 일어나도록 어린이에게 자기활동을 보장하는 자유로운 공간을 제공하는 것이다(정기섭, 1998). 외부적인 상황에 의해 방해되지 않게 자유롭게 형성된 생활 공간에서 어린이들은 자신의 욕구에서 나오는 자유로운 정신활동을 통해 정신적인 성숙을 추구한다. 어린이는 교육적으로 자신에게 맞게 구성된 환경에서 배워야 할 내용을 직접 경험하므로 지금까지 이론적 세계를 통한 간접적 경험과는 다른 새로운 세계를 인식하게 되고, 이를 통해 생활개혁이 가능하다.

이렇게 본다면 학교는 성장하는 세대가 사회에서 요구하는 성인의 모습을 외형적으로 익히기 위해 스쳐 지나가는 장소가 아니라 개인의 정신적인 성숙을 추구하는 장소라고 할 수 있다.

2) 학교의 과제

학교는 사회제도의 한 형태로서 사회를 지탱하는 적절한 기능, 즉 자질부여, 선발과 분배, 정당화 기능 등을 지닌다. 자질부여 기능이란 학교가 성장하는 세대들에게 정치 · 경제 · 사회생활에 필요한 자질을 갖추게 하는 것을 의미한다. 선발과 분배의 기능이란 시험 등의 과정을 거쳐 학생을 능력에 따라 선발하고 각 분야에 배치하는 것을 말한다. 정당화 기능이란 학교가 사회의 가치와 규범을 학생들에게 내면화시키고 정당화시켜 사회질서를 유지하는 것을 의미한다(정영근, 2001: 132).

학교에 대한 이러한 사회학적 분석은 학교의 기능을 다양하게 이해하는 데 도움을 준다. 그러나 사회학적 관점은 학교의 의미와 기능을 이해하는 데 도움을 주는 다양한 관점 중의 하나일 뿐이다. 그러므로 그것만 갖고는 학교가 갖고 있는 의미와 기능을 충분히 파악했다고 말할 수 없다. 사회학적 연구의 자료들은 학교에 도움이 되는 방향을 제시하는 기능을 가질 수 있지만 결코 전적으로 주도적인 기능을 갖지는 않는다. 그러므로 학교에 대한 사회과학적 연구의 결과들이 학교현실에 그대로 적용되어서는 안 되고 교육학적인 반성 작업을 통하여 정당성을 확보해야 한다.

이러한 관점에서 오늘날 학교문제의 해결을 위해서는 교육학적 관점에서 학교에 대한 철저한 고찰이 요구된다. 학교에 대한 교육학적 고찰이란 "학교를 단지 기능적으로 파악하는 것이 아니라 '학교의 본질적인 모습과 과제가 무엇인가?'라는 본질적인 질문을 던짐으로써 학교의 의미와 과제를 이해하려는 노력이다"(정영근, 2001: 132). 앞에서 언급했듯이 학교는 학생의 소질과 욕구를 고려하여 동기를 부여하면서 사회에 적응하도록 준비를 시키는 사회적 기관이다. 그러므로 사회의 요구는 개인의 발달을 고려하여 비판적으로 교육에 적합하게 변형되어야만 한다.

이러한 이해는 학교가 인간과 사회를 중재하는 위치로서 교육학적으로 기초되어야 한다는 것을 시사한다. 학교의 본래적 의미가 시사하는 것처럼 학교는 생활의 내용들이 교육학적인 반성을 통하여 교육에 적합하게 변형되거나 번역된 젊은이들의 공간이어야 한다. 학교교육은 결과적으로 사회의 변화를 목적으로 하기 때문에 개선된 미래 사회에서 필요로 하는 덕, 관용, 예절, 남을 배려하는 마음 등과 같은 인간적인 미덕, 민주적인 태도를 학생들이 일상적인 학교생활을 통해 몸에 익힐 수 있도록 조직되어야만 한다.

이와 관련하여 뢰어스(H. Röhrs)는 다음과 같은 교육적 원리를 제시한다. "관조적인 상태가 없는 생활에 가깝고 유용한 활동은 하나의 기계적인 외적 형식이 된다. 마찬가지로 구체적인 경험을 통한 검증이 없는 반성과 숙고는 완전한 자기이해에 도달할 수 없다."(Röhrs, 1994: 189)

인간은 정신적 · 육체적 존재라는 인간학적 이해에 바탕을 둔 이러한 교육적 원리는 단순한 생활중심 학교교육에 대한 깊은 반성을 하게 한다. 무트(J. Muth)는 생활중심 교육에 대한 좀 더 깊은 이해가 요구된다고 주장한다. 왜냐하면 생활중심에 대한 단순한 실용적 이해 때문에 그것의 본래적인 의미가 가려져 있기 때문이다. 실용적인 이해에 바탕을 둔 생활중심은 학교 밖의 생활을 무비판적으로 그대로 모방하기 때문에 교육적인 의미에서 생활중심이라고 하지 않는다. 그러한 생활은 오히려 너무도 일찍 교육적인 공간인 학교에서의 열려 있는 가능성을 제한하는 것이다. 이러한 실용적인 이해에 대한 위험성을 지적하면서 뢰어스는 교육적으로 적합한 형태로서 생활중심은 정신적인 작용과 결합되어야 한다고 주장한다(Röhrs, 1994: 187-188).

교육적으로 적합한 생활중심 원리는 학생에게 자기이해를 돕는 조용한 숙고와 철학함을 위한 자극을 제공하는 것이어야 한다. 이러한 관점에서 교육적 원리로서 생활중심은 지금까지 학교의 본질에서 살펴본 것처럼 생활의 요구들이 교육적으로 변형되거나 번역된 어린이에게 적합한 공간의 형성을 의미한다. 즉, 생활

내용들이 학습자의 발달단계에 적합하게 선택되고 조직됨으로써 학습자가 그 내용과의 정신적인 논쟁을 통하여 내적 직관으로 가져올 수 있도록 하는 체험과 사고의 공간을 의미한다. 이제 학교는 그의 본래적 존재 목적을 실현하기 위하여 자기혁신을 해야 할 필요성이 제기된다.

3) 좋은 학교의 특징

인간은 하나의 인격적인 존재로서 스스로의 결정에 의해 자신을 실현시켜 나가는 존재이다. 즉, 인간은 자기 자신을 실현하는 일에 능동적인 주체로서 책임을 갖고 참여하는 존재이다. 그러나 인간이 자신을 실현한다는 것은 무엇보다도 자기 자신에 대해 긍정적인 태도를 갖는 것에서부터 출발하기 때문에 자신과 타인의 관계에 대한 이해가 필요하다.

이러한 인간이해는 이기주의적이고 자기중심적인 인간행동을 강조하는 것이 아니라 다른 사람과 인격적으로 상호작용하는 가운데 자신을 실현하는 사회적인 존재임을 강조하는 것이다. 그러므로 인간교육은 인간다운 인간의 실현을 목적으로 한다고 할 수 있다. 이와 관련하여 패터슨은 다음과 같이 말한다.

> "우리는 생각할 수 있고 또한 느낄 수 있는 사람을 필요로 하며 지성뿐만 아니라 감성에 근거를 두고 행동할 수 있는 사람을 필요로 한다. 우리는 타인을 이해할 수 있는 사람, 자신은 물론 타인을 수용하고 존경할 수 있는 사람, 책임질 줄 아는 사람을 필요로 한다. …… 다시 말해서, 교육의 목표는 충분하게 자신의 기능을 발휘하는 인간으로 여러 사람과 함께 어울려 살아갈 수 있는 인간의 발달을 촉진시켜 주는 것이어야 할 것이다. 개인의 인간적인 발달을 방해하는 상황하에서 사회가 보존된다면 그것은 불충분하다."(Patterson, 1989: 39)

인간적인 발달을 저해하는 것은 '비인간적인 것'으로 되고, 인간교육을 위해서 극복되어야 할 대상이 된다. 폰 헨티히(H. v. Hentig)는 인간적인 학교를 다음과 같이 특징지었다(Gonschorek & Schneider, 2007: 368-369).

- 자신의 일을 확신을 갖고 행하는 인간들의 공동체
- 다른 사람을 위한 시간이 있는 인간들의 공동체
- 노작을 경험할 수 있는 시설
- 인간적인 분위기의 시설
- 삶의 장소
- 인간들이 공동으로 행위의 규칙들을 만들어 내고, 그것이 작동되는 것을 경험할 수 있는 시설
- 인간들이 인식의 공동형태들을 의식하고, 그를 위한 동기가 있는 시설
- 인간들이 서로의 차이를 인지하고 시인할 수 있는 시설
- 육체가 정당한 권리를 갖는 장소
- 매체를 이용하고 매체의 노예가 되지 않는 시설
- 어른들이 아이들을 위하여 어른다움을 시인하는 인간 공동체
- 치료하지 않고 도움을 주는 시설
- 모든 것이 규정으로 단속되지 않고 아이들이 조용히 쉴 수 있는 시설

이러한 인간적인 학교의 특징과 앞에서 살펴본 내용을 통해서 볼 때 아동에 대한 관점의 변화 그리고 그에 기초한 교육방법, 교육적 관계의 변화가 교육학적 판단의 기준이 된다. 교육학적 관점에서 좋은 학교는 다음과 같은 특징을 갖는다(정기섭, 2007: 212 이하).

첫째, 좋은 학교는 학생들에게 좋은 업적(성과)을 기대한다. 학교는 학생들이 무엇을 성취할 것이라고 기대하고, 학생들이 그러한 것을 느끼도록 한다. 이러한 긍정적인 성취기대는 더 나은 수업으로 나타난다. 학생들에 대한 요구들과 평

가척도들은 모든 학교구성원에게 주지되고 학생들은 이러한 요구들의 성취를 위하여 가능한 최상의 모든 지원을 받는다. 즉, 학교는 일방적으로 학생들에게 성취해야 할 것을 요구만 하는 것이 아니라 요구가 성취되도록 모든 도움을 아끼지 않고 촉진하는 균형을 유지한다.

둘째, 좋은 학교는 구성원들이 예측할 수 있는 투명하고 합의된 계획표를 갖는다. 학교의 모든 계획이 그때그때 마음대로 결정되는 것이 아니라 모든 참여자가 안정되고 일관성 있는 행위를 할 수 있고 수업시간이 학교교육의 목표를 위하여 효과적으로 사용될 수 있도록 진행과정이 예측 가능한 계획표를 갖는다. "학교는 일상적인 사소한 것들에서도 잘 기능해야만 한다. 그래야만 학생들에게 학교가 잘 짜인 사회적 규칙체계로서 받아들여진다."(Hurrelmann, 1991: 339)

셋째, 학교가 성취기대와 투명한 규칙들만 갖고 있다면 기계적인 차가운 장소가 될 것이다. 좋은 학교는 많은 연구에서 보이는 것처럼 인간적인 학교분위기를 근본적인 특징으로 한다. 교사들은 학생들을 위하여 종사하고, 그들의 편에서 함께 느끼며, 학생들을 인격체로서 인정하고 보호한다. 이러한 학교분위기는 인간적이고 신뢰가 충만한 만남의 문화로 표현될 수 있다. 펜트에 의하면 좋은 학교의 질적 기준은 학습을 촉진하는 과정에서 학생들이 학교생활에 만족하고, 편안함과 소속의 느낌을 갖느냐에 달려 있다(Fend, 1998: 207).

넷째, 좋은 학교는 수업과 수업 외의 학교생활에서 학생들에게 풍부하고 다양한 내용을 경험할 수 있는 가능성들을 제공한다. 즉, 학교는 수업시간과 수업 외의 학교생활에서 학생들에게 능동적인 자기활동의 가능성이 주어지는 공간이어야 한다.

다섯째, 좋은 학교는 학생들의 약점과 어려운 상황까지도 공감적으로 이해하면서 교육에 대한 열정을 가지고 서로 협력하는 교육전문가로서의 교사들을 전제로 한다. 좋은 학교의 교사들은 단지 주어진 임무를 수동적으로 수행하기보다 더 나은 학교를 만들기 위하여 동료교사들과 기꺼이 대화하고 합의를 통하여 문제에 대한 해결책을 찾으면서 공동의 목적을 향하여 함께 노력한다.

여섯째, 좋은 학교는 학생과 학부모에게 개방적이다. 학교는 학생과 학부모에게 정기적으로 학교에 대한 만족도를 묻고, 또한 학생과 학부모가 학교의 중요한 일들에 함께 참여하여 학교의 계획과 수업에 대한 정보를 얻도록 해야 한다. 학교는 학부모들이 학교를 위하여 종사할 수 있는 공간을 제공하고 그러한 것을 또한 자극해야 한다. 학교는 사회적인 장들을 멀리해서 자신을 고립시키지 말고 그들을 파트너로 이해해야 한다. 그렇다고 해서 학교가 그들의 모든 요구를 무조건 받아들이는 것이 아니라 공공을 위한 개방성과 자신의 독자적인 관심을 위한 집중 사이에서 균형을 유지해야 한다.

4) 학교교육학의 과제

학교개혁의 의미는 학교의 본질적인 의미가 시사하는 것처럼, 사회적인 요구와 개인적인 발달이라는 교육의 본질적인 두 축을 조화롭게 고려하여 학교를 교육 공간으로 형성하려는 노력에 있다고 할 수 있다. 따라서 오늘날 우리가 심각하게 접하고 있는 학교의 문제도 결국은 개인과 사회라는 두 측면의 조화로운 관계가 교육 공간인 학교 형성의 과정에서 고려되지 못하였거나, 내외적 변화에 의해 조화적인 관계가 깨어진 데에서 그 이유를 찾을 수 있을 것이다.

이러한 관점에서 본다면, 학교가 개인적 · 사회적 측면을 조화롭게 고려하여 형성되었다 할지라도 그것은 고정 불변적으로 유효한 것이 아니라 사회-역사적인 변화에 따라 변화하기 때문에 계속적인 진단과 개선, 수정 · 보완이 필요하다. 이것은 다음과 같은 점을 의미한다.

첫째, 학교개혁은 사회와 개인의 대립을 중재하려는 노력이기 때문에 일회적인 것이 되어서는 안 되고 학문적인 연구가 동반된 지속적인 것이 되어야 한다. 둘째, 오늘날의 학교문제는 이전의 것과는 다른 새롭게 변화된 상황과 관계된 것이기 때문에 문제해결을 위해서는 현장의 변화된 사실을 반영해야 한다. 셋째, 따라서 진정한 학교개혁을 위해서는 학교현실을 지속적으로 학문적으로 검사하는 것이 필요하다. 그러므로 학교개혁은 "사회의 변화와 교육학적인 통찰력에 상응하면서 학교현실을 형성하는 것이다"(Combs, 1970; 홍웅선, 1974: 21에서 재인용).

학교교육학은 학교현실을 연구대상으로 하는 교육학으로서 학교현실에 대한 지속적인 연구 · 분석에 참여하고 이를 통해 학교현실 개선의 과정에 영향을 미쳐야 한다. 학교는 생활의 내용들을 교육적인 배려에 의해서 미리 연습하는 공간이다. 이러한 과정은 성숙된 시민을 통한 생활의 개혁을 목표로 한다. 학교개혁은 학교가 이를 위한 공간이 될 수 있도록 지속적으로 검사할 수 있는 기능을 갖는 학문적인 연구가 동반되어야 한다. 이렇게 학교개혁을 영원한 시도로 보는 관점에서 학교교육학은 다음과 같은 과제를 갖는다.

첫째, 학교교육학은 학교의 본질적 의미를 고려하면서 현재의 학교현실로부터 학교이론을 발전시켜야 한다. 이러한 학교이론은 고정적이기보다는 학교현실에 대한 학문적인 연구를 통하여 계속적으로 수정 · 보완되어야 한다. 학교현실의 복잡성 · 다양성에 직면해서 학교교육학의 연구영역은 세분화되었거나 되고 있고, 각각의 영역에서 독자적인 연구들이 수행되고 있다. 이러한 세분화의 과정에 직면해서 학교이론은 학교교육학의 중요한 연구영역이 된다. 왜냐하면 학교이론을 통하여 학교 전반에 대한 체계적인 언급이 가능하기 때문이다.

즉, 학교현실의 계속적인 개선을 위한 토대를 제공하는 연구들은 학교현실의 각 분야에 대한 검사 기능을 갖지만, 이러한 연구의 세분화에 직면해서 제기되는 중요한 점은 다양한 관심과 연구대상에 따라서 연구들이 수행된다 할지라도, 그러한 연구들은 하나의 포괄적인 학교이론을 배경으로 해야 한다는 것이다. 하나의 학교이론은 학교연구에 대한 방향을 제시하고 다양한 연구의 결과 간에 효과적인 대화를 가능하게 하기 때문이다. 그러나 하나의 학교이론은 고정적인 것이 되어서는 안 되고 언제나 연구의 결과들을 통해서 수정될 수 있는 개방적인 것이어야 한다. 하나의 학교이론은 다양한 연구의 결과를 연관성에 따라 체계적으로 정리할 수 있는 대화의 장(場)으로서 점점 더 세분화되는 연구영역에 직면했을 때 필요한 학교교육학의 핵심적인 과제영역이다.

그러나 학교현실의 모든 영역을 하나의 엄격한 학문 이론적인 척도를 갖고 완벽하게 포괄적으로 서술할 수 있는 학교이론은 기대하기 어렵기 때문에 하나의 학교이론은 학문 간 또는 학문이론들 간의 지속적이고 협동적인 대화를 통해서 발전되어야 한다. 학교는 교육학만의 독자적인 연구대상이 아니라 다양한 관점, 구별되는 문제제기, 학문적인 연구방법을 갖는 인간학, 심리학, 사회학, 정치학, 법학, 의학 등과 같은 다른 학문들의 연구대상이 될 수 있기 때문이다. 이때 제기될 수 있는 문제는 그러면 이런 다양한 연구 중에서 '교육학적으로 고유한 것'은 도대체 무엇이냐 하는 것일 것이다. 그것은 학교를 교육적인 공간으로 개선하려는 목적을 가진 연구자의 특별한 인식주도적인 관심이다. 많은 학문이 학교를 연구대상으로 한다고 할지라도 구별되는 연구관심에 따라서 그들의 독특성이 표출된다. 따라서 학교교육학은 학교개혁(교육적인 공간으로서 학교를 형성하려는)이라는 주도적인 관심을 갖고 교육학적인 관점에서 모든 학문의 관점과 방법을 수용할 때 복잡한 학교현실을 그의 특성에 따라 파악할 수 있을 것이고 그에 상응하는 학교이론을 형성할 수 있을 것이다.

둘째, 학교교육학은 학교현실을 그의 특수성에 따라 파악하는 다원주의적 연구방법을 발전시켜야 한다. 학교현실은 앞에서 논의한 것처럼 구별되는 학문 이론적인 방향에 토대를 둔 연구방법들에 의해 접근될 수 있다. 그리고 학교현실의 복잡성 · 다양성에 비추어 다원주의적 연구방법은 정당성을 가질 수 있다.

다원주의적 연구방법은 결점들을 극복하기 위해서 교육학에서 전통적으로 대립관계에 있는 정신과학적 방법들과 경험과학적 방법들을 서로 결합하는 방법이다.[1] 다원주의적 연구방법은 무엇보다도 학교현실의 개선에 기여할 수 있도록

1) 이 책의 '제8장 교육사와 교육철학' 참조.

구상되어야 한다. 이러한 하나의 모델을 뢰어스가 제시하는 정신과학적 · 경험과학적 방법에서 발견할 수 있다. 이 연구방법은 다음과 같은 특징을 갖는다(정기섭, 1999).

첫째, 이론적인 논쟁보다는 실천적인 연구의 장에서 이론의 검증을 중요시한다. 학교교육과 관련된 이론을 관념론적이고 역사적인 연구에 의해 제한적으로 형성하기보다는, 이러한 연구의 결과를 학교현장에서 실제적으로 실행해 보고 수정 · 보완해 나가는 개방적인 태도를 특징으로 한다. 다원주의적 연구방법은 모든 관점과 방법에 개방되어 있기 때문에 연구대상의 상대적 특수성을 고려하여 학문 간의 협동적인 연구를 가변적인 형태로 수행할 수 있다. 이를 통하여 복잡 · 다양한 연구대상에 대한 다각적인 파악과 연구자들 간의 열린 대화를 통하여 효율적인 학교교육이론 형성에 기여하기 때문에 하나의 고정적인 관점에서 형성된 학교교육이론보다 현실적이다.

둘째, 이론가들과 실천가들이 함께 참여하여 협동적인 연구를 수행할 수 있는 실천적인 연구를 중요시한다. 그러므로 이론의 형성에 있어서 이론과 실천의 간격을 좁힐 수 있다. 이러한 실천적인 연구를 위해서는 연구에 참여할 수 있는 능력을 갖춘 교육실천가의 교육이 필요하다. 실천가들의 참여로 학교이론은 실천에 가까워질 수 있는 반면에 학교현장은 연구에 참여하여 이론가들과의 대화를 통하여 얻게 된 지식을 학교현장에서 실행 · 적용해 봄으로써 문제점을 발견할 수 있고, 이것은 보다 나은 이론의 형성에 기여한다. 이러한 이론가들과 실천가들의 열린 대화는 연구결과들에 의해 계속해서 수정 · 보완된다 할지라도 교육실천가가 직업적인 행위에서, 즉 수업준비 형태, 성적의 문제, 교육방법의 선택, 수업매체의 선택, 성적에 대한 평가의 가능성과 한계 등에 직면해서 교육적인 방향으로의 직업적 행위를 가능하게 할 것이다.

연습문제

1. 사회학의 관점에서 학교의 필요성과 기능에 대해 설명해 보자.
2. 교육학의 관점에서 학교교육의 목표는 무엇인지 설명해 보자.

제7장 교육학의 학문적 구조

제7장 교육학의 학문적 구조

이 장의 주제는 교육학의 학문적인 구조이다. 교육학은 교육의 이론과 실천에 관한 연구뿐 아니라 교육학 자신에 관한 연구도 수행해야 한다. 학문으로서 교육학의 역사는 그리 길지 않다. 교육에 관한 연구는 이미 고대 그리스의 저작에서부터 등장하지만, 교육의 목적과 방법을 체계적으로 연구할 수 있는 토대를 마련한 인물은 19세기 초 독일의 교육학자 헤르바르트이다. 이후 교육학이 하나의 독립적 분과학문으로서 발전해 온 것은 사실이다. 하지만 여전히 교육학의 학문적 성격과 연구방법에 대해서는 이견이 존재하고 있다. 특히 경험적 교육학과 정신과학적 교육학 그리고 비판적 교육학 사이에는 서로 긴장과 갈등이 이어지고 있다. 경험적 교육학자는 정신과학적 교육학이 학문적 엄밀함을 갖추지 못했다고 비판하는 반면, 정신과학적 교육학은 경험적 교육학이 단지 경험적이고 계량적인 자료만을 고집함으로써 교육의 복잡 미묘한 의미를 간과하고 있다고 비판한다. 비판적 교육학은 앞의 양자가 교육과 사회 및 정치 간의 밀접한 연관을 망각함으로써 결과적으로 현실 사회의 부조리한 질서를 용인하거나 재생산하는 데 기여한다고 비판한다. 이 장에서는 이 세 입장을 중심으로 교육학의 학문적 성격과 연구방법론에 대해 살펴보고, 우리나라의 상황에 대해서도 간단히 언급할 것이다.

1. 교육학의 학문적 성격에 대한 논쟁

가장 일반적으로 정의한다면, 교육학은 '교육의 참된 이론과 실천이 무엇인지를 탐구하는 학문'이다. 그러나 이것으로 교육학의 정체가 분명히 드러나는 것은 아니다. 교육학에 관한 학자들의 정의를 살펴보자. "교육학이란 교육과 그것에 관한 사실과 현상을 연구의 대상으로 하고, 그것의 원리와 방법을 과학적으로 연구하여 그 결과를 체계화한 학문이다."(이병승, 우영효, 배제현, 2013: 32) 이 정의는 교육학의 연구대상과 연구과제를 간단명료하게 언급하고 있다. 한편, 한기언(1990)은 교육학을 "인간 형성을 대상으로 삼는 자율적인 종합과학"이라고 정의한다. 이 정의는 교육학이 인간 형성이라는 연구대상의 복잡성과 복합성으로 인해 다양한 학문영역으로부터 도움을 받아야 하며 동시에 학문적 독립성을 견지해야 한다는 점을 강조하고 있다. 19세기에 헤르바르트가 교육학을 하나의 학문으로 정립했을 때, 그가 시도했던 일은 교육학의 독자적 연구 대상과 방법을 확립하는 일이었다. 오늘날 교육학이 하나의 자율적인 분과학문으로서 인정되고 있음은 의문의 여지가 없다.

그러나 교육학의 학문적 성격에 대해서는 여전히 논쟁이 끊이지 않고 있다. 특히 논란이 되는 것은 교육학이 교육현상에 내재하는 객관적인 원리와 법칙을 연구하는 이론적 학문인가 아니면 교육의 규범적 의미를 규명하고 또 올바른 교육을 하기 위해 고려되어야 할 문제들을 해명함으로써 교육실천을 지원하는 실천적 학문인가의 문제이다. 일찍이 아리스토텔레스는 교육학을 실천적 학문으로 분류한 바 있다. 그러나 20세기 중반 이후 교육학의 주류를 형성한 경험적 교육학은 교육학이 이론적 학문임을 주장하고 있다. 반면, 아리스토텔레스의 전통에 의지하여 교육학의 실천성을 강조하는 흐름도 여전히 존재하고 있다.

이러한 논쟁은 근대 학문체계에 대한 반성으로서 20세기 중반에 벌어진 '실증주의 논쟁'과 맥락을 공유한다. 이론적 학문으로서 교육학은 가치중립성과 객관성을 중시하며 경험과학의 방법론을 전폭적으로 수용한다. 실천적 학문으로서 교육학은 교육의 활동에 근본적으로 내재하는 규범적 측면을 강조하며, 객관적 진리탐구보다는 교육자들이 현장에서 필요로 하는 실천적 지혜를 제공하는 데에 관심이 있다. 이런 실천적 교육학을 지지하는 사람들은 지난 수십 년간 주로 경험과학의 영향 아래 발전한 이론중심의 교육학은 교육현실을 외면한 채 상아탑에 안주하고 있다고 비판한다. 그러나 교육학의 이론적 지향은 여전히 현대 교육학 연구의 주류라고 할 수 있다.

그러나 이러한 논쟁을 여기서 깊이 다룰 수는 없다. 교육학의 성격에 대한 다양한 접근방식은 모두 일면적인 진리를 지니고 있다. 이제 교육학은 이러한 접근방식을 모두 포섭하는 하나의 통합적 학문으로 정립될 필요가 있다. 이렇게 볼 때, 쇼이얼(H. Scheuerl)이 말했듯이 "교육학은 한편으로는 교육의 현실에 대한 이론적 · 객관적 지식을 탐구하는 경험과학인 동시에 올바른 교육을 위해서 교육실천을 어떻게 조직하고 개선해야 할 것인가를 제안하는 행동과학이며, 또한 항상 교육의 올바른 목적과 가치를 고려하는 규범과학"이라고 정리할 수 있다(Scheuerl, 1993).

그리고 현재 교육학의 내용과 범위는 급속히 팽창하는 추세라는 점도 언급할 필요가 있다. 1970년대 이래 등장한 평생교육 사회에서 교육학은 단지 성인이 되기 이전까지의 인간 형성을 취급하는 학문이 아니라 '출생에서 죽음에 이르는 삶의 전 과정에서의 인간발달 과정에 대한 학문'으로 재정립되고 있다. 그런 점에서 이제 교육학은 급속히 변화하는 사회현실 속에서 모든 인간이 주체적으로 성공적인 삶을 영위하도록 평생에 걸쳐 지원하고 동반하는 일을 체계적으로 규명하는 학문이라는 새로운 특징을 갖는다.

교육학자가 교육이라는 현상을 어떤 연구방법론에 따라서 분석하고 탐구하는가에 따라서 교육학의 몇 가지 기본 유형이 구분될 수 있다. 그래서 교육학은 여러 개의 이질적인 연구방법론을 휘하에 거느리고 있는 종합적인 학문이라고 할 수 있다. 여기에서는 교육학의 학문적 성격을 대표적으로 정신과학(해석학적 방법), 경험과학(실증주의적 방법), 비판이론(변증법적 방법)의 측면에서 살펴보고 덧붙여 우리나라 교육학에서의 학문 논쟁도 간단히 언급할 것이다.

2. 정신과학으로서의 교육학

유럽의 전통에 의하면 교육학은 정신과학에 속한다. 이런 전통에 따르는 교육학을 정신과학적 교육학이라 부른다. 그렇다면 정신과학적 교육학은 무엇인가? 정신과학적 교육학이 무엇인지 이해하려면 먼저 '정신과학'이 도대체 무엇인지 살펴보아야 한다. '정신과학(Geisteswissenschaft)'이라는 용어는 원래 독일의 철학자인 딜타이(W. Dilthey)가 만들어 낸 용어이다. 그는 왜 이 새로운 단어를 만들어 내게 되었을까? 그것은 19세기 말의 학문적 세력 다툼과 관계가 있다. 계몽주의를 기점으로 급속한 성장을 거듭한 자연과학은 19세기 말에 이르러 모든 학문의 모범으로 등장하였다. 이것은 전통적인 학문으로서 '인문학'의 입지가 심각한 위협을 받게 되었음을 뜻한다. 딜타이는 급속도로 위축되어 가던 '인문학'의 의의와 학문적 정당성을 구출해 내기 위해서 '정신과학'이라는 용어를 만든 것이다.

딜타이는 자연과학이 아무리 커다란 위력을 갖고 있다고 해도, 문학과 역사 그리고 철학과 같은 정신적 세계를 넘볼 수는 없다고 주장한다. 문학, 역사, 철학 영역의 학문적 연구에서 과학자들이 신성시하는 자연과학 방법론은 적합하지 않기 때문이다. 자연과학의 방법은 보편적 인과법칙을 설정한 뒤 개별 사건을 그 법칙에 따라 해명하는 '설명의 방법'이다. 인문학의 영역에서는 이러한 엄밀한 법칙적 설명이 불가능하다. 하지만 그렇다고 정신적 세계에 관한 탐구가 단지 부정확하고 근거 없는 자의적인 추측에 불과한 것은 아니다. 딜타이는 인문학의 탐구는 자연과학적 방법과는 다른 방법, 즉 '이해의 방법' 또는 '해석학적 방법'에 의해서 자기 나름의 '과학성'을 달성할 수 있다고 주장하였다. 말하자면, 그는 자연과학과 정신과학을 서로 다른 연구방법론에 기초하는 전혀 다른 유형의 학문이라고 주장한 것이다. 이로써 그는 부정될 위기에 처한 정신과학의 학문성을 구출해 내려 하였다. 심지어 그는 정신과학은 정신적 현상에 대한 '경험적 과학'이라고 주장하였다.

딜타이에 따르면 자연과학은 자연 현상을 객관적이고 보편적인 법칙에 기초하여 '설명(explain)'하고, 이에 반해 정신과학은 인간의 활동과 사회의 변화를 그 개별적이고 고유한 의미 맥락에서 '이해(understand)'하려 한다. 이러한 차이는 연구대상의 차이에서 유래한다. 자연과학은 '객관적이고 물리적인 현상'을 탐구하는 반면, 정신과학은 '무엇인가를 욕구하고 사고하는 주체인 인간을 본질적인 요소로 포함하는 문화적이고 역사적인 현상'을 탐구하는 학문이다. 자유롭고 의지적인 인간 주체의 활동과 그 결과를 사물을 연구하는 경험과학의 방법으로 규명하려는 것은 바늘로 물을 떠서 마시려는 것과 같은 어리석은 짓이다.[1)]

그렇다면 정신과학의 전통을 수용한 정신과학적 교육학의 기본 입장에 대해서 살펴보자. 정신과학적 교육학은 기본적으로 교육을 정신적 · 문화적 · 역사적인 현상이라고 간주한다. 따라서 정신과학적 교육학은 정신과학의 방법론인 해석학을 주된 연구방법론으로 받아들이며, 교육학은 모름지기 —이론적 학문이 아닌— 실천적 학문이라는 전제에서 출발한다. 이로부터 다음과 같은 기본 입장이 나온다.

첫째, 교육이론의 출발점은 '교육현실'이어야 한다. 즉, 교육이론은 구체적 · 실천적인 교육 상황을 기초로 해서 연구해야 한다. 이에 반해 먼저 이론적 원리를 독단적으로 전제해 놓고 출발한 뒤 이것을 일방적으로 교육실천에 적용하려는 시도는 앞뒤가 바뀐 것이다.

---

1) 그러나 오늘날 과학사가인 쿤(T. Kuhn), 파이어아벤트(P. K. Feyerabend)의 발견은 자연과학과 정신과학이 그렇게 분명하게 구분될 수 없다는 사실을 분명하게 보여 주었고, 더불어 통섭이 요구되는 현대 사회에서 그의 이분법적인 학문 분류는 비판의 여지가 있다. 우리는 자연과학과 정신과학의 통합이 요구되는 시대에 살고 있다.

둘째, 교육학의 과제는 교육현실을 어떤 법칙에 기초해서 객관적으로 설명하는 것이 아니라 교육현실이 교사나 학생의 주체적 삶과 어떤 '의미 연관'을 맺고 있는가를 이해하는 데 있다. 이를 위해서 필요한 것은 해석학적 방법이다.

셋째, 교육연구에서 중요한 것은 '역사성'에 주목하는 일이다. 어떤 주어진 교육현실은 언제나 역사적 발전의 결과이다. 그러므로 하나의 교육현실의 문제와 현안들은 거기에 참여하고 있는 개인과 그의 삶의 환경 간에 벌어진 복합적인 역사적 과정을 고려할 때만 제대로 이해될 수 있다.

넷째, 교육학은 자신의 '자율성'을 분명히 확립해야 한다. 교육학은 한 인간의 성장과 완성을 목표로 진행되는 교사와 학생 간의 인격적 상호관계를 연구한다. 이 영역은 오로지 교육학만이 연구할 수 있는 영역이며, 다른 어떤 학문도 이 영역을 건드릴 수 없다. 그리고 이 영역을 연구할 때 교육학은 경제, 정치, 사회에서 오는 외적인 영향에 휘둘림 없이 오로지 교육적 관점에 기초하여 자신의 연구를 수행할 필요가 있다.

3. 경험과학으로서의 교육학

경험과학으로서의 교육학을 고찰하려면 먼저 경험과학이 무엇인지를 살펴보아야 한다. 경험과학은 세계의 사태나 대상들을 실험, 관찰, 설문 등을 통해서 연구하는 학문이다. 경험과학은 먼저 일반적 명제로서의 가설을 설정하고 이것을 오로지 실제 경험과 확인된 사실(fact)에 비추어 검토함으로써 연구대상에 관한 객관적인 지식, 법칙, 원리들을 찾아내려고 한다. 이 과정은 철저히 가치중립(value-free)적이어야 하며 어떤 연구자의 선호나 선입견도 개입되지 않아야 한다. 연구의 출발점이 되는 가설은 경험적으로 검토되어야 하므로 반드시 '조작적'

으로 서술되어야 한다.[2] 이때 연구의 성패는 연구의 가설을 확실히 입증할 수 있을 만큼 충분하고 적절한 경험적 자료를 수집하고 또 그것을 양적으로 정확하게 분석, 평가했느냐에 달려 있다. 이런 점에서 경험과학의 연구방법은 기본적으로 양적인 연구방법이라고 할 수 있다.

독일의 경우를 보면 경험적 교육학은 1960년대에 교육학의 '현실적 전환'을 선언하면서 등장하였다. 교육학의 '현실적 전환'이란 기존의 연구가 가진 비과학성과 비현실성을 극복하기 위해서 경험과학의 방법론을 교육학에 적극적으로 도입하자는 주장이다. 이와 비슷한 시기에 우리나라에서는 정범모 교수가 이제 교육학은 '경험과학'을 중심으로 자신의 학문적 중심을 잡아야 한다고 주장하고 나섰다. 경험적 교육학자들의 기본 주장은 다음과 같다.

첫째, 종종 혼용되고 있는 개념인 '이론'과 '과학'을 분명히 구분할 필요가 있다. '이론'은 가설이나 추측의 차원에서 세계를 설명하려는 시도이다. '과학'은 엄밀한 경험과학적 방법론[대표적으로는 포퍼(K. Popper)의 비판적 합리주의]에 기초하여 철저한 검증을 거친 확증된 이론체계만을 가리킨다. 이런 구분에 따라 교육학의 내용을 살펴보면 다음과 같다. ① 경험적 방법에 기초하는 교육연구, ② 교육에 대한 철학적 접근인 교육철학, ③ 교육 실제의 개선에 도움을 주려는 교육실천연구로 구분된다. 이 중에서 과학의 이름에 합당한 것은 첫째의 경험적 방법에 기초하는 교육연구뿐이다. 그러므로 이 첫째의 연구영역만을 우리는 엄밀한 의미의 교육학, 즉 '교육과학'이라고 칭할 수 있다.

둘째, 교육학은 교육현실에서 작동하는 보편적인 법칙을 파악해야 한다. 경험적 교육학자가 바라보는 교육현실은 정신과학적 교육학에서처럼 인간 정신의 표현이나 의미 연관의 세계가 아니다. 그것은 자연 현상의 세계와 마찬가지로 인과관계가 지배하는 법칙의 세계이다. 경험적 교육학은 교육을 위한 구체적인 지침

---

2) 즉, 가설을 이루는 '변인들'이 경험적으로 확인 또는 측정 가능할 수 있도록 분명하게 정의되어야 한다. 이 책의 '제3장 교육의 개념과 의미' 참조.

을 주는 데는 별로 관심이 없고, 단지 교육현장에 존립하는 일반법칙에 대한 지식을 제공하는 데 만족한다.

셋째, 교육연구는 먼저 직접적인 경험 사실들에서 출발하는 것이 아니라 가설에서 출발해야 한다. 가설에 포함된 개념들은 정확하게 조작적으로 정의되어 있어야 한다. 이 가설은 경험의 검증을 거쳐서 받아들여지거나 폐기된다. 연구의 결과는 교육현장에서 활용될 수 있겠지만 그것은 교육학 자체의 관심사는 아니다. 그것은 교사와 교육실천가들의 소관이다.

결론적으로 경험적 교육학자는 검증된 가설, 즉 법칙을 통해서 개별 사실을 설명하고 미래에 대해 예측하는 것에 만족한다. 그러므로 교육에 대한 규범적 해석, 개별 교육 상황에서의 의미 연관, 개인 차원의 개별적인 교육적 문제 상황 등은 교육과학의 과제에 속하지 않는다. 또는 의도적으로 도외시한다.

4. 비판적 교육학

비판적 교육학은 사회비판이론에 이론적 기초를 두는 교육학이다. 사회비판이론은 마르크스의 정치경제학과 프로이트의 정신분석학에 기초하여 산업 사회의 구조적 모순을 규명하고 그 해결방안을 모색했던 독일의 사회이론이다. 1960년대에 이미 비판이론은 경험적이고 실증주의적인 사회과학에 대해서 다음과 같은 비판을 제기하였다.

첫째, 실증주의는 주어진 사회질서를 분석하고 그 작동의 방식과 법칙을 밝혀내지만, 누가 그것을 결정하고 또 그것이 어떻게 정당화될 수 있는가에 대해서는 묻지 않는다. 그래서 단지 기존 질서의 유지와 보존을 당연시하고 그것의 변화, 개혁의 가능성은 문제삼지 않는다.

둘째, 실증주의는 자신의 연구대상이 주관과 단적으로 분리된 객관적인 실재라고 생각한다. 그래서 연구자가 자신의 탐구 대상에 대해서 갖는 특수한 관심이나 선입견이 연구과정으로부터 완전히 배제될 수 있다고 생각한다. 그러나 그런 생각은 정당화되기 어렵다. 기술적 · 도구적 합리성을 최상의 가치로 놓는 실증주의 사회과학도 그 이면에는 이미 어떤 선입견(즉, 세계가 주체와 분리되어 실재한다는 생각)이 가로놓여 있다. 또 실증주의는 오직 경험적으로 연구할 수 있는 것을 유의미한 탐구 대상으로 간주하는데, 이는 독단적인 태도이다.

이상을 통해서 볼 때, 경험적 사회과학은 이미 존재하는 '현실'의 유지와 작동에만 시선을 고정하며, '변화 가능성'에 대해서는 무감각하다. 따라서 미래에 대한 비전을 제시하는 일에는 매우 취약하다. 또 인간의 개성, 고유성을 등한시하고 인간의 행동을 대중 조작의 기술이나 기법을 통해서 통제하려는 경향이 있다.

비판적 교육학은 억압적인 사회질서로부터 인간을 해방시키는 일을 가장 중요한 목표로 삼는다. 해방이라는 목표 아래 계몽, 이성, 자유의 가치를 추구하며 거기에 맞는 교육의 이론과 실천을 모색한다. 그러므로 비판적 교육학은 다음과 같은 입장을 갖는다.

첫째, 교육의 역사–사회적인 맥락에 주목한다. 교육은 자율적인 영역이 아니라 철저히 사회적 · 정치적 맥락에 제약되어 있다고 보기 때문이다. 이런 점에서 교육학은 정치 및 정치학과 전혀 분리될 수 없다는 입장을 보인다.

둘째, 교육은 학생들에게 비판능력, 자기결정능력, 이성능력, 사회구조에 관한 관심과 헌신을 길러 줌으로써 인간 해방과 사회 진보에 이바지해야 한다. 이러한 과제를 프레이리는 한마디로 '의식화'라고 불렀다(Freire, 2018).

셋째, 현실의 교육실천에서 사회경제적 조건으로 인해 왜곡된 부분이 무엇인가를 폭로한다. 현실 사회에서 작동하는 지배와 예속의 메커니즘이 어떻게 학교 현장에서 교묘하게 관철되고 있는가를 폭로한다. 그러므로 잠재적 교육과정, 교사–학생 관계, 억압적 학교문화 등을 연구한다. 이 연구는 결과적으로 비판적 교사의 교육활동을 지원하는 실천적 의미를 지닌다.

넷째, 교육현장, 예를 들어 학교를 학생들이 자립적 판단에 따라 결정하고 행동하는 용기를 갖춘 비판적 민주시민으로 성장할 수 있도록 교육하는 곳으로 개혁하려 한다. 그러므로 비판적 교육학자와 교사는 학교를 끝까지 포기해서는 안 되며, 학교를 변화시켜 비판적 교육의 현장으로 만들기 위해 치열하게 싸워야 한다.

5. 우리나라의 교육학 논쟁

우리나라의 교육학 연구 지형은 다음과 같은 언급에서 잘 드러난다. 해방 이후부터 "미국의 교육이론이 한국 교육학의 학문적 성격에 결정적 영향을 주게 되었다. 즉, 경험적이고 실증적인 학문이해와 방법론이 한국의 교육이론과 교육학 인력을 거의 독점적으로 지배하게 된 것이다. 그에 따라 교육학자는 엄밀한 이론 형성에 관여할 뿐이며, 이론의 기술적 적용인 실천은 교사들이 해결해야 할 문제라는 인식이 만연하게 되었다"(정영근 외, 2002: 342).

정영근 교수가 비판한 경험적 교육학의 입장을 우리나라에서 처음으로 천명한 사람은 정범모 교수이다. 그는 다음과 같이 말하였다. "교육학이 있을 수 있다면 그리고 그것이 교육이라는, 즉 교사, 내용, 학생의 상호작용을 중심으로 하는 인간행동의 계획적인 변화라는 현실적인 사실 세계를 기술하고 설명하고 예언하는(따라서 어떤 바람직한 방향으로 통어하는) 것을 목적으로 하는 개념, 법칙, 이론의 어떤 체계적인 집합이라면, 교육학은 다른 사회과학과 같이 우선 경험과학으로 그 중심을 잡아야 한다. 이런 과학으로서 그 중심을 구성하려면 교육학도 경험과학의 개념구성, 법칙발견, 이론 형성의 경험적 그리고 논리적 원칙에서 벗어날 수 없다. 그것이 교육학의 내적 규율이 되어야 한다. 이런 의미에서의 교육학은 아주 어리다."(정범모, 1976: 265)

이렇게 해서 우리나라에서 경험적 교육학이 처음 태동하기 시작할 무렵 독일에서 유학했던 교육학자 이규호는 정범모의 주장에 대해 정면으로 비판을 제기하였다. 이규호는 "교육적으로 의미 있는 현상에 대한 정당한 관찰은 먼저 그 현상의 끝없는 복잡성에 대한 이해와 더불어 시작해야" 하며, 이렇게 복합적인 교육현상을 이해하려는 "교육학적 사고 자체도 매우 복잡하고 다양해야" 한다고 주장하였다. 따라서 "모든 가능한 방법론을 자세히 살펴서 될 수 있는 대로 다양한 관찰방법"을 동원해서 연구해야 한다고 주장하였다. 그는 결론적으로 교육은 학문적 성격과 규범적 성격을 포괄하는 '해석학적' 성격을 띤 학문이어야 한다고 주장하였다(이규호, 1968).

이 둘 간의 논쟁은 특별한 결말 없이 끝난 듯 보이지만, 교육학의 대세는 정영근의 인용문에 나와 있듯이 경험적 교육학의 손을 들어 주었다. 그러나 최근 경험적 교육학의 한계에 대한 문제 제기가 국내외적으로 거세게 대두하고 있으며, 마침내 경험적 교육학과 정신과학적 교육학의 통섭을 위한 시도가 등장하고 있다.

앞에서 살펴본 교육학의 세 가지 근본 경향 간의 갈등은 어쩌면 교육학이 그들을 모두 포괄하는 종합적 학문이 됨으로써만 해결될 수 있을 것이다. 그러기 위해서 교육학은 다음과 같은 과제를 동시에 받아들이고 해결하지 않으면 안 된다.

첫째, 현실에서 실행되는 교육의 형태들과 그들의 자연적 · 사회적 · 역사적 전제 및 조건 그리고 작동방식에 관한 경험적 연구, 둘째, 학생 개개인의 삶의 특성에 주목하는 미시적 고찰방식과 더불어 그와 연관된 사회적이고 체계적인 의미연관에 관한 해석학적 연구, 셋째, 현실 교육의 이론과 실천에서 통용되고 있는 억압적인 전통 및 권위의 요구 및 이데올로기의 역할에 관한 비판적 연구가 그것이다.

교육학이 인간의 올바른 형성에 관한 이론과 실천에 관한 학문이고자 한다면, 교육학은 필연적으로 어디에서 시작하든 언젠가는 이 세 가지 과제 모두와 대결할 수밖에 없을 것이다. 예를 들어, 교육학에서 경험적 연구가 아무리 중요하다고 해도 교육학에서 '순수한' 경험적 연구는 있을 수 없다. 교육은 언제나 불가피하게 특정한 목적이나 의도를 가지고 시도되므로 사회적 맥락과 분리될 수 없을 뿐 아니라 동시에 교육적 관계 속에서 항상 나타나는 의미의 문제와 불가분하게 연결되어 있다.

연습문제

1. 경험적 연구와 해석학적 연구의 특징을 확인하고 양자의 장단점과 의의에 대해서 토의해 보자.
2. 정치적인 지배-예속의 관계가 직접 또는 간접적으로 학교교육의 현장에 영향을 미치고 있는 사례를 한국의 교육현실에서 찾아서 토론해 보자.
3. 딜타이가 구분했던 자연과학과 정신과학의 구분법은 오늘날 '통섭'의 이름으로 비판을 받고 있다. 학문 세계에서 '통섭'의 의미에 대해 좀 더 깊이 연구해 보자.

제 8 장 교육사와 교육철학

1. 교육사란 무엇인가
2. 교육철학이란 무엇인가
3. 철학적 사고가 결여된 교육 및 교육학의 문제
4. 교육의 활동이 결여된 철학함의 문제

제8장 교육사와 교육철학

교육철학과 교육사는 교육학의 중요한 분과 중 하나로서, 교육의 목적과 의미 그리고 가치에 대해서 성찰하는 학문이다. 그런데 우리는 교육철학 및 교육사를 포함한 교육심리, 교육공학, 교육사회, 교육경영 등 교육학의 다양한 분과 영역 중 유독 교육철학 및 교육사에 대해 비우호적이거나 친밀한 접근을 하지 못하는 경향이 있다. 그 이유는 무엇일까? 그것은 아마도 교육철학과 교육사의 합성어인 '철학'과 '역사'에 대한 편견, 또는 선입견 때문이 아닐까? 이를 테면 철학은 무조건 어렵고 따분하다거나, 교육사는 먼 과거에 대한 이야기라서 단지 호기심의 대상은 될 수 있을지언정 현재의 교육에 대해서는 별로 기여할 수 없다는 생각이 있기 때문이 아닐까? 이에 이 장에서는 교육철학이나 교육사에 대한 전반적인 내용을 구체적으로 다루기보다는 교육철학과 교육사란 무엇이며, 교사나 예비교사 그리고 교육에 관심이 있는 사람들에게 왜 교육에 대한 철학적 · 역사적 관점이 요구되는지, 그 이유는 어디에 있는지를 교육과 역사, 교육과 철학의 불가분한 관계를 중심으로 살펴본다.

1. 교육사란 무엇인가

교육사는 말 그대로 교육의 역사를 말한다. 이때 교육은 단지 역사적 실천으로 나타난 교육뿐 아니라 그것을 둘러싸고 제기되었던 모든 이론과 사상을 포함한다. 그러므로 교육사는 역사상 등장했던 교육의 제도, 정책, 철학, 인물, 시대적 문제와 해결방안 등을 역사학적으로 다루는 학문이다. 그렇다면 역사학은 무엇인가에 대해서도 살펴볼 필요가 있다. 역사학에 대한 모범적인 정의는 콜링우드(R. G. Collingwood)라는 근대의 역사학자가 제시하였다. 그에 따르면 역사학은 현재를 살아가는 인간이 "과거에 행해진 인간의 행동들을 증거의 해석이라는 방법을 구사하여 연구함으로써 보다 나은 자기인식에 도달하려 하는 과학"이다. 즉, 이런 의미에서 역사학은 현재 우리가 살아가는 상황에 대해 보다 깊은 이해와 반성을 도와주는 '지혜의 학교'라고 할 수 있다.

흔히 우리가 '역사' 하면 떠올리는 것이 시제로서의 '과거'일 것이다. 그런데 과거, 현재, 미래 중 '과거'의 가치는 다른 두 시제에 비해 큰 의미를 두지 않으려는 경향이 강하다. 왜냐하면 과거는 이미 지나간 일, 돌이킬 수 없는 일, 그렇기 때문에 과거에 얽매인다는 것은 시간낭비일 뿐, 현재와 앞으로 다가올 미래를 준비하는 것이 중요하다고 생각하기 때문이다. 그러나 이는 역사에 대한 오해일 수 있다. 정말 과거보다 현재와 미래가 중요하다면, "현재의 상황과 미래를 준비할 수 있는 자료나 재료는 과거로부터 나온다."라는 말은 있을 수 없을 것이다. 더 나아가 '인간은 역사적 존재'라는 말의 의미는 무엇인가? 인간은 역사, 즉 과거를 떠나서 존재할 수 없다는 의미이다. 예를 들어 보자. 현재 상태의 '나'는 어느 날 갑자기 하늘에서 떨어지거나 땅에서 솟아난 존재로서의 '나'가 아니다. 현재의 '나'는 과거의 다양한 환경과의 상호작용 속에서 정신적인 힘을 바탕으로 형성되어 온 '나'인 것이다. 따라서 현재의 나의 모습에 대하여 숙고 또는 성찰해 본다는 것, 더 나아가 '나'의 미래를 준비한다는 것은 '나'의 과거로부터 출발할 수밖에 없는 것이다. 따라서 역사라는 것은 '과거'이고, '과거'는 지나간 일이라고 쉽게 무시해 버린다면 현재의 '나'를 스스로 부정하는 오류를 범하게 될 수 있다. 인류의 문명이 결코 퇴보하지 않고, 꾸준히 발달하고 있다는 지극히 상식적인 현상 또한 이것과 무관하지 않다.

교육사를 간단히 정의한다면 "과거에 이루어지고 행해진 교육 행위 및 현상들을 역사적 관점에서 연구하는 학문"이라고 할 수 있다(이병승, 우영효, 배제현, 2013: 41). 교육사 연구에서 핵심적 역할을 하는 것은 교육사가의 역사관 또는 관점이다. 왜냐하면 어떤 관점을 취하느냐에 따라서 서술하는 내용과 그 의미가 얼마든지 달라질 수 있기 때문이다. 그러므로 "교육사란 과거의 교육 행위 및 현상들을 교육사가가 자신의 주관적 관점에 따라서 정리, 분석, 평가하고 특별한 의미를 부여한 학문 분야(체계)"라고 할 수 있다(이병승, 우영효, 배제현, 2013: 41-42).

교육사의 연구대상은 크게 나누면 한편으로 각 시대의 교육 제도와 실천을 다루는 부분과 교육에 대한 철학, 이론, 사상을 다루는 부분으로 이루어져 있다. 전자는 교육제도사라고 할 수 있고 후자는 교육사상사라고 할 수 있다. 이 밖에도 학교를 중심으로 다루는 학교사, 교육의 문제나 이슈를 중심으로 다루는 교육문제사, 사회경제적 측면에서 교육의 역사를 다룬 교육사회경제사 등의 다양한 연구영역으로 구분될 수 있다. 그렇다면 이러한 다양한 영역과 주제에 대해 교육사적 연구를 하는 목적이나 의의는 어디에 있을까?

교육사 연구를 통해서 얻을 수 있는 교육학적 의의는 크게 두 가지로 정리할 수 있다.

첫째, 우리는 교육사 연구를 통해서 "교육적 예지를 얻을 수 있고, 교육현실에 대한 본질적 이해가 가능해지며, 현대 문화에 대한 비판과 미래 사회의 발전에 대한 지남(指南)을 얻을 수 있다"(한기언, 1990). 정신과학적 교육학자들이 강조하고 있듯이 하나의 교육현상을 총체적으로 이해하기 위해서 그것을 둘러싼 역사적인 배경, 조건 그리고 맥락을 필수적으로 검토할 필요가 있다. 왜냐하면 현재의 교육문제는 하늘에서 떨어진 것이 아니라 과거와 현재의 긴장 속에서 생겨나는 것이기 때문이다. 그래서 교육사 연구는 교육의 본질에 대한 깊은 이해를 도와주며 당면한 교육문제를 해결하기 위한 실천적 지혜와 더불어 미래 사회의 발전 및 교육의 방향성에 대한 지침을 제공해 준다.

둘째, 우리는 교육의 역사를 연구함으로써 교육에 관한 일종의 '역사의식'을 형성할 수 있다. 여기서 역사의식이란 '어떤 사회 현상을 역사적 관점, 즉 시간의 흐름에 따라 파악하고, 그 변화의 과정에 주체적으로 관여하려는 의식으로서 역사적 사실들을 비판적으로 인식하고 성찰하는 역사적 안목을 전제로' 하는 것이다. 교육사 연구는 단지 과거의 교육 제도, 정책, 사상, 문제들에 대한 지적 호기심의 만족에 그치는 것이 아니라 교육의 역사에 대한 고찰을 통해서 현실의 교육을 비판하고 개혁할 수 있는 역사적 안목을 형성하는 데 기여해야 한다. 즉, 교육사 연구는 성공적일 경우 교육현상에 대한 역사의식을 불러일으킴으로써 우리가 참여적이고 비판적인 관점에서 교육을 바라보는 데 기여한다.

2. 교육철학이란 무엇인가

일반적으로 말해서 교육철학은 교육의 본질, 목적, 방법 그리고 교육과 관련된 이론적 · 실천적 문제 등에 관하여 철학적으로 연구하는 일체의 학문적 활동과 그 결과를 말한다. 그러나 좀 더 세부적으로 들어가면 교육철학에 대해서 다양한 견해가 존재한다.

첫째, 교육철학을 일종의 교육관으로 보는 견해이다. 이것은 철학을 모든 사람이 가지고 있는 인생관과 등치시키는 입장과 비슷하다. 예를 들어, 교육철학 및 교육사 수업을 하는 교수가 학생들에게 너의 교육철학을 서술해서 제출하라고 했을 때 이 교육철학은 각자가 그때까지의 삶과 경험에 기초해서 형성한 교육관을 의미한다.

둘째, 교육철학을 전문철학을 교육의 영역에 적용한 학문으로 보는 견해이다. 예를 들어, 이상주의 교육철학은 이상주의라는 플라톤의 철학이 교육이라는 문제에 적용된 것이고, 자연주의 교육철학은 루소의 자연주의 철학이 교육문제에 적용된 것이다. 더 나아가 존재론, 형이상학, 인식론, 가치론 같은 전문철학의 분과를 교육현상에 적용함으로써 성립되는 교육철학도 있다. 그러나 이는 교육철학을 단지 철학의 응용 분야로 보는 일면적인 태도이다. 뒤에서 살펴보겠지만, 교육이라는 문제에 대한 탐구는 철학 자체의 발전에도 큰 영향을 준다.

셋째, 듀이처럼 교육철학을 교육의 일반이론으로 보는 견해가 있다. 이때 듀이는 교육철학을 철학과 거의 겹치는 개념으로 이해한다. 그는 철학의 진정한 주제는 교육의 문제를 해결하기 위한 보편적인 원리를 탐구하는 데 있다고 본다. 또한 역으로 철학의 연구결과는 그 자체로 정당화될 수 없고, 교육이라는 '실험실'에서 검증되어야 한다고 보았다.

이처럼 교육철학은 학문으로서의 교육학의 일부이면서 동시에 교육학의 이론체계 전체에 대한 메타적인 연구이며, 교육학의 다른 분과에 의해서는 해명될 수 없는 교육의 목적, 가치, 의미에 대해서 합당한 설명을 제시하는 학문이다. 따라서 교육철학은 여러 가지 얼굴을 갖고 있다. 철학이 이론적 관심과 실천적 관심의 두 측면을 포섭하고 있듯이, 교육철학 역시 교육에 대한 이론적 관심과 실천적 관심을 포섭하고 있다.

교육철학은 교육 전체의 근본적인 원리와 가치 및 목적에 대한 연구에 스스로를 가둬서는 안 되고, 교육실천의 올바른 방향 설정이나 교육의 실천적 문제해결을 위해서 교육학의 다른 분과들과 협력해야 한다. 교육철학자가 동료 교육학자들의 도움 없이도 스스로 현실의 교육문제를 해결할 수 있다고 생각하는 것은 월권이다. 교육철학자는 주어진 상황에서 교육의 올바른 방향과 합당한 기준에 대해 반성하고 문제해결의 방향을 제시함으로써 간접적으로 실천적 교육문제의 해결에 기여할 수 있다.

마지막으로, 교육철학이 하나의 독립적인 학문으로서 자리를 잡아 온 지난 100여 년의 역사를 간단히 돌이켜 보면(유재봉, 2004), 먼저 1960년대 이전의 영미 교육철학은 대체로 두 가지 경향을 보인다. 하나는 위대한 철학자나 사상가들의 교육사상을 역사적으로 탐구하는 것이고, 다른 하나는 철학의 주요 이론을 교육에 적용시키거나 그것을 통해서 교육에 대한 시사점을 찾아내는 것이다.

첫 번째 경향에서 교육철학은 대체로 교육사상사와 같은 것으로 된다. 여기서 교육철학자의 관심대상은 코메니우스, 루소, 페스탈로치, 프뢰벨 같은 교육사상가뿐만 아니라 플라톤, 로크, 칸트, 듀이 같은 전문 철학자에게로 확장된다. 우리나라의 교육철학 저널에 실리는 논문들 중 많은 수가 이런 경향에 속한다. 두 번째는 철학에서 연구된 이론이나 지식을 다양한 교육현상에 적용하려는 경향이다. 앞의 경우가 교육사상에 대한 연구라면 이것은 교육의 문제를 특정한 철학의 사고와 방법에 기초하여 해명하려는 연구이다. 그러므로 이 경향에서는 역사적 접근보다는 원리적 접근이 두드러진다.[1)]

그러나 1960년대를 지나면서 영미 교육철학은 분석철학의 강력한 영향 아래 놓이게 되었다. 영미의 분석적 교육철학자들은 주로 교육의 주요 개념을 명확하게 규정하고 분석하는 일, 다양한 교육논의 속에 들어 있는 논리적 가정을 밝히고 정당화하는 일, 교육적 지식의 근거를 밝히고 정당화하는 일을 하였다(유재봉, 2004: 96). 이들은 교육, 교수, 학습, 훈련, 자유, 평등, 권위, 벌 등의 교육적 개념들을 분석하고 명료화하는 데 몰두했고, 이들 사이의 논리적 연관성을 탐구하였다. 또한 주요한 교육이론들 속에 내재되어 있는 논리적 · 개념적 혼란을 지적하고 비판하였다. 이런 작업을 통해서 교육철학은 1960년 이전의 전통적 교육철학을 엄밀한 학문적 토대 위에 올려놓는 데에 지대한 공헌을 하였다.

분석적 교육철학은 철저하고 집요한 개념분석 및 논증분석을 통하여 교육학의 엄밀한 학문성을 촉진하는 데 기여했지만, 가치의 문제나 교육의 새로운 방향, 교육의 실천적 문제 등에 적극적으로 개입하는 데에서는 심각한 한계를 드러냈다.

---

1) 이러한 연구는 다시 크게 두 가지의 방향으로 전개되었다. 하나는 형이상학, 인식론, 윤리학, 미학, 논리학 등 철학의 전통적인 분과를 활용하여 교육문제를 논의하고 해결하려 하는 것이다. 다른 하나는 다양한 철학적 사고 경향, 예를 들면 관념론, 실재론, 자연주의, 실존주의, 합리주의, 경험주의, 프래그머티즘 등에 기초하여 교육에 대해 논의하는 것이다.

이런 맥락에서 얼마 전부터 분석적 교육철학의 한계에 대한 비판과 반성이 등장하고 있음을 볼 수 있다. 즉, 1980년대 이후에 영미의 몇몇 교육철학자는 교육철학의 학문적 위기론을 제기하였다. 그것은 교육철학이 단지 이론적 탐구의 영역에 갇혀 하나의 학문으로서의 사회적 역할을 방기하고 있다는 문제 제기였다. 이들은 이러한 위기의 원인은 분석적 교육철학이 과학적 엄밀성에 대한 추구와 교육에 대한 이론적 연구에 편중되었기 때문이라고 보고, 이제 교육철학이 실천적인 면에서 교육에 대해 적극적으로 개입하고 발언해야 함을 주장한다.

심지어는 과거 분석철학적 전통에 충실했던 교육철학자들도 교육 실제나 정책 등에 대한 분석의 필요성을 인정하고 있으며, 이전에 비해서 볼 때 상대적으로 강한 실천적 지향을 보이고 있다. 1980년대 이후에 이런 경향을 보여 주는 대표적인 연구자가 허스트(P. H. Hirst)인데, 그는 원래 엄격한 분석적 전통에서 출발하였으나 1980년대 이후 '사회적 실제와 실천에 기초한 교육'이라는 새로운 슬로건을 내세웠다. 허스트에게 있어서 교육은 바로 사회적으로 발달된 다양한 형태의 합리적인 사회적 실제에 학생을 입문시킴으로써 학생들이 실천적 이성에 입각하여 좋은 삶을 영위하도록 만드는 일이다. 그럼에도 허스트는 여전히 교육철학의 학문성과 이론성을 강조하는 이론 지향적 교육철학의 전통에 서 있다.

한편, 카(W. Carr), 던(J. Dunne), 스텐하우스(L. Stenhouse), 엘리엇(J. Elliott)을 중심으로 기존의 이론 지향적 교육철학 전통에 정면으로 반기를 들면서 교육철학의 '실천적 전회'를 강조하는 움직임이 강하게 대두되어 교육철학의 정체성에 대한 논쟁이 활발하게 전개되고 있다(김현주, 2008).

그러나 교육철학이 이론적 학문이어야 하는가 아니면 실천적 문제를 연구하는 학문이어야 하는가는 사이비 물음이라고 할 수 있다. 교육철학은 합리성에 기초한 이론적 탐구를 통해서만 현실의 교육문제에 대한 실천적 개입을 할 수 있으며, 반대로 현실의 교육문제에 대한 실천적 관심이 없이 진행되는 철학적 사유는 공허한 이론적 상아탑에 유폐되고 말 것이다. 우리는 교육철학을 교육의 의미,

목적, 가치 및 교육학의 학문성에 대한 근본적이고 원리적인 탐구라고 간주하며, 동시에 이러한 탐구는 직간접적으로 실천적 교육의 문제해결과 긴밀히 연관되어 있어야 할 것이다.

3. 철학적 사고가 결여된 교육 및 교육학의 문제

철학 없는 교육이란 교육이 실천과정에서 철학적 반성이 결여된 채 맹목적으로 주어진 가치기준이나 선입견 그리고 현실적 필요성에 안주하고 있는 상황을 말한다. 그렇다면 왜 철학 없는 교육은 맹목적인가? '맹목'이란 눈이 멀어 전후좌우를 살피지 못한다는 뜻이므로 맹목적인 교육이란 자기가 지금 어디에 서 있으며 어디에서 와서 어디로 가는지를 전혀 모르는 채 우왕좌왕하는 교육을 말한다. 철학 없는 교육은 나침반 없는 배와 같이 풍랑에 흔들리며 조류에 휩쓸려 떠다닌다. 교육은 철학을 통해서만이 비로소 주어진 상황 속에서 자신의 현재적 의미와 진행 방향에 대해 반성할 수 있다.

물론 체계화된 철학이나 교육철학이 있기 훨씬 이전에 교육이라는 활동이 존재했던 것을 상기한다면 앞의 주장은 좀 과장된 것으로 들릴지도 모른다. 인간은 다른 동물과 달리 문화의 전승을 삶의 필연적 조건으로 지니기 때문에 인간에게 있어서 교육은 삶의 필연적 조건으로서 요구되는 것이다. 인간의 생존은 육체적인 힘과 본능적 능력에 달려 있는 것이 아니라 선조들이 축적한 여러 문화유산을 습득하는 데에 달려 있다. 그리고 문화유산의 전승은 유전자를 통해서가 아니라 오직 후천적인 교육을 통해서만 가능하다. 그러므로 인간이 불 그리고 최초의 도구를 사용하기 시작한 이래로 넓은 의미에서 교육은 교육의 행위에 대한 반성이 시작되기 이전부터 이미 생존의 필요에 근거하여 실행되어 왔다.

그래서 언뜻 교육의 목적, 의미, 가치를 규명하거나 정당화하기 위해 복잡한 개념이나 원리들을 철학적으로 탐구하는 일은 불필요하거나 단지 부차적인 것처럼 보일 수 있다. 더구나 오늘날처럼 경험적이고 공학(engineering)적인 접근법을 선호하는 현대의 교육학적 경향과 교육정책들은 이러한 잘못된 생각을 강화시키고 있다. 그래서 "모든 것이 밖으로부터 주어지고, 사소한 데까지 이미 짜여 있는 틀과 계획 아래에서 마치 연자방아를 돌고 있는 말과 같이, 판에 박힌 일을 기계적으로 되풀이하고 있는 교사에게 무슨 철학이 필요할 것인가?"(오천석, 1987: 23)라는 의문이 생겨나기도 한다.

그러나 모든 시대의 교육은 전체 사회의 존속과 개선을 위해서 해결해야 할 특유한 과제들과 대결해야 한다. 그리고 수많은 문화유산 중에서 무엇을 가르칠 것인가 또한 현재와 미래의 삶의 방식과 문화를 어떻게 바꾸어 나갈 것인가의 문제와 부딪히게 된다. 이러한 새로운 방향의 모색은 교육이 처해 있는 사회문화적 상황, 즉 삶의 조건이 끊임없이 변화하고 있다는 명백한 사태로부터 불가피하게 된다. 그렇기 때문에 교육은 언제나 자신의 목적과 기능, 내용과 형식을 끊임없이 새롭게 규정해 나가야 한다. 교육은 한 사회가 그 내면과 외면의 긴장으로 인해서 고통받고 있을 때, 가장 먼저 자신을 부수고 새로 구성함으로써 전체의 긴장을 해소하는 역할을 수행할 수 있다. 그런데 이러한 역할 수행은 철학의 관여 없이는 불가능하거나 방향 상실의 늪에 빠지게 된다.

특히 오늘날처럼 유례없이 급격한 문화변동의 시기에는 교육에 대한 원리적이고 심층적인 반성이 절박하게 요구된다. 이때 교육철학은 자신의 분석적 · 사변적 · 비판적 · 평가적 기능을 통해서 교육의 새로운 방향 모색을 위한 세계관이나 원리 그리고 방법을 제공할 수 있다. 이런 점에서 교육은 철학적 사유활동을 자신의 필수적인 요소로서 지녀야 하며, 만약 교육이 철학적 반성 운동 없이 진행된다면 그것은 맹목적이다.[2)]

2) 이것은 동시에 (교육)철학이 상아탑에 안주하면서 구체적 교육현장의 문제들을 외면하는 것이 아니라, 교육실천에 대한 철학적 반성을 통하여 분과학문이나 과학이 줄 수 없는 문제에 대한 해석과 문제해결의 지평을 제시해야 함을

이런 맥락에서 오천석은 철학이 특히 교육자에 대해서 가지는 의의를 다음과 같이 네 가지로 요약한다(1987: 31-32).

첫째, 교육자는 —교직이 단지 생계 수단 이상의 것이라면— 자신의 과업이 지니는 의미에 대한 철학적 성찰을 행하지 않을 수 없다. 둘째, 교육철학은 인간 생활과 사회 전체에 있어서의 교육의 위치와 위상을 파악하는 데 도움을 준다. 셋째, 교육철학은 현행하는 잡다한 교육이론을 비판적으로 검토함으로써, 교사가 복잡다기한 교육적 경향들 속에서 길을 잃고 헤매지 않고 나름대로의 교육 방향과 원리를 수립하는 데 기여한다. 넷째, 교육철학은 교사의 지성과 비판정신을 자극하여 교육의 새로운 경지를 개척하는 데 중요한 구실을 할 것이다.

4. 교육의 활동이 결여된 철학함의 문제

1) 철학에 대한 이해

먼저, 교육실천이 결여된 철학적 사유에 대해서 생각해 보자. '교육실천과 무관한 철학'이란 철학이 넓은 의미의 교육 또는 개인의 교화 및 사회의 개선과의 연관성을 상실하고 고립되는 경우를 말한다. 저자가 보기에 이런 철학은 공허한 활동이 되기 쉽다. 그것은 왜 공허하게 되는가? 가르치고 배우는 과정 또는 인간을 도야하고 변화시키는 활동, 즉 교육과 괴리된 철학은 어떤 의미에서 공허한가? 이 물음에 답하기 위해서는 먼저 '철학이란 무엇인가?'라는 문제에 대해 살펴볼 필요가 있다.

『한국어대사전』에서는 철학을 "인생, 세계의 궁극의 근본원리를 추구하는 학문"이라고 정의하고 있다. 이것은 아마도 대부분의 사람이 공유하고 있는 상식적

의미한다.

인 정의일 것이다. 그러나 이것은 철학 전체에 대한 엄밀한 정의라기보다는 단지 철학의 중요한 그러나 부분적인 특성에 대한 설명에 불과하다. 즉, 철학의 과업이 경험적이고 감각적인 현실을 넘어서 근본적이고 원리적이며 절대적인 진리를 추구하는 데 있다는 생각은 플라톤 철학에서 유래하는 일면적 이해이다.

이것은 철학의 어원만 살펴보아도 금방 드러난다. 어원적으로 보면 철학은 '지혜에 대한 사랑(philo-sophia)'을 의미한다. 지혜는 진리와는 좀 다른 의미를 갖는다. 지혜에 대한 사랑으로서의 철학은 추상적인 진리 탐구보다는 본래부터 개인과 집단의 삶의 목적, 가치 및 의미의 문제들에 대한 앎을 추구하는 것이다. 절대적 진리에서는 사실의 근본구조 자체에 대한 관심이 강하지만, 지혜에서는 개인과 공동체의 삶을 실제로 개선하려는 실천적 관심이 더 강하다.

그러나 사실 이 두 가지는 서로 배치되는 것이 아니다. 플라톤의 철학이 궁극적이고 초월적 진리, 즉 이데아의 세계를 상정하고 거기에 도달하고자 전력을 다한 것은 사실은 좋고 아름다운 실천적 삶에 대한 욕구의 표현이었다. 플라톤의 관념론 철학은 오랫동안 철석같이 믿고 신뢰하던 관행과 같은 삶의 방식과 가치가 시야에서 갑자기 사라졌을 때 아테네 사람들이 겪었던 혼란과 당혹감에 대한 한 가지 대응방식이었다.[3)]

이것은 동양의 경우도 마찬가지였다. 공자(孔子)의 유가철학은 주(周)나라의 이상적 삶을 통해 당대의 혼란상을 극복하려는 철학적 시도였다. 이런 점에서 볼 때, 진지한 철학은 그 구체적인 방식은 달라도 언제나 좋은 삶에 대한 실천적 관심에서 출발했던 것이다.[4)] 예를 들어, 플라톤은 영원하고 객관적인 진리를 먼저 알아야 비로소 좋은 삶을 영위할 수 있다고 생각했던 사람이다. 반면, 소피스트들은 객관적인 진리의 추구가 아니라 구체적인 사안에 대한 사람들의 민주적인

---

3) 물론 소피스트는 전혀 다른 방식으로 그에 대응하였다. 플라톤이 이론철학을 지향했다면 소피스트는 실천철학을 지향했다고 할 수 있다.

4) 바이셰델(W. Weischedel)은 서양 최초의 철학인 그리스 철학은 탄생과 죽음, 생성과 소멸이라는 비극적인 운명 속에서 의미 있는 삶을 살아가고자 했던 사람들의 정열적인 시도에서 나온 것이라고 주장하고 있다(1990: 25).

대화와 소통에서 해답을 찾을 수 있다고 보았다. 이렇게 모든 철학은 근본적으로 삶의 문제에 뿌리를 내리고 있다.

그러나 이러한 철학의 현실적 · 실천적 뿌리가 항상 분명하게 의식되기는 어려웠다. 플라톤이 '동굴의 비유'에서 생생하게 표현했듯이 많은 철학자는 종종 절대적 진리와 가치의 세계에 집착하며 거기에 머물러 있기를 좋아한다. 철학자는 밝고 투명한 관념과 논리의 세계로부터 어둡고 칙칙한 현실세계로 하강하는 일을 결코 즐거워하지 않는다. 그래서 철학자들은 종종 자신이 태어난 고향과 깨달은 자로서의 '귀향의 의무'를 잊고, 자신이 원래부터 순수한 관념의 세계의 주민이라고 착각한다. 이러한 착각은 특히 데카르트 이래의 근대 철학에서 강력한 형태로 등장하였다. 그러므로 철학을 철저히 객관적이며 초월적인 원리에 대한 이론적 추구로 한정시켜 편향적으로 이해한 것은 서구 근대의 역사적 산물이다.

2) 근대 철학의 편향적 발전: 데카르트적 불안[5)]

근대의 이론 지향적 철학의 탄생과정을 되짚어 보려면 먼저 데카르트에서 시작할 필요가 있다. 데카르트는 그의 대표작인 『성찰(Meditation on First Philosophy)』에서 어떠한 회의나 의심도 허용하지 않는 절대적 진리를 찾기 위하여 극단적인 방법론적 회의를 행하였다. 즉, 절대적 진리를 얻기 위해서 조금이라도 의심할 수 있는 모든 지식을 제거하였다. 그리고 그렇게 해서 마침내 "나는 생각한다, 고로 나는 존재한다(Cogito ergo sum)."라는 명석하고 판명한 진리에 도달하였다. 그리고 이 진리로부터 연역적으로 도출되는 —따라서 역시 명석하고 판명한— 지식들로만 이루어진 보편적 학문체계를 구축하려 하였다. 이 보편적 학문체계는 개인의 취향이나 주관적 관심 그리고 역사적이며 지역적인 특수성 등이 모두 탈색된 순수하고 객관적인 진리의 체계였다. 이후 이러한 데카르트의 강력한 이론

5) Toulmin (2008) 참조.

철학적 지향은 근대 철학의 근본 관심으로 자리 잡았다. 이때부터 철학은 시간적 · 공간적 맥락을 떠나서 타당한 순수이론적인 '확실성의 탐구'로 자리매김되었다.

그런데 논리학자이며 철학사가인 스테판 툴민(S. E. Toulmin)이 그의 저작 『코스모폴리스(Cosmopolis)』에서 분석하고 있는 바에 따르면 데카르트의 이러한 엄밀하고 확실한 지식에 대한 추구는 당시의 사회적 문제에 대응하려는 여러 가능한 철학적 시도 중 하나였을 뿐이다. 그러나 이렇게 우연히 등장해서 사람들의 마음을 사로잡은 데카르트식의 철학함은 이후의 근대 철학의 기본 틀로 간주되었다. 그러므로 근대 철학의 철저하고 순수한 이론 지향은 철학의 보편적 본성이라기보다는 다름 아닌 당대의 실천적 문제에 대한 데카르트식의 철학함, 즉 철학함의 한 방식에 불과했던 것이다. 앞에서 본 『한국어대사전』의 철학에 대한 정의는 바로 이러한 데카르트식 철학에 대한 정의라고 할 수 있다. 이에 대해 좀 더 자세히 살펴보자.

데카르트가 생애의 대부분을 보냈던 시기는 아직도 현대 유럽인들의 집단적 기억 속에 상처로 남아 있는 30년 전쟁(1618~1848)의 시기였다. 그것은 신교와 구교 간의 종교적 갈등을 축으로 하여 끈질기게 계속되었던 전쟁의 시기였다. 이러한 혼란과 파괴의 시대를 마감하고 다시 평화로운 사회를 회복시킬 가능성은 어디에도 보이지 않았다. 데카르트는 철학자로서 이러한 절망의 시기에 돌파구를 마련하기 위해서 치열하게 사유하였다.

그의 사유는 아마도 다음과 같은 물음에 기초했을 것이다. '종교적 도그마의 차이에도 불구하고 이성을 가진 인간이면 누구라도 승복할 수밖에 없는 절대적 지식체계를 만들 수는 없을까?' 왜냐하면 시시비비를 확실히 가려 줄 수 있는 절대적 지식체계가 마련된다면, 종교적 도그마가 서로 부딪히면서 생겨나는 처절한 분쟁도 극복될 수 있는 가능성이 생겨나기 때문이다. 그러므로 그는 사회 전체의 붕괴와 역사의 종말을 막아야 한다는 절체절명의 사명감, 또는 다르게 표현하면

'불안감(파라노이아)'을 가지고 인식의 최종적 준거, 즉 '아르키메데스의 지점'을 찾아 나섰다. 그에게는 이성을 가진 누구에게나 참과 거짓을 명쾌하게 구분해서 보여 주는 최종적 준거를 찾아내느냐 아니면 끝없는 혼란과 파멸의 나락으로 떨어지느냐의 양자택일만이 앞에 놓여 있는 듯이 보였다.[6)]

이러한 양자택일 앞에 선 마음상태를 툴민은 '데카르트적 불안'이라고 명명하였다. 그리고 데카르트적 불안은 근대 이래의 서구 사회 그리고 더 나아가 근대 세계 전체를 추동해 온 심층의 정서였다고 해석한다. 근대 및 현대 사회의 인간들은 무언가 확실한 진리가 있어야만 제대로 된 삶이 가능하다는 전제를 가지고 살았다. 그래서 데카르트 이후 철학은 르네상스 이래 막 싹트고 있던 좋은 실천적 삶과 관련된 탐구[7)]를 외면하고 다시 절대적인 진리의 문제에만 관심을 집중하였다. 이와 동시에 철학함의 장소는 점점 시장과 광장이 아닌 연구실과 강단으로 축소되어 갔다.

그렇다면 툴민의 『코스모폴리스』가 우리에게 말해 주는 것은 무엇인가? 그것은 지성중심의 이론철학이 아무리 확실하고 절대적인 진리의 대변자임을 표방한다고 해도 그것은 아이러니하게도 근대의 참혹했던 시대적인 조건과 상황에서 나온 산물이라는 것이다. 이렇게 본다면, 철학은 언제나 '실천적 삶의 문제'와 연관하여 발생하였고 발전하였다고 할 수 있다. '삶의 의미는 어디에 있는가?' '어떻게 하면 행복한 삶을 살 수 있을까?' '나는 누구인가?' '미래의 더 좋은 공동적 삶은 어떻게 가능한가?' 등의 실천적 물음은 모든 종류의 철학적 사유의 마르지 않는 원

6) 우리나라의 최근 상황도 이와 다른 것 같지 않다. '세월호'의 문제를 비롯해 정치, 법, 경제, 민생 등에 걸친 각종 현안을 놓고 벌어지는 사회 전반의 극단적인 상호 불신과 대립은 이제 봉합의 가능성을 넘어선 듯하다. 이순신을 다룬 영화 〈명량〉의 성공은 어쩌면 이러한 절망적 분위기에 대한 대중의 반응으로 읽힐 수 있다. 어쩌면 우리 국민은 또 다른 데카르트의 출현을 기다리고 있는지도 모른다. 극단적 불안과 의심을 절대적 진리에 대한 용기로 바꾸었던 데카르트를 말이다. 그러나 툴민은 데카르트에 의해 아쉽게도 소거되었던 또 하나의 근대화의 가능성이 있었음을 지적한다. 그것은 절대적 진리를 통해서가 아니라 상호 이해와 소통 그리고 건전한 상식에 기초한 인문주의적인 해결(몽테뉴)의 가능성이다. 오늘날 우리 사회의 극단적 갈등을 봉합할 가능성은 탁월한 영웅이나 절대적 진리가 아니라 인문주의(humanism)적 소통과 접근에서 찾아야 할 것 같다.

7) 이런 방향을 택했던 대표적 철학자는 볼테르(Voltaire)였다.

천인 것이다. 이러한 자신의 근원을 외면하거나 배반하고, 순수한 이론과 논리의 상아탑에 안주하는 철학은 언제나 대중으로부터 조롱을 받았다. 마치 천체에만 관심을 가졌던 탈레스(Thalēs)가 '트라키아의 하녀'로부터 조롱을 받았듯이 말이다.

이렇게 해서 앞에서 인용했던 『한국어대사전』의 풀이를 넘어서는 철학에 대한 새로운 이해가 제시될 수 있다. 툴민은 모든 이론철학에 대한 실천철학의 우위를 주장하였다. 물론 순수이론적 철학연구 자체가 문제인 것은 아니다. 다만, 이론철학이 순수한 이론의 영역을 거닐면서 스스로 자족하는 것은 대중에게 거부감을 줄 뿐 아니라 철학 자체의 학문적 입지를 위협한다.

그러므로 상아탑 속의 이론철학은 다시 광장과 시장으로 나와야 하며, 여기로부터 자신의 주제와 소재를 취해야 한다. 그리고 보편적 원리에 대한 연구를 수행할 때 그것이 언제나 현실의 삶과 어떻게 연관되어 있는가를 해명해야 한다. 다시 말해, 철학자는 자신의 학문의 뿌리가 개인과 공동체의 삶과 거기서 생겨나는 사회적 · 교육적 문제들과 연관되어 있음을 분명히 의식할 필요가 있다. 이것이 툴민의 논의에 기초해서 말할 수 있는 작은 결론이다. 그런데 철학사에서 보면 이미 이러한 통찰을 제시했던 사람이 있다. 바로 다음에서 소개하는 존 듀이이다.

3) 듀이: 철학과 교육의 내적 연관

근대 철학의 '확실성에 대한 추구'를 비판하면서 철학의 실천적 전회를 강조했던 대표적인 사람으로서 존 듀이를 들 수 있다. 그는 주저인 『민주주의와 교육(Democracy and Education)』에서 철학을 다음과 같이 정의하고 있다.

"철학이라는 것은 경험에 관하여 가능한 한 통합되고 일관되고 완전한 전망을 가지기 위한 노력이다. '철학'이라는 말이 원래 '지에 대한 사랑'을 뜻한다는 것은 철학의 이런 면을 나타내는 것이다. 철학을 진지하게 받아들였을 때 철학은 언제나 삶을 영위하는 데 도움을 주는 지혜에 도달하는 일을 뜻하는 것으로 생각되어 왔다. 옛날의 철학학파는 거의 예외 없이 그 자체가 조직된 생활방식이었다는 것, 특이한 행동양식에 헌신하는 것을 그들의 철학적 주장으로 삼았다는 것, 중세에 와서 철학은 로마 교회의 신학과 밀접한 관련을 맺었고, 종교적 이해관계와 빈번하게 연루되어 있었다는 것 그리고 국가가 위기에 처했을 때 철학은 정치적 투쟁과 관련되었다는 것, 이 모든 사실이 그것을 증거하고 있다."(Dewey, 2007: 464)

데카르트의 사례에서 보았듯이 개인적 · 사회적 · 문화적 우연성과 특수성을 뛰어 넘는 초월적이고 보편적인 지식에 대한 서구 근대 철학의 집착도 궁극적으로는 인간의 '행복한 삶' 또는 '좋은 삶(good life)'의 문제에서 연원하는 것이었다. 근대 철학이 보였던 순수한 이론 지향의 이면에는 '좋은 삶'에 대한 실천적 갈망이 깔려 있었다. 그러나 근대 철학의 확실성에 대한 추구가 과연 자신의 의도했던 '좋은 삶'을 달성하는 데 기여했는가는 의심의 여지가 있다. '좋은 삶'에 대한 철학의 모색은 순수한 이론적 탐구의 영역으로 후퇴하기보다는 실천적 삶의 맥락 속에서 불확실성을 견디는 속에서 더 훌륭하게 달성될 수 있는지도 모른다. 이 후자의 대안을 철학자들은 아직 충분히 검토해 보지 못하였다.

이와 연관해서 듀이의 제안은 매우 시사적이다. 좋은 삶을 향한 철학의 작업은 실제의 '경험에 관하여 가능한 한 통합되고 일관되며 완전한 전망을 가지기 위한 노력'과 분리될 수 없다. 다시 말하면, 철학의 기능은 분열되어 있고 혼란하며 불투명한 개인적 · 집단적 삶의 상황 속에서 삶의 목적과 의미 그리고 가치에 대한 이야기(narrative)를 스스로의 경험으로부터 만들어 내는 일과 불가분하게 결합되어 있다는 것이다. 즉, 철학은 일상의 파편적이고 혼란된 경험에 의미와 방향을 부여할 수 있는 포괄적이며 전체적인 이야기를 제시해야 한다. 그러므로 철학은 인간이 몸담고 있는 삶의 맥락에 대한 하나의 합의 가능한 해석이며 제안이다. 이것은 우리가 어디에 서 있고 또 어디를 향해 나아가야 할 것인가에 대한 밑그림을 제공한다. 이런 의미의 철학은 우리의 삶의 의미와 방향(=오리엔테이션)에 대하여 반성하는 활동이라고 정의될 수 있다.[8)]

우리가 이상과 같은 새로운 철학이해를 받아들인다면, 이제 철학이 교육과 긴밀한 연관을 유지해야 하는 이유는 자명해진다. 철학이 개인과 공동체의 '좋은 삶'을 궁극적인 목표로 갖고 있는 한 철학은 '교육'의 활동과 분리될 수 없다. 철학은 자신의 목표를 실현하기 위해서 교육실천을 필요로 하며 또 교육의 문제와 대결해야 한다. 다시 말해, 상아탑 속에서 단지 정합적 지식체계로서 자신을 정교하게 만드는 일에 몰두하는 한, 철학은 자신의 과제를 완수할 수 없다. 왜냐하면 철학은 사람들이 철학을 통해서 실제로 자신의 개인적이고 사회적인 삶을 개선할 수 있도록 하는 일, 즉 넓은 의미의 '교육'에서 자유로울 수 없기 때문이다.

듀이는『민주주의와 교육』의 말미에서 철학을 '교육의 일반이론'이라고 말한 바 있다.[9)] 또한 그는 교육을 철학의 실험실이라고도 말한다.[10)] 선뜻 이해하기 힘든 이러한 듀이의 주장은 앞에서 말한 바와 같은 철학과 교육의 필연적 연관을 염두에 둘 때 어느 정도 이해될 수 있다. 좋은 삶의 실현이라는 철학의 궁극적 과제는 인간과 사회를 개선하려는 교육적 관심으로부터 소재를 이끌어 내야 하며, 그에 대한 자신의 사유의 결과를 다시 교육 속에서 검토하고 확인하고 수정해야 한다.

---

8) 오리엔테이션이라는 단어는 원래 중세 유럽에서 교회 건물을 지을 때, 동쪽을 향해 짓는 전통에서 유래하였다. 즉, 교회 건물을 지을 때, 먼저 정확한 동쪽 방향을 찾아내야 하는데 그런 활동을 오리엔테이션이라고 불렀던 것이다.

9) "교육이라는 것이 자연과 인간에 대한 지적 · 정서적인 면에서의 근본적인 성향을 형성하는 과정이라는 관점을 받아들인다면, 철학은 '교육의 일반이론'이라고 정의해도 좋을 것이다. 철학이 순전히 상징적 · 언어적인 것에 그친다든지 몇몇 사람을 위한 감정의 유희나 심지어 임의적인 독단이 되어도 좋다면 모르되, 그렇지 않은 이상 과거의 경험을 검토하고 장차의 가치실현을 위한 계획을 제안하는 철학의 과업은 반드시 그 결과가 구체적인 행위로 나타나야 한다. 대중의 선동, 선전, 입법적 · 행정적 조치도 철학이 제시하는 방향으로 성향의 변화를 가져올 수 있으나, 그것이 그런 효과를 나타내는 것은 오직 교육을 통해서, 다시 말하면 지적 · 도덕적 태도에 영향을 줌으로써만 가능하다."(Dewey, 2007: 469)

10) "철학이 인간의 에너지를 의미 깊은 삶의 개념에 맞게 활용하는 방법을 만들어 내는 데는 교육이라는 활동이 필요하다. 교육은 철학적 사고활동의 결과들이 구체화되고 검증되는 실험실이다."(Dewey, 2007: 471)

왜냐하면 철학은 교육과의 지속적인 상호작용 속에서 비로소 자신의 본분을 수행할 수 있기 때문이다. 이런 의미에서 철학은 교육의 일반이론이며 교육은 철학의 실험실인 것이다.

철학의 과업이 반드시 어떤 구체적인 행위로 귀결되어야 한다는 점을 고려할 때, 바로 이러한 점에서 철학은 교육 또는 교화와 떨어져서 생각될 수 없다. 왜냐하면 철학이 사람들의 지적 · 도덕적 태도에 영향을 주어야 한다면, 철학은 교육을 필수적으로 요구하기 때문이다. 다시 말하면, 철학은 교육실천을 귀찮은 과외업무로서가 아니라 자신의 본질적인 구성 부분으로 지닌다.[11] 그러므로 철학자는 어떤 의미에서 반드시 교육자가 되어야 한다. 여기서 더 나아가 듀이는 철학적 사유는 교육의 활동 속에서 검토되고 확인되고 발전될 수 있다고 주장한다.

이렇게 교육으로부터 내용을 섭취하고 또 교육을 통해서 자신을 검증하는 과정이 없다면 철학은 공허한 관념의 유희로 전락하고 말 것이다.

연습문제

1. (교육)철학을 간단하게 표현하면 다양한 삶(교육)의 현상이 익숙하다 하여 습관적으로 받아들이는 것이 아닌 '왜 그런가?' '꼭 그런가?'라는 문제의식을 가지고 그것을 탐구하는 활동이라 한다. 그럼에도 (교육)철학이 우리에게 친근하지 않고, 고리타분하고, 추상적이고, 매우 어려운 분야로 다가오는지에 대하여 생각해 보자.
2. 교육의 목적과 방법의 관계 및 차이점에 대하여 생각해 보자. 아울러 우리나라의 교육은 왜 효용성, 효과성을 더 중요시하는지, 이럴 경우 어떤 장점과 단점이 존재하는지, 그 대안은 무엇인지에 대하여 동료들과 토론해 보자.

11) 플라톤의 동굴의 비유에서 이데아를 본 철학자가 다시 동굴 속으로 내려가야 하는 이유는 여기서 분명하게 드러난다.

제9장 교육과 심리학

1. 아동기의 변화
2. 에릭 에릭슨: 정체성 발달이론
3. 피아제: 아동의 인지적 발달단계 이론
4. 콜버그: 도덕발달이론

제9장 교육과 심리학

현대는 평생교육의 시대라고 한다. 하지만 교육의 핵심적인 영역은 여전히 아동과 청소년의 교육에 속한다고 보아도 무리는 없다. 아동기와 청소년기는 '성숙' '성장'과 '발달'의 시기이다. 그런데 이 시기는 여러 개의 단계로 구분할 수 있다. 이러한 아동 · 청소년기, 더 나아가 전 인생의 단계적 발달과정을 다루는 학문이 발달심리학이다. 이 장에서는 에릭슨, 피아제, 콜버그의 발달심리학을 살펴보고 각각의 장단점에 대해서 논의할 것이다. 아동의 심리 및 그 발달에 관한 관심은 근대 이후에 비로소 시작되었다. 루소가 『에밀』의 서문에서 "우리는 아동의 내면을 모른다."라고 탄식했을 때부터 아동의 심리에 관한 연구의 필요성이 분명해졌다. 근대의 교육학은 아동의 심리에 관한 학문적 연구를 요구한다. 아동의 심리에 관한 연구는 한편으로 교육을 제작의 관점으로 몰아갈 위험을 지닌다. 어른들이 아동의 심리에 관한 지식을 이용하여 아동을 계획적으로 조종하고 지배할 수도 있기 때문이다. 그러나 아동은 어른들의 계획에 종속되는 대상이 아니라 각각 '독립적이고 개성적인 인격체'로서 존중받아야 한다. 아동심리학은 다른 한편으로 이렇게 교사가 아동의 자유로운 발전을 도모하려 할 때 필요한 지식을 제공할 수 있다. 특히 아동들과 매일매일을 함께 생활하고 교육해야 하는 교사는 효과적인 교육방법을 찾기 위해서도 그리고 자신의 교육목표를 올바로 설정하고 또 실현하기 위해서도 아동과 청소년의 심리에 관해 확실히 알 필요가 있다. 발달심리학은 이러한 교사의 필요에 대응하는 지식을 제공한다.

1. 아동기의 변화

'아동기(childhood)' 또는 유년 시절은 어떤 객관적인 사실이나 사태가 아니라 사회 · 역사적으로 구성되는 것이다. 아동기를 언제로 설정하며 또 그 내용을 어떻게 이해하느냐는 해당 시대의 기성세대가 아동을 어떤 존재로 바라보고 있는가에 달려 있다. 그것은 그 시대의 상황적 · 역사적 맥락에 따라서 달라진다. 그래서 역사적으로 아동기는 여러 가지 모습을 띠고 등장하였다. 사소한 차이점들을 제외하고 본다면, 대체로 고대로부터 근대 초에 이르기까지 아동은 미성숙한 존재로서 성숙한 존재인 어른에게 예속된 소유물이며, 따라서 부모나 어른에게 순종해야만 하는 존재라고 생각되었다. 아동의 인권에 대한 생각은 아예 존재하지 않았다. 아동을 부모의 소유물로 간주하는 태도는 오늘날 사랑이라는 이름 아래 자행되는 아동학대나 자녀살해 행위에 남아 있다.

서유럽의 경우, 17세기에 들어서면서 또는 근대 이후에 비로소 아동은 비록 미숙하지만 단지 어른들의 축소판이 아니라 어른과 다른 사고와 가치관을 갖는다는 점이 주목되었다. 아동의 미숙함은 미래의 새로운 창조의 가능성으로서 존중되어야 한다는 생각이 나타났고, 동시에 아동은 그들의 개성과 특성에 맞는 방식으로 교육되어야 할 존재로 생각되기 시작하였다. 아동은 물론 미성숙한 존재로서 교육받아야 하지만, 교육의 과정에서 아동은 하나의 인격적 존재로서 존중받을 권리가 있다. 그리고 교육은 아동의 개성과 잠재력을 발현시키기에 적합한 방식으로 진행되어야만 정당성을 가진다고 주장되었다. 이런 생각은 20세기 초반의 개혁교육학을 통해서 교육의 이론과 실천 속으로 깊숙이 침투해 들어왔다.

그런데 1970년대 이후 아동은 특히 미국과 북구 국가들을 중심으로 유능한(competent) 존재로 또 고유한 권리의 주체로서 인정되기 시작하였다.[1] 아동은 어른들이 그리고 그동안 발달심리학이 주장한 것보다 더 고도의 사고와 행동 능

1) '유능한 아동'의 개념에 대한 영상으로는 https://www.youtube.com/watch?v=5A4j0DDHGfk 참조.

력의 소유자이다. 그리하여 아동은 교육과 사회화의 과정에서 단지 어른의 도움을 기다리는 존재가 아니라 거기에 능동적으로 참여할 수 있고 또 참여해야 할 존재로 인정되었다. 아동들은 단지 어른들의 결정을 기다리는 수동적 존재가 아니라 스스로 자신이 원하는 교육방식과 학교생활을 요구할 권리를 점차 인정받고 있다.[2] 우리나라에서도 학생이 학교 자치나 심지어 교육내용에 대해 발언하고 요구할 권리를 점점 더 폭넓게 인정하는 추세이다. 최근에는 학생인권조례를 도입하여 학생에 대한 체벌을 전면 금지하기에 이르렀다.

이와 더불어 현대 사회에서는 아동의 생활환경이 다음과 같이 급속히 변화하고 있다.

첫째, 핵가족의 증가로 인해 가정에서 풍부한 인간관계를 맺을 가능성이 급속히 감소하고 있다. 특히 외동으로 성장하는 아동의 비율이 증가하고 있다. 이런 상황에서 현대의 아동들은 과거와 비교해 자립성과 자기중심주의가 더 강화되는 반면, 공동체적인 감수성과 책임의식은 약화되는 경향을 보인다. 최근 대두한 인성교육의 필요성은 이러한 변화와 무관하지 않을 것이다.

둘째, 전체적 생활환경이 고도로 기계화됨으로써 아동들이 다양한 대상세계를 감각적으로 체험할 기회가 심각하게 축소되고 있다. 특히 도시의 획일적인 환경 속에서 아동들은 놀이방, 놀이터, 체육관 등 인위적으로 조직된 공간에서 생활하는 시간이 점점 더 많아지고 있다. 동네와 집 주변 그리고 골목은 이제 아동들의 경험 공간으로서의 역할을 하지 못하고 있다. 이것은 루소가 말했던 '사물의 교육'이 이루어질 수 있는 공간이 획일화되거나 축소되었음을 의미한다.

셋째, 전자 매체의 사용으로 인해 아동들의 삶에서 직접적 현실이 점점 사라지고, 대신 가상현실이 점점 더 큰 부분을 차지한다. 그래서 아동들은 세계와 직접

---

2) 그러나 이러한 현대의 경향과 더불어 일각에서는 여전히 아동이 주체적으로 성장하는 데에서 어른의 역할을 강조하는 경향도 존재한다. 이러한 경향은 아동이 어른의 개입, 보호, 정서적, 육체적 배려, 훈육 등을 필요로 한다고 주장한다.

대결하면서 주체적으로 세계를 해석하고 이해하기보다는 이미 해석을 거쳐서 존재하는 가상현실을 무의식적으로 수용하기 쉽다. SNS나 유튜브의 세계에서 발생하는 '확증편향'은 그 대표적 사례가 될 것이다. 최근 아동의 매체 사용에 관한 다양한 연구에 따르면 전자 매체(예: 컴퓨터나 휴대폰)를 많이 사용하는 아동일수록 학업성취나 지능발달이 낮게 나타남을 볼 수 있다.

넷째, 요즘 아이들은 대개 학교와 학급 친구를 통해서 현대 '성취 사회'의 작동 방식과 규칙을 배운다. 아이들은 일찍부터 학교를 사회적 기회와 지위가 분배되는 장소로서 체험한다. 그리고 또래집단 속에서의 생활을 통해서 평등한 지위를 가진 사람들 사이에서의 경쟁, 협동, 합의에 대한 경험을 얻는다. 아이들은 학교와 또래집단을 통해서 가정의 '특수적' 관계에서 벗어나 사회의 보편적인 관계로 이행하게 된다.

2. 에릭 에릭슨: 정체성 발달이론

에릭 에릭슨의 정체성 발달이론은 프로이트 정신분석학의 영향을 강하게 받았다. 그러나 프로이트의 심리발달이론과 구분되는 몇 가지 특징이 있다.

첫째, 그는 프로이트와 달리 인간의 발달을 전 생애에 걸친 과정으로 파악하였다.

둘째, 인간의 정체성은 계열적으로 진행되는 8개 단계의 매 단계에서 그 단계의 핵심적인 위기를 극복해 가는 과정에서 연속적으로 형성되어 간다고 생각하였다.

셋째, 이 위기 극복의 과정은 아동 주변의 인간관계(부모, 또래집단), 사회질서(법, 경제), 아동의 사회심리학적 및 성심리학적 양상(예: 프로이트의 '구강기'에 나타나는 수축과 이완)을 종합적으로 고려해야 파악될 수 있다고 보았다.

넷째, 프로이트와 비슷하게 에릭슨의 정체성 발달이론에서도 이전 단계에서 해결되지 못한 위기나 갈등은 나중 단계의 발전에 후속적인 영향을 미친다. 그렇지만 한 단계의 실패가 영원한 것은 아니고 나중의 성공을 통해서 다시 회복될 수도 있다고 주장하였다.

그러면 이제 그의 8단계에 걸친 정체성 발달의 과정을 차례대로 살펴보자.

1) 제1단계(유아기): 신뢰감 대 불신감

인간이 하는 최초의 경험은 자신을 보살펴 주는 사람에게 느끼는 신뢰 또는 불신이다. 아이가 성장하여 타인을 믿고 타인에게 자신을 맡길 수 있는 성향은 이 최초의 경험이 어떠했는가에 따라 달라진다. 이 최초의 경험은 무의식의 가장 깊은 곳에 자리를 잡는다. 그러므로 이 근원적인 경험이 바람직한 방향으로 전개될 때 비로소 '건전한 인성의 초석'이 마련될 수 있다. 그렇지 못하면 아이에게는 평생 세계 또는 자신에게 어떤 심각한 문제가 있다는 근본 감정, 즉 근원적 불신이 생긴다. 근원적 불신을 갖는 사람은 대인관계에서 소극적이며 삶에서도 진취적이기 어렵다. 그러나 이러한 근원적 불신이 전혀 없어도 바람직하지 않다. 너무 쉽게 남을 믿고 자신을 쉽사리 타인의 영향에 내맡기는 것도 좋은 인성이라고는 볼 수 없기 때문이다. 그러므로 건강한 인성과 정체성 발달을 위해서 중요한 것은 신뢰와 불신 사이에 적당한 균형이 형성되는 것이다.

2) 제2단계(초기 아동기): 자율성 대 수치감

이 단계는 1세 말에서 3세에 등장하는데, 여러 가지 욕구 중에서 스스로 어떤 하나를 선택해 보는 경험을 함으로써 자율성을 기르는 시기이다. 신체적으로 보면 근육의 체계(손, 발, 배설기관)가 발달하는 시기이다. 이를 통해서 아이는 '잡음'

과 '놓음'의 기본적 행동을 실험할 수 있게 된다. 그리고 대체로 이 시기에 이르러 부모는 아이가 사회적으로 적합한 행동을 하도록 요구하기 시작한다. 또 아이는 아이대로 자신에 가해지는 사회적 기대나 압력을 느끼며 이를 의식하기 시작한다. 인성구조와 연관해서 볼 때, 아이가 이 시기에 너무 자주 좌절을 경험하면 나중에 '극단적 보수성' '지나친 꼼꼼함' '인색함' 등이 생겨난다. 그렇지 않고 건전한 발달을 겪게 되면 아이는 자신을 자율적으로 통제하는 경험을 함으로써 자존감과 자율의 감각을 갖게 된다. 예를 들어, 이 시기에 부모가 너무 일찍 엄격한 배변훈련을 시키면 아이는 자기통제와 자율성의 느낌을 상실하게 된다.[3] 그 결과 아이는 평생 이유 없는 수치감과 자신감 없음에 시달릴 수 있다.

3) 제3단계(놀이기): 주도성 대 죄책감

이 시기는 4세에서 6세에 해당한다. 이제 아이는 주변의 환경을 이해하고, 행동하기 이전에 미리 목표와 계획을 세울 수 있게 된다. 이 시기에는 아이의 운동능력이 급속도로 확대되며 언어능력이 완성된다. 아이는 이렇게 확장된 사고와 활동의 세계에 기초하여 '활달한 자기주도성'을 발전시킬 수 있게 된다. 이 자기주도성을 잘 발달시킴으로써 아이는 과감하고도 실제적인 태도를 갖게 되며 자기 힘으로 어떤 것을 성취하려는 경향성을 갖게 된다. 이 단계에서 중요한 것은 아이가 스스로 어떤 일을 주도해서 할 때, 그에 대한 부모의 제재가 항상 일관되고 부드러워야 한다는 것이다. 그렇지 못하면 아이는 자신의 주도적인 활동에 대해 자신감을 잃기 쉽고, 더 나아가 자신의 충동은 '본래 나쁜 것'이라는 느낌 또는 이유 없는 죄책감이 생겨난다. 그러나 어느 정도의 죄책감은 종종 지나친 충동을 억제하는 데에 도움이 된다.

---

3) 이 시기 지나친 배변훈련이 초래할 수 있는 위험에 대해서는 https://www.youtube.com/watch?v=Xix_HHXLkBc 참조.

4) 제4단계(학교기): 근면성 대 열등감

이 단계(7~12세)에서 아이는 드디어 가정을 벗어나 '학교'에 다닐 수 있는 심리적 상태에 도달한다. 이제 아이는 쓸모 있는 사람이 되고자 하며, 무엇인가를 노력해서 훌륭하게 완성하는 데에 관심을 쏟는다. 이러한 태도를 에릭슨은 '근면성'이라고 부른다. 근면성을 통해서 아이는 무엇을 공들여 생산하면 타인으로부터 인정을 받을 수 있다는 사실을 알게 되며, 끈기 있게 노력하여 훌륭한 작품을 완성했다는 사실 자체에서 오는 기쁨과 만족감을 알게 된다. 이 시기에 학습과 적응의 과정이 순조롭게 이루어지면 근면성이 발달한다. 반면, 학습이나 놀이에서 실수나 실패를 반복적으로 경험하면 열등감이나 무력감이 생겨난다. 이로부터 추론한다면 너무 일찍 우등생과 열등생을 구분하는 줄 세우기식 교육은 능력이 뛰어나지 않은 학생들에게 근본적인 열등의식을 만들어 낼 위험이 있다. 그러므로 적어도 사춘기까지는 성공의 경험을 되도록 많이 갖도록 도와주고, 능력에 부치는 과제는 부여하지 않도록 하는 것이 좋다. 부득이 어려운 과제를 부여할 때에도 순위를 매겨서 열패감을 주지 않도록 주의해야 한다. 현재 우리나라에서 초등학생의 석차와 성적을 매기지 않는 것은 이러한 견해를 반영한 결과라고 할 수 있다.

5) 제5단계(사춘기): 정체성 대 '역할혼미'[4)]

청소년기(12~20세)는 급격한 신체적 변화와 더불어 새로운 사회적 압력과 요구를 받게 되며 동시에 자기 존재에 대한 의문과 탐색이 시작되는 중요한 시기이

4) 마샤(J. Marcia)는 에릭슨의 이론에 기초해서 그리고 청소년들과의 면담을 통해서 다음과 같이 네 가지 정체감 수준을 확인하고 구별하였다. ① 정체감 유실(부모나 권위자가 지정한 정체성을 기계적으로 수용. 일종의 사이비 정체성), ② 정체감 혼미(어떤 직업적 방향이나 신념도 찾지 못하고 또 그런 탐색도 해 보지 못하는 상태), ③ 정체감 유예(직업이나 신념의 선택을 실험해 보기 시작. 여러 삶의 선택을 탐색), ④ 정체감 성취(직업과 이념에 관해 의식적이고 뚜렷한 결정을 내린 상태)이다(Sternberg & Williams, 2002 참조).

다. 그러나 자기의 정체성, 즉 '나는 누구인가?'의 물음에 답하기란 쉬운 일이 아니다. 그래서 이 시기에 많은 청소년은 정체성의 위기를 겪게 된다. 지금까지 겪은 각 단계에서 성공적으로 위기를 해결해 온 청소년은 다양한 가치를 통합하여 자신의 정체성으로 승화시킬 수 있다. 이 작업의 중심에는 '나는 누구인가?'의 물음이 놓여 있다. 이 물음, 즉 자기를 통합하는 과제를 올바로 해결하지 못하고 고민, 갈등, 방황의 시간이 길어지면 청소년은 '역할혼미'를 겪는다. 이 시기는 매우 중요하고 결정적인 시기이다. 이 시기에 긍정적인 자기정체성을 획득한 청소년은 이후 단계의 심리적 위기를 쉽게 극복할 수 있지만, 그렇지 못한 청소년은 부정적 정체성이나 '역할혼미'에 빠져서 이후에도 계속 방황하는 모습을 보이기 쉽다.

6) 제6단계(성인초기): 친밀감 대 고립감

이 시기(20~25세)는 직업을 선택하고 배우자를 만나 결혼을 하며 배우자와의 일체감을 만드는 시기이다. 전 단계에서 긍정적 자기정체성을 확립한 사람은 이성(異性)을 포함하여 타인과의 사랑, 우정, 존경 등의 친밀한 관계를 쉽게 형성할 수 있다. 에릭슨에 따르면 '친밀감'은 '비이기적인 방식으로 다른 사람과 감정이나 가치관을 공유하고 교류하는 성숙한 인간관계의 표현'이다. 반면, 역할혼미를 겪는 사람은 자신에 대한 자신감이 없기에 타인의 접근에 대해 지나치게 방어적 태도를 보이거나, 더 심하면 모든 사회적 관계로부터 자신을 고립시키려는 병적인 태도를 보인다. 이성을 비롯한 타인과 안정적인 인간관계를 맺고 친밀한 관계를 유지하는 능력은 바로 이 단계에 형성된다.

7) 제7단계(성인기): 생산성 대 침체감

성인기(25~65세)는 자녀를 낳아 양육하며 다음 세대를 가르치고 기르는 일에 관심과 노력을 기울이는 시기이다. 더 나아가 직업적 성취나 학문적 · 예술적 업적을 달성하려고 노력하는 시기이다. 이런 의미에서 이 시기는 '생산성'을 발휘하고 발달시키는 시기라고 할 수 있다. 이 시기에 생산성을 제대로 발달시키지 못했을 경우에는 침체감이 생겨난다. 침체감이 형성되면 타인의 사정이나 처지보다는 자신의 욕구에만 관심을 기울이며 타인에 대해 냉정한 태도를 보인다. 그리하여 인간관계가 빈곤해지면 후세에 대해 문화전통을 전수하는 일에 대한 무관심이 생겨난다. 심하면 모든 사회활동을 접고 자신을 고립시키는 퇴행이 일어난다. 교사가 가장 피해야 할 것이 바로 이 침체감이다. 침체감에 빠진 사람은 남을 가르치는 일에 대해 무관심하며 가르치는 즐거움을 느끼지 못하기 때문이다.

8) 제8단계(노년기): 통합 대 인생혐오

이 시기는 인생의 마지막 시기로서 신체적으로 노쇠해지고 사회활동에서 은퇴하게 된다. 배우자나 주위의 친지들이 하나둘씩 세상을 떠나는 것을 보면서, 자칫하면 인생 전체에 대한 허탈감을 경험한다. 이 시기의 위기 극복은 점차 심화하는 신체적 노쇠와 사회적 퇴행의 과정을 어떻게 수용하고 받아들이느냐에 달려 있다. 자신의 지나간 삶의 과정 및 거기서 운명적으로 사랑하고 미워했던 사람들을 이해하고 받아들이며 그에 대해 긍정적인 의미를 부여하는 사람은 이 시기의 위기를 성공적으로 해결한 것이다. 그렇지 못하고 자신의 인생이 무의미한 것이었다고 느끼게 되면 실망과 좌절감에 빠지게 되며 인생 자체에 대한 혐오감이 자리를 잡는다.

이상에서 에릭슨의 정체성 발달 모델을 살펴보았다. 그러나 이 모델을 절대적 표준으로 간주해서는 곤란하다. 이것은 하나의 방향 제시 또는 지침으로 이해되어야 한다. 이 지침에 의지해서 우리는 인간의 정상적인 심리적 발달과정 또는 그 왜곡된 과정을 더 정확히 이해할 수 있다. 실제로 에릭슨의 모델은 그 이후 많은 후속 연구를 촉발하는 촉매제가 되었다.

3. 피아제: 아동의 인지적 발달단계 이론

먼저 피아제 발달심리학의 기본적 관점과 개념들을 살펴보고, 개별적인 발달단계에 대해서 살펴보기로 한다.

1) 피아제 발달심리학의 기본 개념

(1) 아동의 능동성

피아제가 보기에 아동은 단지 환경의 자극을 지각하고 수용하는 수동적인 존재가 아니다. 또 그는 아동의 발달을 단지 내적인 잠재력의 자연적 실현과정으로도 보지 않는다. 아동은 하나의 주체로서 환경을 탐색하고 이해하며 통제하려고 노력하는 능동적이며 창조적인 존재이다. 그러므로 아동의 발달은 단지 '자연적인 내적 성숙과정'도 아니고, '의도적인 외적 교육'에 의해서 진행되는 것도 아니다. 아동의 발달은 아동 자신의 능동적 · 주체적 활동을 통하여 점차 더 분화된 포괄적인 인지구조가 체계화, 구조화되어 가는 과정이다. 여기서 보듯이 피아제는 아동발달의 핵심을 인지구조의 발달에서 찾는다.

(2) 도식

아동의 인지발달은 아이가 외부세계의 대상과 관계하면서 행동하는 가운데 진행된다. 아이는 대상과 관계함으로써 지식을 획득할 뿐 아니라 새로운 도식 또는 사고구조를 형성함으로써 새로운 행동의 가능성을 스스로 만들어 낸다. 도식(圖式)은 아이가 환경과 대면, 대결함으로써 지식을 획득하는 과정에서 자연스럽게 형성, 발전되는 모든 종류의 기본적인 인지구조이다. 도식에는 보편적인 인식규칙, 인식구조, 인식능력, 사고체계 등이 포함된다. 도식은 유전적인 힘이나 외적인 주입을 통해서 생겨나는 것이 아니라 오직 아이가 다른 사람이나 사물과 상호교섭하는 과정에서 구조화되면서 발생적으로 형성된다. 도식은 점점 더 분화되고 체계화되면서 일정한 단계를 거쳐서 발달한다. 이 발달단계의 순서는 뒤바뀔 수 없으며, 이전 단계를 기초로 해야만 다음 단계가 성립할 수 있다. 즉, 중간 단계를 생략하고 더 위 단계로 비약하거나 역으로 발전된 단계에서 이전 단계로 퇴행하는 것은 불가능하다.

(3) 동화와 조절

피아제는 도식이 발달해 가는 역동적인 과정을 설명하기 위해 '동화'와 '조절'이라는 개념을 도입한다. 동화는 이미 획득한 기존의 인지구조 또는 도식을 사용하여 새로운 환경(또는 대상)을 해석하고 이해하는 활동을 말한다. 이것은 환경에서 오는 새로운 자극들을 이미 마련된 인식 틀 속으로 포섭해 들이는 동화(assimilation)의 과정이다. 반면, 조절(accommodation)은 기존의 도식으로는 제대로 이해하거나 설명할 수 없는 새로운 환경(또는 대상)을 마주쳤을 때 일어난다. 조절은 낯선 대상을 올바로 해석하고 이해하기 위해서 기존의 도식을 적극적으로 변경하는 활동을 말한다. 조절은 환경에서 오는 낯선 자극들을 순조롭게 포섭하기 위해서 기존의 도식 또는 인식구조를 조절하는 과정이다.

(4) 평형

인간은 경험과 인식의 과정에서 동화와 조절을 끊임없이 반복적으로 적용함으로써 자신의 도식을 점점 더 세분화되고 체계화된 형태로 발전시켜 나간다. 이러한 발전의 과정을 추동하는 동력은 지적인 평형(eqilibrium)상태에 대한 근본욕구이다. 인간은 자신의 내면에 지적인 긴장이나 갈등이 생겼을 때 이를 해결하지 않고는 견디지 못한다. 인간은 반드시 이러한 비평형의 상태를 해결하여 내적인 조화를 이루려고 노력한다. 현재의 지적인 긴장과 갈등은 기존의 인지구조보다 더욱 복잡한 인지구조를 만들어 냄으로써만 해소될 수 있다. 그러므로 인간의 인지적 구조는 계속해서 발전해 나가지 않을 수 없다. 이때 하나의 지적 긴장과 갈등의 해결은 물론 끝이 아니다. 그것은 이제 새로운 관점과 시각에서 세계를 바라볼 수 있게 한다.

이렇게 해서 피아제는 인간의 심리발달은 환경과의 상호작용을 통해서 도식 또는 인지구조가 점점 더 '고도화'되는 과정이라고 보았다. 앞에서도 말했듯이, 피아제는 이러한 지성의 발전과정은 지성 이외의 모든 정신 영역, 즉 도덕성, 놀이, 언어, 정서 영역의 발전을 주도하는 요소라고 본다. 따라서 피아제는 도덕적 판단능력의 발달에 대해서 별도로 연구할 필요를 느끼지 않았다. 이 과제는 나중에 그의 제자인 콜버그에 의해서 본격적으로 수행되었다.

2) 피아제의 인지발달단계

(1) 제1단계(2세까지): 감각운동기

이 시기의 아이는 감각적 자극에 대해서 반응할 줄 안다. 갓 태어난 아기도 타고난 반사운동을 할 수 있다. 태어나고 얼마 후부터 반사(reflex)와 반응(reaction)이 서로 조응하기 시작한다. 이때 눈운동(반사)과 손운동(반응)이 동시에 일어난다. 이어서 수단-목적에 기초한 활동이 등장한다. 예를 들어, 아기는 딸랑이를 흔들어 소리를 낼 줄 안다. 또 이러한 수단-목적에 기초한 행동의 도식이 새로운 상황에도 적용된다. 예를 들어, 딸랑이를 감추면 아기는 딸랑이를 흔들기 위해서 그것을 찾기 시작한다. 첫돌이 될 무렵 아기는 벌써 의도적으로 무엇인가를 해 보려고 시도한다. 감각운동기가 끝날 무렵이 되면 아이는 자기의 행위의 결과를 머리로 미리 시뮬레이션 할 수 있다. 아이는 놀랍게도 멀리 있는 물건을 당기기 위해서 긴 막대기를 사용한다. 이것은 아이가 생각을 먼저 하고 그에 따라서 행동한다는 명백한 증거이다.

(2) 제2단계(3~7세): 전조작기

아이가 개념과 상징을 사용하여 사고하기 시작하면 감각운동기는 종료된다. 특히 언어의 습득과 함께 그리고 역할놀이 속에서 아이는 상징적 관계를 점점 더 능숙하게 다룰 줄 알게 된다. 3~4세 때의 아이는 전적으로 '자기중심적'이다. 즉, 타인의 관점을 취할 줄 모르며 상대의 암묵적 기대에 맞추어 자신의 말이나 행동을 조정할 줄도 모른다. 이것은 지각의 영역에서도 마찬가지여서 아이는 다양한 관점, 시점에 따라서 사물이 다르게 보인다는 사실을 전혀 알지 못한다. 아이에게는 지금 현재의 관점만이 유일하게 가능한 관점이다. 이 시기의 아이는 자기에게 좋은 것(나쁜 것)은 당연히 다른 모든 사람에게도 좋은 것(나쁜 것)이라고 생각한다. 아이가 좋아하는 어른에게 자신이 아끼는 장난감을 선물하는 것도 이런 맥락에서 이해할 수 있다. 이것은 윤리적 이기주의와는 전혀 다른 것으로 단지 인지구조가 아직 발달하지 못한 데서 기인하는 자기중심주의이다. 또 이 단계의 아이는 아직 물활론(物活論)적 사고를 벗어나지 못하며, 양의 보존 개념도 확립되어 있지 않다. 아이는 똑같은 200mL의 주스를 여러 모양의 컵에 따랐을 때, 컵의 모양에 따라서 양이 다르다고 생각한다. 4세의 아이는 잡다한 사물들을 어떤 공통적 특징에 따라서 분류하여 집합을 만들 줄 모른다. 5세 이후에야 어떤 원칙에 따른 분류, 즉 집합을 이해할 수 있게 된다.

(3) 제3단계(7~12세): 구체적 조작기

구체적 조작기는 대체로 초등학교 입학 시기와 일치한다. 이제 아이는 '양의 보존' 개념을 가지고 있고, 가역적인 사고를 할 줄 안다. 즉, 자기가 생각했던 과정을 다시 복기해 볼 줄 안다. 수 개념 및 시간과 공간 개념이 발달한다. 서로 다른 크기의 막대기들을 얼마든지 크기에 따라 분류할 수 있으며, 집합과 부분집합의 관계를 이해한다. 또한 단순한 형식의 연역 논리를 구사할 수 있다. 언어능력의 확대와 더불어 기억력도 증대한다. 하지만 아이는 아직 구체적이고 감각적인 사건 및 지각이나 표상에 관해서만 '논리적으로 사고(조작)'할 수 있다. 가정법이나 추상적 개념은 아직 능숙하게 사용하지 못한다. 사회성 영역에서는 규칙과 평등의 원칙을 이해할 줄 안다.

(4) 제4단계(13세~): 형식적 조작기

형식적 조작기에서 아이의 사고는 한 단계 높은 수준으로 이행한다. 이전 단계에서 아이는 전적으로 이미 주어진 사실적 정보에만 의지하여 사고할 수 있었다. 그러므로 아이는 어떤 문제 상황에서 무작정 이런저런 해결책을 시도하는 시행착오(trial and error)의 방법을 통해서 답을 찾아 나갔다. 그러나 형식적 조작기의 아이는 주어진 정보의 범위를 넘어서서 거기에 함축된 새로운 정보를 도출, 추리해 낼 줄 안다. 이것의 대표적인 사례는 주어진 문제의 해결을 위해서 가설을 만들어 낼 줄 안다는 것이다. 이것을 피아제는 '가설-연역적 인지구조'라고 말한다. 가설-연역적 인지구조는 과학자가 진리를 탐구할 때 사용하는 방법이기도 하다. 가설을 사용할 줄 안다는 것은 이제 아이가 과학적인 사고를 할 수 있게 되었음을 뜻한다. 또 형식적 조작기의 아이는 가설-연역적 사고를 할 때 필요한 '조합적 분석능력'이 있다. 조합적 분석능력은 여러 가지 변수를 동시에 기억하며 취급할 줄 아는 능력이다. 이 단계부터 아이와 성인의 사고구조에는 질적인 차이가 없다. 이후 인지구조는 단지 양적으로 확대되고 세련되어 갈 뿐 질적인 변화를 겪지는 않는다.

3) 피아제의 인지발달 모델의 교육학적 의의

첫째, 아동발달은 주체인 아동이 환경과 상호작용을 함으로써 진행되는 자기

구성적인 과정이다. 교육과 수업은 이러한 자기구성적 과정을 도와주고 촉진하는 방식으로 이루어져야 한다.

둘째, 교육과 수업에서 교사는 학생의 인지발달 단계에 맞지 않는 지식이나 인지능력 그리고 도덕적인 가치나 태도를 억지로 강요하지 않도록 주의해야 한다.

셋째, 인지발달이 점진적으로 구조적 단계를 거치면서 아동이 환경과 상호작용하는 속에서 진행된다면, 교사는 아동의 학습 및 인식 과정에 '적절한' 활동과제를 부여함으로써 촉진할 필요가 있다. 다시 말해, 외적인 지식을 주입식으로 가르치는 수업은 학생의 인지발달에 별 도움이 되지 못한다. 피아제는 전통적인 지식전달 수업의 대안으로서 발견학습, 탐구학습, 프로젝트 수업 등을 권장할 필요가 있다고 보았다.

4. 콜버그: 도덕발달이론

콜버그는 인지구조의 발달이 도덕성의 발달을 포함한다는 피아제의 입장을 수용한다. 그는 장기간에 걸친 그리고 다양한 문화권에서 실행된 종단연구를 통하여 아동이 크게는 3개, 작게는 6개의 도덕발달 수준을 밟아 나간다는 이론을 제시하였다. 그는 인간의 도덕발달 단계를 해명하기 위해서 피험자들에게 도덕적 딜레마를 제시하고, 이에 대한 그들의 선택은 무엇이며 또 이 선택을 어떤 도덕적 원리에 의해 정당화하는가를 검토하였다.

콜버그는 여러 개의 도덕적인 딜레마를 개발했지만 가장 대표적인 딜레마는 다음과 같은 '하인즈의 딜레마'였다.

> "미국 소도시의 평범한 시민인 하인즈의 아내는 매우 희귀한 병에 걸려 수년간 고생하고 있고 이제 특효약이 없는 한 죽음을 목전에 두고 있다. 그때 마침 이 소도시의 한 약사가 하인즈 아

> 내의 병에 대한 특효약을 발명하여 판매를 시작하였다. 그러나 약사가 약값을 너무 높이 책정하였기 때문에 하인즈는 약값을 도저히 마련할 길이 없었다. 수차례 약사를 방문하여 사정을 이야기하고 약값을 낮추거나 할부로라도 구매하려 시도하였으나 약사는 모든 제안을 매몰차게 거부하였다. 그러던 어느 날 밤 마침내 하인즈는 약국에 침입하여 그 약을 훔쳐 아내에게 먹게 하였다."

과연 하인즈의 행동을 도덕적으로 어떻게 평가할 수 있으며 그 근거는 무엇인가? 이 물음에 대한 수많은 피험자의 답변을 토대로 콜버그는 도덕발달의 단계를 다음과 같이 획정하였다.

1) 제1단계: 관습 이전 수준

a. 낮은 단계(처벌-복종 지향)는 도덕질서 자체에 대한 존경심이 전혀 없으며, 단지 자신의 잘못에 대한 처벌이나 기타 물리적인 불이익을 회피하는 데에만 관심이 있다. 이 단계에 속한 사람은 권위를 가진 인물의 칭찬과 처벌을 중심으로 자신의 태도를 조정한다.

b. 높은 단계(도구적 상호성 지향)에서는 신의나 정의의 원리가 아니라 단순한 상호성의 원리에 따라 행동한다. 남이 나에게 해 주는 만큼 나도 남에게 해 준다는 계산적 교환관계로 사람을 대한다. 자신에게 이익이 되는 한에서 협조한다는 점에서 쾌락주의라고 할 수 있다.

2) 제2단계: 관습 수준

a. 낮은 단계(대인관계 지향)에서는 주변 사람들과 좋은 관계를 유지하려는 경향이 나타난다. 그래서 도구적 상호성 지향에서처럼 '받는 만큼 주는' 원리가 아

니라 다른 사람에게 사회적 인정을 얻으려는 태도가 나타난다. 이 단계에 속한 사람의 행동은 자신이 속한 집단의 다수 의견이나 통념을 따르는 경향이 강하다. 역지사지의 능력이 보이며 '나에게 싫은 것을 타인에게 요구해서는 안 된다.'라는 규칙을 따른다.

b. 높은 단계(권위 및 사회질서 유지 지향)에서는 국가 또는 종교공동체 같은 전체 사회제도가 중요하게 고려된다. 주어진 사회질서에 복종하고 법을 준수하는 일을 지상명령으로 생각한다. 보편적 사회질서에 대한 복종은 이제 추상적인 사고를 할 수 있게 되었음을 의미한다. 이 단계는 인지발달 수준으로 보면 형식적 조작기에 해당된다.

3) 제3단계: 관습 이후 수준

a. 낮은 단계(사회계약 및 입법 지향)에서는 법과 제도가 결국 사회구성원들이 협상을 통해 맺은 사회계약에 기초하는 것이고, 새로운 계약을 통해서 얼마든지 변화 가능하다는 점에 주목한다. 그러므로 가능한 한 많은 사람이 참여하여 모두에게 유익한 결정을 내리는 합리적 숙고와 합의의 과정이 중시된다. 사회적 정의 역시 민주적 의사결정 원리에 따른 합의로 결정된다.

b. 높은 단계(보편적인 윤리적 지향의 단계)에 도달하는 사람은 많지 않다. 이 단계에 도달한 사람은 보편타당한 추상적인 윤리적 원리를 찾아내려고 노력한다. 그러므로 도덕적 결정을 내리기 위한 기준은 이미 정해져 있는 규범이 아니라 어떤 결정에 대해 검토하기 위한 보편적 절차이다. 이들은 이 보편적 절차에 기초하여 자신의 양심에 따른 결정을 내린다. 대표적인 예로는 예수, 석가, 칸트 등이 있다.

[그림 9-1]은 콜버그가 1960년대 미국의 청소년을 대상으로 측정한 도덕발달 단계이다.

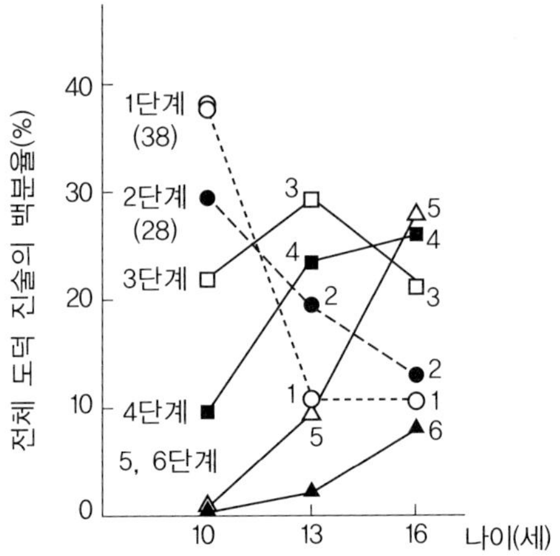

[그림 9-1] 1960년대 미국 청소년의 도덕발달

출처: Oerter & Montana (1987), S. 755.

이 그림에서 보면 10세의 미국 청소년 중에서 5, 6단계에 도달한 사람은 거의 없고, 4단계 10%, 3단계 약 20%, 2단계 30%, 1단계 40%로 나타난다. 13세의 미국 청소년 중에서 6단계는 1~2%, 5단계는 10%, 4단계는 약 20%, 3단계는 30%, 2단계는 20%, 1단계는 약 10%로 나타난다. 16세에서는 6단계가 약 10%, 5단계가 약 10%, 4단계가 약 25%, 3단계가 20%, 2단계 20%, 1단계 약 10%이다.

모든 사람이 6단계를 달성하는 것은 아니며, 각 단계에 해당하는 정확한 연령대도 명확히 규정할 수 없다. 또 콜버그가 제시한 발달단계 모델이 절대적으로 옳은 것도 아니다. 그러나 콜버그는 광범위한 국제적 비교연구에 기초해서 자신의 도덕발달 모델이 인류 보편적으로 발견될 수 있으리라고 추정하였다.

콜버그의 도덕발달단계 이론에 대해 다음과 같은 평가가 있다.

① 콜버그는 유아기의 도덕적 경향이나 심리적 운동, 즉 정서나 무의식에 대해서는 거의 관심을 기울이지 않았다.

② 콜버그는 도덕발달단계의 설정에서 '정의(justice)'의 가치를 중심에 놓았다.

그리하여 동정심이나 사랑 같은 도덕적 가치는 도덕발달단계의 판정에서 도외시되었다. 길리건(C. Gilligan)은 이를 비판하면서 여성은 정의보다는 '배려' 및 '타인과 자신에 대한 책임'이라는 도덕적 가치에 따라서 행동한다는 점을 경험적 연구를 통해서 입증하였다.

③ 도덕 판단의 고차적인 단계는 아시아 사회에서는 잘 발견되지 않는다. 아시아 사회에서는 서구와 다른 가치(집단–가족 지향성)들이 지배적이기 때문이다. 따라서 콜버그 모델의 보편성은 의심스럽다.

④ 콜버그는 딜레마 토론에 기초한 도덕교육이 지나치게 주지주의적이라는 비판을 수용하여 후기에는 '정의로운 공동체 학교'라는 도덕교육 프로그램을 제시하고 실행에 옮겼다.

연습문제

1. 다음의 사례를 읽고 그것이 동화의 과정인지, 조절의 과정인지를 생각해 보자.
   1) 어떤 어린이의 사고과정: "모든 움직이는 것은 생명이 있어. 저기 하늘에 해가 떠 있네. 해는 동쪽에서 서쪽으로 움직여. 그러니까 해도 살아 있는 것이지. 어라? 아빠가 종이로 만든 비행기가 잘도 날아가네? 종이비행기는 아빠가 종이로 접은 것이니까 살아 있는 것은 아니야! 그렇다면? 움직인다고 반드시 생명이 있는 것은 아니네?"
   2) "구름은 발이 없어서 저렇게 천천히 움직여요. 구름은 지렁이나 애벌레처럼 몸이 길어요. 그래서 그렇게 느릿느릿 가요."(http://epltt.coe.uga.edu/index.php?title=Piaget%27s_Stages 참조)
2. 피아제의 발달심리학에 기초할 때 바람직하다고 생각되는 수업방식이나 프로그램을 한 가지 이상 제시하고 그 이유를 설명해 보자.
3. 피아제의 '동화'와 '조절'의 사례를 주변에서 각각 한 가지씩 찾아보자.
4. 에릭슨의 정체성 발달이론과 프로이트의 정신분석학의 차이점을 제시해 보자.
5. 콜버그의 도덕발달이론에 대한 길리건과 나딩스(N. Noddings)의 비판은 무엇인지 설명해 보자. 그리고 어느 쪽의 도덕발달이론이 더 설득력이 있는지 조별로 토론해 보자.

제 10 장 교육과 사회

1. 교육과 사회의 관계
2. 사회화로서의 교육
3. 사회화를 설명하는 이론들

제10장 교육과 사회

교육은 진공상태에서 일어나는 것이 아니라 일정한 역사적 · 사회적 맥락 속에서 일어나며 다양한 사회적 문제와 연관되어 있다. 따라서 교육을 이해하기 위해서는 해당 사회가 처한 역사적 · 사회적 · 문화적 · 경제적 맥락을 이해할 필요가 있다. 이러한 필요성에 부응하는 교육학의 한 분과가 교육사회학이다. 교육사회학은 '사회학적 관점' 또는 '사회학적 상상력'에 기초한 교육에 대한 연구라고 할 수 있다. 사회학적 관점이란 '우리의 개인적 삶이 사회적 경험의 맥락에 의해 영향을 받는, 그 미묘하고 복잡하고 근원적인 방식을 이해하는 것'을 의미한다. 사회학적 상상력이란 '사회문제들의 의미와 맥락을 올바로 파악하는 안목으로서, 사람들로 하여금 익숙해진 일상생활의 타성에서 벗어나 모든 것을 새롭게 바라볼 수 있게 하는 능력'을 말한다. 여기서는 사회화의 개념을 중심으로 교육에 대한 사회학적 연구를 검토한다.

1. 교육과 사회의 관계

교육의 이론과 실천을 사회학적 관점에서 연구할 때 제기되는 문제는 다음과 같다. 학교는 사회체계에 종속된 기구인가 아니면 독립성을 갖는가? 독립적이라면 어느 정도의 독립성을 가지는가? 교육은 기존 사회의 불평등을 구조적으로 재생산하고 정당화하는 데 기여하는가 아니면 불평등한 사회를 좀 더 평등하게 만드는 데 기여하는가? 한 사회에는 가정, 미디어, 학교, 또래집단, 국가 등 다양한 사회제도나 집단이 존재하는데, 이들은 후속세대의 성장과 발달에 구체적으로 어떤 영향을 미치고 있는가? 교육의 대상인 학생들은 사회의 영향에 대해 어떤 방식으로 반응하고 있는가? 즉, 수동적인가 아니면 능동적인가? 그 밖에도 우리나라의 학력주의, 학벌주의, 교육열은 왜 그리고 어떤 사회적 배경에서 나타났는가? 교육은 한국 사회의 양극화와 어떤 연관성을 지니고 있는가? 학교폭력과 교실붕괴 현상은 왜 생겨나고 있는가? 그에 대한 해결방안은 무엇인가?

교육사회학의 다양한 연구를 커다란 주제에 따라 대별한다면 대체로 여섯 가지로 나뉜다. "첫째, 교육이란 무엇인가, 둘째, 누가 학교에 가는가, 셋째, 학생들은 학교생활을 어떻게 하고 있는가, 넷째, 학교에서는 무엇을 가르치는가, 다섯째, 누가 학교교육을 통제하는가, 여섯째, 교육은 어떻게 변화되어야 하는가."이다(성태제 외, 2018: 165).

또한 교육과 사회의 관계를 연구하는 관점에는 기능주의와 갈등이론이 대립하고 있다. 기능주의는 일찍부터 교육에 대한 사회학적 연구를 지배해 온 전통적 관점이다. 기능주의는 사회를 하나의 조화로운 체계로 간주하고 이 체계의 원활한 작동이라는 관점에서 교육의 문제를 바라본다. 마르크스주의 전통에 서 있는 갈등이론은 기능주의에 대해 반대하면서 사회가 계급적 갈등과 불평등을 포함하고 있다고 보고, 현실의 교육이 결국 사회적 불평등을 온존히 유지하는 데 기여하고 있다는 '불평등 재생산이론'을 주장한다.

그러나 기능주의든 갈등이론이든 "종래의 교육사회학은 교육과 사회의 관계를 거시적 접근으로 분석하여 학교의 사회적 기능을 투입과 산출의 모형으로 설명하였다. 거시적 수준에서 학교교육을 이해하는 관점을 '규범적 패러다임'이라고 한다"(이훈병, 황성원, 2017: 84). 이에 대해 학교의 내부 과정을 미시적 수준에서 접근하는 새로운 방향의 교육사회학이 등장하였다. 이렇게 1970년대부터 교육사회학의 새로운 흐름으로서 등장한 것이 '신'교육사회학이다. 신교육사회학은 다음과 같은 물음에 초점을 둔다. 즉, 교육은 과연 정치적으로 중립적이며, 교육과정은 과연 보편적인 가치를 가진 지식과 규범으로 구성되어 있는가? 특정한 교육내용은 어떤 사회적 결과를 초래하는가? 그리고 누가, 왜, 어떻게 그것을 공식적 교육과정으로 선정하는가? 그리고 그 교육과정을 전달하고 배분하는 데에서 학교, 교사, 학생은 어떻게 조직되고 있는가? 이러한 지식사회학적인 문제의식은 1970년대 초 이래 교육사회학의 본격적인 연구관심으로 떠오르고 있다.

여기서 우리가 교육사회학의 전반적인 연구를 들여다볼 수는 없다. 이 장에서는 주로 교육과 사회가 서로 겹치는 전형적인 영역인 '사회화'를 중심으로 살펴본다. 이는 아동과 청소년의 발달과정을 그들이 살아가는 환경세계로서의 사회와의 연관성 속에서 살펴보고 이해하려는 작업이라고 할 수 있다.

2. 사회화로서의 교육

사회화의 개념은 프랑스의 사회학자 에밀 뒤르켐이 '인간이 사회의 일원이 되는 과정' 또는 '사회적 조건을 통해 사람들의 인성과 인격(personality)이 (무계획적으로) 만들어지는 과정'이라는 의미로 처음 사용하였다. 이후 1960년대에 이르러 교육학이 사회과학과 활발히 교류하기 시작하면서 이 개념은 교육학의 중요 개념으로 부상하였다. 이때 사회화에 대한 연구는 주로 사회적으로 주어진 태도, 역할, 지향들을 사람들이 어떻게 습득, 내면화하는가에 초점을 맞추었다. "다시 말해서, '인간이 그 사회가 옳다고 보는 사고방식과 행동, 가치 및 태도를 배워 자신의 것으로 내면화함으로써 그 사회가 요구하는 생활방식에 따라 행동하게 되는 과정'이라고 한다."(이훈병, 황성원, 2017: 19)

초기의 사회화 연구에서 사회는 사람들을 적응시키는 강력한 힘인 듯이 보였고, 또 사회의 영향력은 개인을 집어삼키는 운명적인 것으로 간주되었다. 이에 대해 많은 교육학자는 교육이 자칫하면 일방적 사회적응의 과정으로 격하되지 않을까 하는 우려를 가졌고, 이에 '사회화'와 '인격화'의 관계에 대해서 격렬한 논쟁을 벌였다. 그 결과 오늘날 사회화에 대한 연구의 초점은 사회의 외적인 영향력보다는 인간의 주체형성 과정, 반성능력, 주도적으로 환경을 취급하고 형성하는 능력으로 이동하였다.

최근의 연구에서 사회화의 개념은 외적인 가치나 질서의 일방적 전달과 수용 과정으로서가 아니라 '사회적 환경과 개개 인간 유기체 간의 상호작용 과정 전체'를 표현하는 말로 이해되고 있다. 다음의 정의는 하나의 대표적인 사례이다.

> "사회화는 개별 주체들의 생물심리학적 기본구조와 그들의 사회적 · 물리적 환경세계 간의 상호 의존을 통해서 비교적 지속적인 성향의 지각방식, 가치관 그리고 행동방식이 개인적 · 집단적 차원에서 생겨나는 과정이다."
>
> 또는
>
> "인간이 자기가 속해 있는 사회집단의 행동양식, 가치관, 규범과 같은 문화를 학습하여 내면화하면서 자기 자신의 독특한 개성과 자아를 형성해 가는 과정을 사회화라고 한다."

이들 정의에서 보듯이 사회화는 사회의 측면에서 보자면 기존 문화의 전달과정이고, 개인의 측면에서 보자면 개성의 형성과정으로 볼 수 있다. 즉, 사회화 과정에서 개인과 사회는 이미 서로 엮여 있으며 어느 하나가 더 결정적이고 근원적인 의미를 갖지는 않는다. '성공적 사회화'는 "객관적 현실과 주관적 현실이 고도의 조화를 이루는 것이다"(고전, 김민호, 서명석, 송재홍, 2019: 209). "성인의 삶의 표준에 맞추어 아이들을 동화시키는 것이 사회화이며, 교육이라고 생각하는 것은 잘못된 것이다."(성태제 외, 2018: 170)

더 나아가 사회화를 어떤 방식으로 이해하든 사회화는 의도적 활동으로서의 교육과 동일시될 수 없다. 사회화는 교육보다 더 넓은 외연을 갖는 개념이기 때문이다. 사회화의 개념이 개별주체와 사회의 광범위한 상호작용 과정을 포괄하는 반면, 교육은 '우리가 특정한 가치 기준에 따라 타인의 인성발달에 영향을 미치기 위해서 동원하는 모든 행동과 조치를 가리킨다'. 그러므로 사회화와 교육의 핵심적인 차이는, 명확한 의도를 가지고 진행되는 사회화 과정인지 아니면 개인과 사회 간에 이루어지는 모든 상호작용인지에 있다. 따라서 교육은 사회화의 한 부분 영역이라고 할 수 있다. 교육은 사회화에 기여할 수 있지만, 모든 사회화 과정이 곧 교육인 것은 아니다. 사회화를 문화의 전달과정으로 본다면 사회화는 '문화화'와 같은 의미를 가질 수 있다.

3. 사회화를 설명하는 이론들

사회화 과정에 대한 하나의 합의된 이론은 아직 존재하지 않는다. 그러므로 여기서 우리는 사회화를 해명하기 위해 제시되었던 다양한 이론과 그 기본내용을 폭넓게 검토해 볼 필요가 있다. 사회화 연구자들은 기존의 이론들을 크게 두 가지 유형으로 분류한다. 첫째, 심리학에 기초한 사회화 이론이다. 여기에는 행동주의 심리학, 정신분석학, 인지적 발달심리학, 생태학적 입장에 기초한 사회화 이론들이 속한다. 둘째, 사회학에 기초한 사회화 이론이다. 여기에는 구조기능이론, 상호작용적 이론, 사회이론 등이 속한다.[1)]

1) 행동주의 심리학

행동주의 심리학에서는 학습을 어떤 개체에게 '자극과 반응의 결합이 생겨나는

---

1) 이 밖에도 사회화를 설명하는 데에 동원될 수 있는 이론들은 많이 있다. 예를 들면, 프랑크푸르트학파에서 제시했던 '인격교육론', '결핍존재'로서 인간의 문화화에 대한 아놀드 겔렌의 이론, 구소련의 심리학자인 비고츠키(L. S. Vygotsky)나 레온티예프(K. Leon'tiev)의 사회문화적이며 생애사적인 자아구성과정에 대한 연구, 유물론적 관점에서의 사회화 이론, 루만(N. Luhmann)의 체계이론, 독일에서 다시 부각되고 있는 빌둥(도야)이론, 생애사 연구 등을 들 수 있다.

것'으로 이해한다. 이때 행동주의 심리학은 아동의 유전적 소질이나 생물학적인 내면적 성숙과정에 대해서는 전혀 관심이 없고, 오로지 학습자가 환경세계로부터 받은 자극, 경험이 그에게 어떤 영향을 미치는가에 대해서만 관심을 집중한다. 행동주의 심리학은 파블로프(I. Pavlov)의 고전적 조건화와 스키너의 조작적 조건화 개념에 기초하고 있다.

스키너에 따르면 인간은 본래 활동적인 존재 또는 무엇인가 달성하기 위해서 건드리고 만지작거리는 존재이다. 이러한 인간의 '조작적인' 태도는 본질적으로 '시행착오'를 거쳐 변화되어 가는 특성을 지니고 있다. 교육자가 이 시행착오의 과정에 개입해서 긍정적인 강화나 부정적인 강화를 하면, 학생은 자연스럽게 어떤 특정한 태도를 발전시킬 수 있다. 예를 들어, 일상적으로 주어지는 가정교육은 결국 자극과 반응의 결합과정으로 이해될 수 있다. 부모는 자녀의 여러 가지 태도나 행동(예: 인사하기)을 선별적으로 강화함으로써 하나의 복합적인 태도(예: 공손함)가 형성되도록 교육한다. 바로 이렇게 해서 사회적 가치나 규범이 후속세대에게 전달되는 과정이 사회화이다.

우리는 행동주의 심리학의 사회화 개념에 대해서 다음과 같은 비판을 제기할 수 있다.

첫째, 인간의 행동을 단순한 기계론적인 모델에 따라서 이해한다. 둘째, 인간 내면의 심리과정을 탐구 불가능한 것(암흑상자)으로 상정하고 도외시한다. 셋째, 행동주의로는 단지 단기적인 학습과정만이 연구될 수 있을 뿐, 포괄적이고 장기적인 인간발달과정은 연구되기 어렵다. 넷째, 학습환경의 사회적 측면들이 비판적으로 고찰되기 어렵다.[2)]

2) "일반적으로 인정되는 '자유'와 '자유의지'는 환상이다. 인간은 환경, 강화하는 환경의 산물이라는 사고를 거부하는 오만을 제거해야 한다. 즉, 우리가 영혼을 가지며 우리 안에 무엇을 해야 하는가에 대한 결정을 내리는 중심이 있다는 믿음을 제거해야 한다. 우리의 행동은 '내부'로부터가 아니라 '외부'로부터 결정된다. …… '인간은 책임성이 있고 자율적이다.'라는 생각은 인간이 평화롭게 행복하고 살 수 있는 복지 사회를 만드는 데 장애가 되는 위험한 신화이다. 인류가 성공적으로 생존하려면 과학적 이성의 토대 위에서 만들어진 사회적 기술공학을 이용해야 한다. 여기서 조작적 조건화가 필요하다."(Skinner 참조; Palmer, 2009: 125)

행동주의 심리학은 반두라(A. Bandura)의 모델-학습이론에 의해서 한층 더 발전되었다. 반두라의 연구에 따르면 아동이 어떤 모델의 태도와 행동을 보고 수용하는 것은 단순한 모방이 아니다. 아동들은 눈앞의 모델 이외에 다른 사람들(사회적 모델)과의 교섭 속에서 이미 획득한 인지적인 도식과 규칙체계에 따라 자신의 행동(반응)을 조절한다. 그러므로 사회화는 비록 행동주의 심리학이 주장하듯이 사회적 영향에 의존하긴 하지만 그럼에도 거기에는 동시에 인간의 고유한 활동성 및 지적인 활동이 개입하고 있다는 점을 간과해서는 안 된다는 것이 반두라 연구의 의미이다.

2) 프로이트의 정신분석학

프로이트가 창시한 정신분석학은 지금까지 엄청난 분화와 발전을 거듭하였다. 그러나 다양한 정신분석학파가 여전히 공유하는 핵심적 요소는 인성의 발생과 태도의 형성에서 '무의식'의 역할을 고려하고 강조한다는 데 있다. 우리가 하는 의도적이고 합리적인 행위의 배후에는 종종 스스로 의식하지 못하는 모종의 연관관계가 감추어져 있다는 것이다. 정신분석학의 연구는 아동 · 청소년의 사회화 과정에서 일어나는 사회적 표준 또는 문화의 습득이 대부분이 '무의식적으로' 진행된다는 점을 보여 준다.

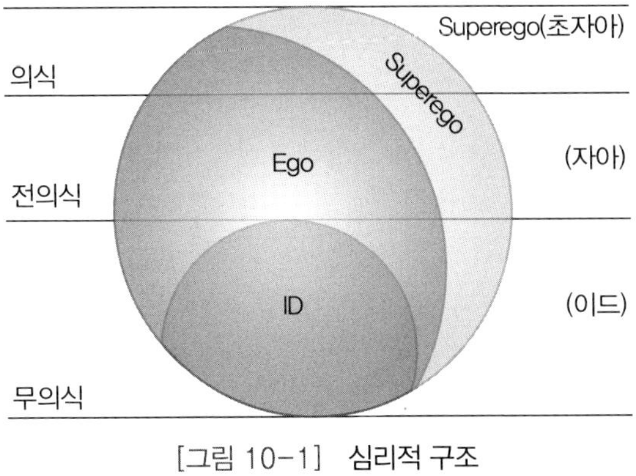

[그림 10-1] 심리적 구조

즉, 한 인간의 심리적 구조는 부모, 자식 그리고 환경 사이에서 일어나는 감각적 · 정서적 상호작용을 통해서 형성된다는 것이다. 정신분석적 사회화 연구의 특징적인 점은 '행위초월적인 과정을 강조하고 무의식적인 기대나 환상을 고려'한다는 데에 있다. 인간의 주체성 형성은 부모, 자식, 환경의 지속적인 상호작용 가운데에서 이루어진다. 즉, 한 인간의 감정, 인지 그리고 행위는 계속된 상호작용들이 침전되어 형성된다.

특히 '초자아'의 형성과 함께 아동은 부모, 즉 사회의 표준적인 가치들을 내면화한다. "초자아의 성립은 사회적 가치와 규범이 아동의 심리 속으로 들어가는 통로가 된다." 이때 자아는 초자아와 이드를 그리고 이드와 현실원칙을 매개해야 한다. 그러므로 여기서 '강한 자아'를 발달시키는 일이 매우 중요해진다. 또한 인간은 동일화(identification)의 메커니즘을 통해서 사회적 · 사물적 대상세계에 적응한다. 왜냐하면 (동일화를 통한) 내면화의 과정에서 처음에는 외적이었던 사회적 규범과 가치가 내면심리의 현실, 인성이 되고, 그리하여 개인의 행동을 인도하게 되기 때문이다.

사회화 이론과 연관하여 중요한 것은 정신분석학에서 제기하는 성심리적 발달단계이다(〈표 10-1〉 참조).

〈표 10-1〉 성심리적 발달단계

발달단계	특징
구강기(0~1세)	입으로 할 수 있는 활동에서 즐거움을 느낀다. 젖이나 손가락 빠는 일 또는 먹는 일 등이 그 예이다.
항문기(1~3세)	리비도가 항문 주위에 집중되어 배설을 참거나 방출하는 데서 즐거움을 느낀다. 대소변을 훈련하는 시기에 해당한다.
남근기(3~5세)	리비도가 성기 주위에 집중된다. 다른 성의 부모에 대한 성적 애착이 나타난다. 이 시기에 아동의 평생에 걸친 성격이 대부분 형성된다.

잠복기(7～12세)	리비도가 무의식 속으로 잠복해 들어가는 시기이다. 주로 동성 친구나 외부 세계에 대해 관심을 갖는다.
생식기(13세～)	신체적 성숙이 이루어짐에 따라서 진정한 의미의 성욕이 등장한다. 사춘기에 해당하며, 자아의 정체성이 형성된다.

이 모델이 주지하듯이 여러 신체기관의 리비도 지배과정에 따라 단계가 구분된다. 남근기에서 잠복기로 넘어가는 시기에 오이디푸스의 상황을 겪게 되며, 이때 자기와 같은 성의 부모와 자기를 동일시함으로써 심리적인 성의 분화를 겪는다. 구강기에는 단지 이드만이 있었다면 항문기와 남근기에는 이드와 더불어 자아가 형성되며, 오이디푸스 시기에 비로소 동일화를 통해 초자아가 형성된다.

이와 같이 정신분석학에서는 사회화의 과정이 인간의 성심리적 발달단계에 의해 진행되는 것으로 이해된다.

3) 피아제의 발달심리학

피아제에 따르면 인간의 사회화는 사물 및 사회 세계를 능동적으로 이해하고 파악하려는 인간 주체의 일반적 성향에 기초해서 이루어진다. 따라서 인간의 발달은 정신분석학에서 주장하듯이 '내적(성적) 충동과 욕망의 발현'에 의한 것도, 행동주의 심리학에서 말하듯이 '외적(사회적) 영향'에 의한 것도 아니며, 생물학자들이 주장하듯이 유전적인 소인에만 근거하는 것도 아니다. 피아제의 이론은 사회화를 인간의 생리적 성숙과정, 사물과의 교섭, 사회적 상호작용이라는 세 가지 요소 그리고 이 요소들 간의 평형을 이루어 내는 인간 내면의 심리적 능력 등의 복합적 상호관계를 통해서 진행되는 과정으로 이해한다.

여기서 아동은 능동적으로 자신의 발달을 이루어 내지만 그렇다고 완전히 자유롭게 그렇게 하는 것이 아니라 환경과의 상호 교섭 속에서 그렇게 한다. 이 발달과정은 구조-발생적으로 연관되어 있는 4개의 인지적 발달단계(감각운동기-전조작기-구체적 조작기-형식적 조작기)를 거친다. 그리고 이러한 인지적 발달단계는 지성의 발달에만 적용되는 것이 아니라 도덕적 · 사회적 발달도 그에 상응하여 발전한다. 예를 들어, 아직 '양의 불변성' 개념을 갖지 못한 전조작기의 아동은 도덕적인 판단에서도 자신의 관점을 유보하고 대신 타인의 관점을 취할 줄 모르며, 또한 타인의 외적인 행동과 행동의 동기를 구분해서 생각할 줄 모른다. 왜냐하면 이 시기 아동의 인지능력은 사물의 여러 측면을 동시에 바라볼 수 없기 때문이다. 그러므로 인지발달과 도덕발달은 서로 긴밀히 연동해서 이루어진다.

그러나 피아제는 사회적 · 물리적 환경이 사회화에서 행사하는 역할은 어떤 것인지, 각 사회집단 속에서의 사회적 상호작용이 어떤 특성을 갖고 있는지, 바람직한 사회화를 달성하기 위해서 아동의 환경과 생활조건을 어떻게 구성 및 조직해야 하는지 등에 대해서는 구체적으로 논의하지 않았다. 즉, 피아제는 아동의 환경세계를 언급하기는 하지만, 단지 아동의 인지발달이 이루어지는 데 반드시 필요하다는 점을 선언하고 있는 데에 그친다. 피아제의 제자인 콜버그는 아동이 한 단계 높은 도덕적 발달을 이루기 위해서 필요한 사회적 환경이 무엇인지를 구체적으로 연구함으로써 이러한 결점을 보완하였다.

4) 브론펜브레너의 사회생태학

사회생태학적 사회화 이론은 심리학과 사회학의 경계 지대에 서 있다. 브론펜브레너(U. Bronfenbrenner)는 피아제로부터 환경세계를 능동적으로 인식하는 구성적 인간관을 수용하는 한편 거기서 더 나아가 환경도 주체에게 영향을 행사한다는 점에 주목하여 인간과 환경 간의 긴밀한 상호적 관계를 탐구하였다. 그는 사회화에 영향을 미치는 모든 사회체계의 복합적이며 상호적인 중층적 관계를 밝혀내려 하였다([그림 10-2] 참조).

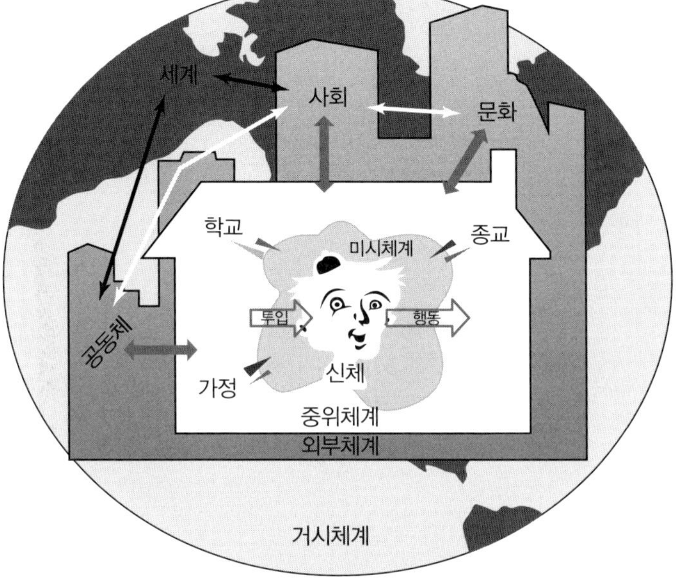

[그림 10-2] 브론펜브레너의 사회화 과정 모형[3)]

[그림 10-2]는 브론펜브레너의 사회화 과정 모형에 대한 설명을 표현한 것이다. 이 그림은 미시체계인 한 개인과 그를 둘러싼 중위체계, 외부체계, 거시체계가 서로 중첩되어 있는 구조 그리고 이 체계들이 동시적으로 상호 시너지 효과를 발휘하는 모델을 제시하고 있다. 개인의 사회화는 이런 복합적인 과정 속에서 진행된다.

이와 같이 브론펜브레너는 종래의 사회화 이론들과 달리 인간적 유기체와 환경세계 간의 총체적이고 지속적인 상호 적응과정을 포괄적으로 제시하려고 시도하였다. 그리하여 브론펜브레너의 사회화 이론은 아동의 사회화 과정을 이해하기 위한 정교하고 복합적인 모델을 제시했다는 데서 큰 의미를 갖는다.

---

3) https://www.google.com/search?source=univ&tbm=isch&q=Bronfenbrenner&sa=X&ved=2ahUKEwiGuoXB_IDrAhXbBIgKHbA3CcYQiR56BAgHEBA&biw=1670&bih=773#imgrc=Syk5o4tUGFfgiM 참조.

그의 사회생태학적 사회화 이론은 현실의 사회화 과정을 있는 그대로 총체적으로 재현하는 데에 효과적이며, 더 나아가 아동에게 맞는 이상적인 사회화의 조건을 모색하는 데에도 좋은 지침이 될 수 있다. 예를 들어, 현재의 학교폭력 문제와 연관해서 볼 때, 그의 이론은 다음과 같은 시사점을 줄 수 있다고 생각된다.

즉, 학교폭력을 미시적인 차원에서 단지 몇몇 아동의 개인적인 문제 또는 가정의 문제로서 연구하거나 또는 반대로 거시적인 차원에서 사회적 · 문화적 · 경제적인 문제로서 연구하는 것은 모두 일면적이다. 학교폭력이 발생하는 과정을 개인, 가족, 학교, 사회, 국가, 문화 차원의 여러 가지 요소가 서로 어떻게 상호작용하고 있는지를 총체적으로 규명하는 작업이 필요한 것이다. 그리고 이러한 전체적인 분석 위에서만 학교폭력에 대한 체계적이고 근본적인 대책이 마련될 수 있을 것이다.

5) 구조기능주의

낯선 곳에 여행을 갔을 때 종종 느끼는 감정 또는 의문 중 하나는 여기도 이렇게 많은 사람이 모여 살고 있는데 이들은 도대체 어떻게 각자의 일을 하면서도 동시에 서로 조화를 이루며 다 같이 먹고 살고 있는가 하는 것이다. 구조기능주의 사회학의 선도자인 파슨스의 문제의식은 바로 이러한 소박한 물음에서 출발하였다. 즉, 무수히 많은 사회적 행위 주체와 집단으로 이루어진 복잡한 사회가 도대체 어떻게 그렇게 조화로운 전체적 질서를 유지하며 작동할 수 있을까? 이렇게 복잡다단한 사회적 체계가 지속적인 안정성을 유지하며 굴러갈 수 있는 이유는 도대체 어디에 있는가? 여기에 대해서 파슨스가 찾아낸 대답은 다음과 같다. "사회 전체의 안정성은 각 사회적 체계 및 그 하부체계들이 하나의 통일적 구조 속에서 제각각의 기능을 발휘하고 있기 때문이다."

여기서 구조라 함은 하나의 체계의 정태적인 측면을 말하는 것이다. 예를 들어, 사회적 하부체계로서의 학교제도는 어떻게 구성되고 조직되어 있는가를 묻는다면 그것은 구조에 대한 물음이다. 이에 비해 기능은 그 하나의 체계의 역동적인 측면을 말한다. 예를 들어, 학교가 선별의 기능을 통해서 사회적 재화를 분배하고, 자격부여의 기능을 통해서 사회에서 필요한 지식과 능력을 가르치고, 정당화의 기능을 통해서 중요한 사회적 가치와 규범들을 전달한다고 말할 때는 학교의 기능을 말하고 있는 것이다.

그래서 구조기능주의의 사회분석은 인간 개개인을 포함한 여러 하위체계의 구조 및 기능과 그것들 간의 교환과정이 전제 체계의 안정성에 기여하는지 아니면 그것을 위협하고 있는지를 규명하려 한다. 그러므로 구조기능주의에서 개인(=인격의 유기체적 체계)의 사회적 행동은 고립적으로가 아니라 언제나 특정한 관계, 즉 체계(=심리적 체계 및 사회적 체계)의 일부로서 다루어진다.

그렇다면 구조기능주의에서 사회화는 무엇인가? 구조기능주의자인 파슨스에 따르면 사회화는 역할(role)의 습득을 통해서 진행된다. 사회집단의 구성원들이 어떤 행위자에 대해서 갖는 규범적 기대들은 '역할'로서 구체화된다. 사회화의 과정은 점점 더 다양해지고 증가되는 역할들을 수용하는 것이다. 즉, 이 다면적인 역할수용을 통해서 사람은 사회적 세계의 가치관과 규범들을 광범위하게 내면화하게 되는 것이다. 그러므로 역할들은 각 개인의 행동목표이며 동시에 각자에게 활동의 동기를 부여하는 힘이 된다.

그러므로 최초의 질문에 대한 그의 결론적 대답은 다음과 같다. "역할을 인성체계 속으로 수용함으로써 인간의 행위는 예측 가능하게 된다. 유기체(개인), 인성 그리고 사회라는 세 가지 체계의 조율은 결국 안정된 평형상태를 목표로 한다. '사회화'는 이 평형 유지의 메커니즘이다."

구조기능주의의 사회화는 편협하다는 비판을 받을 수 있다. 왜냐하면 구조기능주의는 사회화를 개인이 단지 일방적으로 기존의 사회질서 속으로 편입되는 과정으로 간주하기 때문이다. 그러나 현재 통용되는 규범이나 사회가 요구하는 역할에 잘 적응했다는 것만으로 사회화가 제대로 이루어졌다고 말하기는 어렵다.

그러나 다른 한편으로, 구조기능주의는 사회 전체가 동시에 어떤 구조와 기능의 체계라는 사실을 분명하게 자각시켜 준다는 점에서 의의가 있다. 이것은 교육에 대해서도 예외가 아니다. 예를 들어, 이것은 학교라는 제도가 필연적으로 사회적 기능의 연관체계 속에 맞물려 작동하고 있으며 따라서 학교를 전적으로 교육 내재적인 고려에 따라서만 운용한다는 것은 불가능한 일이라는 사실을 명확하게 보여 준다.

6) 미드의 상징적 상호작용 이론

앞에서 보았듯이, 구조기능주의에서는 사회화를 외부 관찰자의 관점 또는 거시이론의 차원에서 본다. 이에 반해 상징적 상호작용 이론은 사회화를 참여자의 관점 또는 미시이론의 차원으로 본다는 점에서 차이가 있다. 상징적 상호작용 이론의 기본 입장은 다음과 같다. "사회와 문화는 상징체계를 통한 상호작용의 결과이며, 사회적 현상은 상호작용에 의하여 나타나는 행위의 결과…… 개인 간 상호작용이 일어난 맥락 속에서 개인을 이해하려 했으며, 개인의 행위나 반응의 의미를 해석하고자 하였다."(이훈병, 황성원, 2017: 82) 그러므로 상호작용 이론에서는 일상적으로 이루어지는 개인과 개인 그리고 개인과 사회의 상호작용이 논의의 중심에 놓인다.

이 이론의 대표자는 미드(G. H. Mead)이며, 미국에서는 고프먼(E. Goffman)과 블루머(H. Blumer), 독일에서는 하버마스(J. Habermas)와 몰렌하우어(K. Mollenhauer) 등이 계승 · 발전시켰다. 미드의 사회이론의 출발점이 되는 물음은 다음과 같다. 첫째, 사람들은 어떻게 서로를 이해할 수 있으며 또 어떻게 상호 간의 충돌을 해결할 수 있는가? 둘째, 상호 주관성은 어떻게 해서 가능한가?

미드는 인간의 상호작용이 갖는 특징을 드러내기 위해서 먼저 인간과 동물의 차이에 주목한다. 동물은 다른 동물의 동작(gestures)에 대해서 그 의미나 의도에 대한 아무런 반성적 물음 없이 직접적으로 반응한다.[4] 반면에 인간은 타인의 언어적(그리고 다른 상징적) 언표가 어떤 의도를 가지고 말해졌으며 그것이 나에게 이해 가능한 의미를 가지고 있다는 전제 위에서 행동한다. 여기서 결정적인 점은 나(에고)는 타자의 관점을 취할 줄 알며 따라서 타인의 관점에서 의사소통을 바라볼 수 있다(관점수용)는 것이다. 즉, 인간은 서로 상대방의 관점과 기대를 추정할 수 있고 그래서 타자가 어떻게 반응할지를 '예상'할 수 있다. 타자도 물론 이와 마찬가지이다. 그러므로 우리는 상호작용에서 우리의 역할을 상호적으로 해석하며 거기에 맞추어 행동한다. 이 과정을 미드는 역할수용(role-taking)이라고 부른다.

그러므로 미드의 역할수용 개념은 파슨스의 역할수용 개념과 전혀 다른 의미를 갖는다. 파슨스의 역할수용은 냄비와 뚜껑처럼 이미 확정된 상호적 보완관계에 있는 것이며, 개인은 어떤 정해진 역할을 선택할 수 있을 뿐이다. 그런데 미드의 이론에서 역할을 받아들이고 채택하는 행위는 주체적인 해석을 통해서 이루어지며 그런 만큼 서로 어긋날 위험이 있지만 그럼에도 동시에 어느 정도 자유롭고 주체적으로 행동할 여지를 준다. 이것은 기본적으로 인간들 서로 간의 동등한 권리가 있음을 전제로 한다.

나의 행동이 타인에게 어떤 의미를 갖는지가 예측되며, 그와 동시에 그래서 이 타인이 내게 어떻게 반응할 것인지가 순식간에 예견되고 계산된다. 이 예견과 계산에 따라서 자아는 그에 맞는 역할을 취하며 그 순간 자신의 정체성을 선포한다. 이렇게 선포된 정체성은 타자가 기대하는 것과 똑같을 필요가 없다. 즉, 자아는 자신의 역할을 '만든다'. 이 과정을 미드는 역할형성(role-making)이라고 부른

4) "내가 싸우는 개들의 예를 든 것은 제스처의 개념을 도입하기 위해서이다. 한 마리 개의 제스처는 다른 개의 반응을 유발하는 자극 역할을 한다. 그러면 두 마리 개 사이에 관계가 형성된다. 그리고 상대 개의 행위에 대해 처음 개가 또 반응을 하기 때문에, 두 마리의 개는 교대로 변화를 겪는다. 한 마리의 개가 다른 개를 공격할 준비가 되어 있다는 사실 자체가 다른 개로 하여금 자기 위치나 태도를 변화시키도록 자극한다. 한 마리의 개가 이 제스처를 하자마자 이것은 다시 다른 개가 태도를 변화시키는 원인이 된다. 우리는 여기서 제스처의 대화를 볼 수 있다. 그러나 이것은 의미 있는 제스처는 아니다. 만약 저 개가 이 방향에서 오면 내 목 쪽으로 튀어 오를 것이다. 상대 개의 접근방향을 보고 처음 개가 자기 위치를 변화시킨다."(G. H. Mead)

다. 내가 역할형성을 하면 이제 타자는 그에 대해 자신의 태도를 취하며 자기 방식으로 반응한다. 그럼으로써 서로의 역할에 대한 합의된 타결이 이루어지거나 아니면 의사소통이 중단된다. 물론 여기서 협상을 위한 여지나 여유 공간이 얼마나 큰가는 상황에 따라서 달라진다.

사회화는 단지 '역할수용'뿐 아니라 '역할형성'의 과정을 통해서도 진행된다. 따라서 미드의 이론에서 사회화는 창조적 · 생산적으로 환경세계를 형성하고 변화시키는 인간관에서 출발한다. 그런데 인간이 이렇게 할 수 있는 것은 오직 인간만이 '널리 공유된 보편적 의미'에 입각하여 행동할 수 있기 때문이다. 즉, 인간은 서로의 의미에 대한 협상을 할 때 단지 개별적인 상호작용 파트너와만 관계하는 것이 아니라 더 널리 퍼진 '공유된 의미들'에도 관여할 수 있다. 이것은 한 연극에서 배우가 단지 상대배우와만 관계하는 것이 아니라 더 상위의 전체, 즉 연극의 전체 의미를 전제하고 있어야만 하는 것과 마찬가지이다. 이런 의미에서 미드는 우리가 '일반화된 타자'를 상정하며 이 타자의 관점을 취할 수 있다고 말한다.

그렇다면 이러한 개인들의 상호작용 속에서 어떻게 인성 또는 정체성이 형성되어 나오는가? 미드에 따르면 인성은 2개의 변수, 즉 심리적 요인인 'I(자발성, 창의성, 충동)'와 사회적 요인인 'Me(타자가 나에 대해 갖고 있는 이미지에 대한 나의 표상)'의 상호작용 속에서 형성되고 발전된다. 내가 이 이미지를 내면화했기 때문에 거기서 비로소 나의 행동의 방향이 결정된다. 그러나 나는 다수의 중요한 관계를 갖기 때문에 여러 개의 상이한 'Me'를 갖게 된다. 그러나 이 상이한 'Me'들은 하나의 일관된 태도를 형성해야 하고, 그래서 하나의 통일적인 자아상으로 종합되어야 한다. 여기서 'I'와 'Me'라는 두 변수로부터 '자아'가 생겨난다.

여기서 드러나듯이 상징적 상호작용 이론은 인성의 발달을 사회화의 외적인 요구와 개인의 개성적 발달 간의 상호작용으로 파악한다. 그리고 이 상호작용에서 사회적 조건은 인간의 의식구조와 행동구조에 영향을 미치기는 하지만 그것을 결정하지는 않는다. 미드의 상징적 상호작용 이론은 인성과 창의성을 부르짖는 우리나라의 교육이 과연 학생들의 인성과 창의성을 발달시키기에 적절한 조건을 구비하고 있는가를 생각해 보게 한다.

연습문제

1. 정신분석학의 관점에서 사회화를 설명해 보자.
2. 동영상 자료(https://www.youtube.com/watch?v=WCGN3d1e1FY&feature=youtu.be)를 시청하고 교육과 사회의 관계에 대한 자신의 견해를 제시해 보자.

제 11 장 교육과정

제 11 장 교육과정

일반적으로 교육이라는 활동이 이루어지기 위해서는 가르치는 사람, 배우는 사람 그리고 두 주체를 매개할 수 있는 교육내용이 요구된다. 이 중 가르치는 사람으로서의 교사와 배우는 사람인 학생에 대해서는 이미 앞서 다루었다. 이 장에서는 이 두 주체를 매개하는 내용, 즉 교육과정에 대하여 다루어 볼 것이다.

가르치고 배우는 내용을 우리는 두 가지 관점에서 이해한다. 하나는 학교에서 가르치는 과목들인 국어, 영어, 수학, 물리, 화학, 미술, 체육 등과 같은 다양한 교과목으로, 다른 하나는 교육과정으로 이해한다. 전자의 경우는 교육내용을 교과로 이해하는 방식인데, 이는 완전히 틀린 것은 아니지만 잘못하면 여기에서 다루고자 하는 교육내용에 대한 피상적인 해석으로만 머무를 수 있는 위험성이 있다. 왜냐하면 이 경우 교육내용을 그저 개개의 전문화된 교과목으로만 이해할 수 있기 때문이다. 반면에 교육내용을 교육과정으로 이해하는 경우는 교과보다는 훨씬 더 넓은 개념으로 교육의 목표와 내용 그리고 방법, 더 나아가 배우고 가르침에 대한 철학적 기반까지 포함하는 전체적이고 포괄적인 교육계획을 가리킨다. 이 장에서는 교육내용에 대한 협소한 개념으로서의 교과가 아닌, 보다 폭넓은 의미의 교육과정에 대하여 살펴보되, 교육과정의 개념과 유형, 교육과정의 최근 동향에 대하여 살펴볼 것이다.

1. 교육과정의 개념

1) 교육과정의 의미

교육과정을 뜻하는 'curriculum'은 어원적으로 살펴보면, '뛰다'라는 의미의 라틴어 동사 'currere'로부터 비롯되어, 말이나 사람이 뛰는 경주로를 의미한다. 이것이 교육에 전용되면서 학습자가 일정한 목표를 향해 달려가는 과정이라는 뜻으로 사용되었다. 그렇다고 'curriculum'이 단지 달려가는 과정과 그 순서만을 의미하는 것은 아니다. 오히려 학습자가 이 과정에서 경험하고 배우는 내용을 모두 포함한다. 이를 『교육학대사전』에서는 "(교육과정이란) 학교의 지도 아래 이루어지는 아동, 학생의 학습활동의 총체 또는 여러 가지 경험의 총체라고 할 수 있다." 라고 표현하고 있다.

그러나 이러한 의미를 지닌 교육과정에 대한 정의는 다양할 수밖에 없다. 왜냐하면 교육과정에 대한 정의는 연구자나 학자들의 입장 및 시대와 장소의 조건에 따라서 매우 달라지기 때문이다.[1] 지금까지 교육과정에 대한 이해방식은 교육내용에 초점을 맞추는 입장[허친스(R. M. Hutchins)], 학생의 경험에 초점을 맞추는 입장(듀이), 교육계획에 초점을 맞추는 입장[타일러(R. W. Tyler)], 교육의 결과에 초점을 맞추는 입장[포펌(W. J. Popham)] 등이 있다. 또한 최근에는 그동안 공식적인 문서로서의 교육과정에 포함되지 않았던 잠재적 교육과정 역시 표면적 교육과정과 같은 차원에서 살펴보아야 한다는 주장이 제기되고 있다. 이렇듯 교육과정에 대한 정의는 학자에 따라 다양하게 제시될 수 있어 모두가 만족할 수는 없지만, 교육과정이 교

1) 시대적으로 보면 19세기까지 교육과정은 주로 교과목으로 이해되었다. 그 후 20세기 초에는 진보주의 교육의 영향으로 교과보다는 아동의 총체적인 경험을 교육과정으로 이해해야 한다는 주장이 대두되면서 교과중심 교육과정과 경험중심 교육과정이 대립되었다. 여기에 1950년대 중반 이후 브루너(J. S. Bruner)에 의해 학문중심 교육과정이 등장하면서 다시 교과중심 교육과정이 힘을 얻게 되었다. 그러나 사회의 급격한 변화가 교육의 장에도 반영되어 인간중심 교육과정, 구성주의 교육과정 등 다양한 교육과정이 대두되면서 다양한 교육과정 유형의 장단점에 대한 논의는 여전히 진행 중에 있다.

육학의 하위분과 영역으로 자리매김한 이래 크게 세 가지 관점으로 구분할 수 있다.

첫째, 교육과정을 일종의 교수요목(course of study) 또는 교과라고 정의하는 입장이다. 이것은 가장 전통적인 정의로서, 교육과정을 교사가 가르쳐 나갈 교수내용의 체계 또는 학생이 학습해 나갈 코스라고 보는 견해이다. 학교에는 국어, 수학, 영어, 사회 등의 다양한 교과목이 존재한다. 그런데 이러한 개개의 과목은 각 학년에 따라 가르치고 배워야 할 일정한 내용들이 사전에 이미 계획되어 있다. 따라서 이 입장에서의 교육과정은 교사가 가르쳐 나갈 교수내용의 체계 또는 학생들이 학습해 나갈 코스로서, 사전에 이미 계획되어 있는 내용의 총체라 할 수 있다. 교육과정을 이러한 교수요목 또는 교과로 보는 견해는 주로 20세기 이전 또는 20세기 초반까지 일반화되어 있던 정의이다. 이 입장의 단점은 교육과정이 일상적인 생활 또는 경험과 분리되어 존재한다는 사실이다. 예를 들어, 교과서가 그 자체로서 가치와 의의를 가진 것으로, 그 자체로서 하나의 진리인 것처럼 보여지는 것이 이 경우에 해당된다.

둘째, 교육과정을 학교에서 교사의 지도하에 학생들이 가지는 모든 경험이라고 정의하는 입장이다. 이 입장은 1930년대 이후 미국의 진보주의의 영향을 받아 발생한 교육과정으로, 일상적인 생활에서 발생하는 제반 문제를 효율적으로 해결할 수 있도록 돕는 교육과정, 즉 실생활을 위한 교육과정이다. 이 교육과정은 일상적인 생활과 학교에서 가르치고 배우는 교육과정이 매우 밀접하게 연결될 수 있다는 장점이 있다. 반면에 학문적이고 체계적인 사고와 연구를 소홀히 하게 된다는 단점을 동시에 지니고 있다.

셋째, 교육과정을 일련의 의도된 체계적인 학습결과로 보는 입장이다. 이것은 생활중심 교육과정이 지닌 폐단을 극복하기 위해 1950년대 이후에 나타난 교육과정으로, 학문중심 교육과정이라고 한다. 학문에서 요구되는 체계적 지식과 탐구능력을 길러 주는 것이 현대 사회에서 학교가 해야 할 중대한 임무라고 보고, 교육과정도 학문적 체계와 탐구방식을 강조하는 방향으로 조직되어야 한다고 믿는 입장이다.

2) 교육과정의 성격 및 특징

현대 교육과정의 기본적인 요구는 교육과정의 민주화 · 생활화라는 대전제하에 종합화 · 활동화 그리고 개별화의 요구를 충족시키는 방향으로 나아가고 있다. 앞서 살펴보았듯이 교육과정의 의미는 종전의 교과과정 또는 교수요목이라는 좁은 뜻에서 넓은 의미인 학교의 지도하에 이루어지는 학생의 학습활동의 총체 또는 경험의 총체로 변화되었다. 교육과정이 이러한 광의의 의미를 지닐 때 그 특징을 강현석(2003)은 '교육과정이 지향해야 할 일반적인 성격'으로 규정하고 다음과 같이 제시하고 있다.

첫째, 교육과정은 넓고 포괄적이어야 한다. 즉, 학생과 교사가 행하는 일이 교육과정의 전체이고 생활이 바로 교육과정이 되어야 한다.

둘째, 교육과정은 교육목적을 달성하기 위한 수단이어야 한다. 언제나 교육목적과 교육이념이 그것에 반영되어 있어야 하고 교육목적의 변화와 더불어 교육과정도 바뀌어야 한다.

셋째, 교육과정에는 개인차가 고려되어야 한다. 교육은 한 사회의 구성원 혹은 시민으로서의 일반적 수준도 고려되어야 하지만 그 응용에 있어서는 각 개인의 능력과 흥미에 따라 다르게 반영되어야 한다.

넷째, 교육과정은 아동이나 학생의 창조력을 기르는 것이어야 한다. 모든 학생에게 일정한 모습을 강요하는 것은 그들의 천부적 재능을 말살하는 것이다. 밖으로부터 교사가 부여하는 것보다 학생 스스로가 흥미에 의하여 활동을 일으키게 할 수 있어야 한다.

다섯째, 교육과정은 생활중심적이어야 한다. 생활중심 교육과정은 아동 · 학생의 현재 및 미래뿐만 아니라 동시에 과거의 생활도 고려하여 반영되어야 한다.

여섯째, 교육과정은 민주적으로 협력하여 마련되어야 한다. 학교의 교육과정도 사회의 구성원들의 의견이 민주적으로 수렴되어서 그 사회에 필요한 것들이 편재되어야 한다.

일곱째, 교육과정은 부단히 개정되는 것을 필요로 한다. 변화가 없는 정적인 사회에서는 교육과정의 개정이 필요 없지만 오늘날과 같이 동적이며 끊임없는 진보와 발전이 예상되는 사회에서는 교육과정이 부단히 혁신되어야 한다. 그러나 충격이 최소화되는 방향으로 개정되어야 한다.

여덟째, 교육과정은 모든 학교에서 동일하게 적용될 수 없다. 각 지역사회는 저마다 독자적인 환경, 습관, 특성 및 요구를 갖고 있다. 그뿐만 아니라 그 지역의 생활을 배경으로 하는 아동들의 요구는 제각기 다르다. 교육과정은 이러한 요구를 받아들여야 하기 때문에 한 학교의 교육과정이 다른 학교에서는 적합하지 않을 수 있다. 그러므로 학교별로, 지역별로 다른 교육과정을 가져야 한다.

이러한 교육과정의 성격을 바탕으로 현대의 교육과정이 지향해야만 하는 특징은 종합성, 지역성, 개별성으로 요약할 수 있다. 이 세 가지 특징은 전통적 교육과정이 지니고 있는 문제점, 즉 교육의 장에 생활의 장(field)을 연계시키는 것이 부족했고, 종합성이 결여되었고, 개별성이 인정되지 않았으며, 구체성이 없어 자발적인 활동장면이 약했고, 전체 계획과 교육철학이 희박한 전통적인 교육과정을 극복하기 위해 나타난 특징적 요소라 할 수 있다.

3) 교육과정의 구성요소

교육과정이 교육내용에 대해 개개의 전문화된 다양한 교과를 의미하는 것이 아닌 일정한 목적을 달성하기 위한 전체적이고 포괄적인 교육계획을 의미한다고 할 때, 그 구성요소는 학자들마다 약간의 차이가 있지만[2], 이를 종합해 보면 교육

2) 서양의 타일러는 교육과정의 구성요소를 목표, 학습경험의 선정, 학습경험의 조직 및 평가로, 타바(H. Taba)는 목

목적 · 교육목표의 설정, 교육내용 · 학습경험의 선정과 조직, 단원의 구성과 전개(교수–학습 방법 고안), 교육과정 · 평가방법의 개발 등으로 이루어져 있다([그림 11-1] 참조).

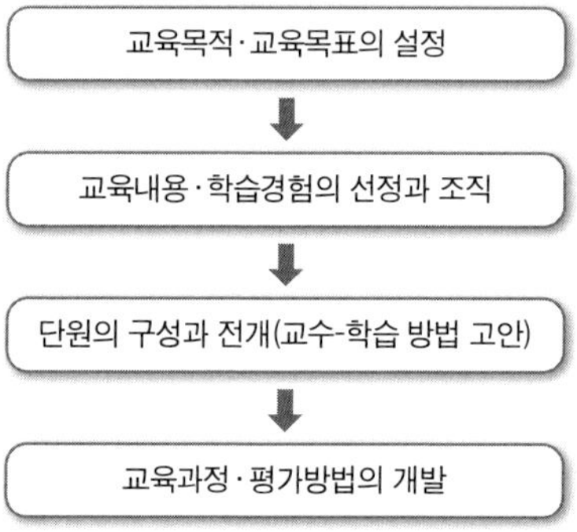

[그림 11-1] **교육과정의 구성요소**

출처: 손충기(2012).

(1) 교육목적 · 교육목표의 설정

교육목적 · 교육목표는 교육을 통해 달성하고자 하는 학습자의 행동특성을 의미하는 것으로서, 이는 교육적 노력에서 가장 1차적인 과제이면서 가장 중요한 부분이다. 왜냐하면 모든 교육행위에 따른 결과는 달성하고자 하는 교육목적 또는 교육목표를 어떻게 설정하느냐에 따라 달라질 수 있기 때문이다.

교육목적과 교육목표의 설정은 일반적으로 다음 여섯 가지의 원리에 따른다.

첫째, 구체성의 원리이다. 이는 목적이나 목표가 학습경험 선정과 지도에 구체적인 시사를 줄 수 있는 구체적이고 명확한 행동적 술어로 진술되어야 한다는 원리이다. 둘째, 포괄성의 원리이다. 이것은 교육목적이나 교육목표의 설정은 인간

적 및 목표, 내용 및 학습경험, 평가 등으로 제시하였다. 우리나라에서는 이영덕이 교육목표 · 교육내용의 선정 및 조직, 학습경험의 과정 · 평가로, 김호권은 수업목표의 상세화, 학습경험의 선정과 조직, 수업의 설계와 실천, 학습성과의 평가 등으로 교육과정의 구성요소를 제시하고 있다.

의 넓은 행동특성의 변화를 충분히 포함할 수 있어야 한다는 원리이다. 셋째, 내면화의 원리이다. 이는 구성원들이 교육활동에서 달성해야 할 교육목적이나 교육목표를 타당하다고 인정하고 그것을 용이하게 수용하여 내면화할 수 있어야 한다는 원리이다. 넷째, 가변성의 원리이다. 이는 교육목적이나 교육목표 설정의 타당성이 고정 불변하지 않고 항상 비판되고 필요에 따라 언제나 변경, 변화 가능해야 한다는 원리이다. 다섯째, 일관성의 원리는 통일성, 일관성 있게 교육목적이나 교육목표가 진술되어야 한다는 원리이다. 여섯째, 실현 가능성의 원리는 현실적으로 실현 가능한 교육목적이나 교육목표를 설정해야 한다는 의미이다.

(2) 교육내용 · 학습경험의 선정과 조직

교육내용은 어떤 교육목적 또는 교육목표에 따라 구체적으로 무엇을 가르칠 것인가에 직결되어 있는 문제이기 때문에 교육목적 또는 교육목표가 설정되었으면 이를 실현하기에 적합한 내용을 선정하고 조직해야 한다. 이때 교육내용의 선정은 다음의 원리에 따른다.

첫째, 기회의 원리이다. 이는 교육내용이 교육목표 달성에 직결되는 학습경험을 학생이 실제로 학습할 수 있도록 기회를 제공해 주어야 한다는 원리이다.

둘째, 전이의 원리이다. 이는 전이 가능성이 높은 교육내용을 선정하는 것이 좋다는 원리이다.

셋째, 동기유발의 원리(흥미의 원리)이다. 이것은 교육목적이 지시하는 학습활동은 학습자의 내부적 요구와 목적의식이 직접적으로 일치해서 동기를 유발시킬 수 있는 것이어야 한다는 원리이다.

넷째, 가능성의 원리이다. 이것은 학습경험 또는 교육내용은 학생의 능력, 경험적 배경 그리고 현재의 발달 수준에서 감당할 수 있는 것이어야 한다는 원리이다.

다섯째, 동경험 다목적의 원리이다. 이는 바람직한 학습경험이란 한 가지 학습경험을 통해서 여러 가지 학습 결과를 동시에 가져올 수 있는 것이어야 한다는 원리이다.

여섯째, 동목적 다경험의 원리이다. 이것은 한 가지 목적을 달성하기 위해 그와 관련된 학습경험이 많을수록 좋다는 원리이다.

이러한 원리에 의해 교육내용이 선정되었다면 이를 잘 조직해야 하는데, 이때 역시 다음 여섯 가지의 원리에 입각해서 조직하는 것이 바람직하다. 왜냐하면 선정된 교육내용들은 가르쳐야 할 시기와 관련되어 있는 문제이기 때문이다.

첫째, 계속성의 원리(반복학습의 원리)는 동일한 수준의 교육내용을 계속 반복할 수 있도록 조직해야 한다는 원리로서, 교육내용의 종적인 관계에 관련된 원리이다.

둘째, 계열성의 원리(나선형의 원리)는 교육내용을 나선형 교육과정이 되도록 조직해야 한다는 원리로서, 학년이 올라감에 따라 그 내용이 보다 심화, 확대되도록 조직하는 것을 말한다. 계속성의 원리와 함께 교육내용의 종적 관계에 관련된 원리이다.

셋째, 통합성의 원리는 교육내용을 다른 내용이나 경험과 밀접하게 통합시켜 조직해야 한다는 원리로, 교육내용의 횡적 관계에 관련된 원리이다.

넷째, 균형성의 원리는 여러 수준의 교육내용이 조화 있게 균형을 이루도록 조직해야 한다는 원리이다. 예를 들어, 일반교육에 관련된 내용과 특수교육에 관련된 내용의 균형, 추상적 목적에 관련된 내용과 구체적 목적에 관련된 내용의 균형, 신체교육과 정신교육에 각각 관련된 내용의 균형 등과 같이 서로 대비(또는 대립)되는 내용들이 조화를 이루어야 한다는 원리이다.

다섯째, 다양성의 원리는 교육내용이나 학습경험을 조직함에 있어서 학생의 특수한 요구, 흥미, 능력 등이 충분히 고려되어야 한다는 원리이다. 즉, 개인차를 반영할 수 있도록 교육내용이 조직되어야 한다는 의미이다.

여섯째, 보편성의 원리는 모든 학생이 건전한 민주시민으로서 가져야 할 공통된 가치관, 이해, 태도, 기능을 기를 수 있도록 학습경험이나 교육내용을 조직해야 한다는 원리이다.

(3) 단원의 구성과 전개(교수-학습 방법 고안)

단원이란 어떤 통일된 자원을 중심으로 한 교육내용 또는 학습경험에 대한 일련의 조직으로서, 일종의 전체적인 학습경험 또는 교육내용 조직의 한 부분이다. 따라서 각 단원은 전체와 유기적인 관계를 이루어야 한다. 단원은 크게 단원의 계획과 전개로 이루어진다.

먼저, 단원의 계획이란 학습활동에서 교사의 지도하에 전개되는 구체적인 학습단원을 사전에 계획하는 것을 의미한다. 단원의 계획은 단원목표의 설정, 과제분석, 전개계획, 평가계획의 단계를 거친다.

첫째, 단원목표 설정 단계이다. 이 단계에서는 교과목표를 세분화하여 세운 뒤, 장기적인 목표와 단기적인 목표를 구분하여 설정한다.

둘째, 과제분석 단계이다. 이 단계에서는 학습과제에 따라 해당 단원에서 가르쳐야 할 최소의 기본 학습단위를 찾아내고, 그 기본 단위의 상호 관련성 및 위계적 관계를 밝힌다.

셋째, 전개계획 단계이다. 이 단계에서는 교사 및 학생 활동, 학습집단의 조직, 학습매체의 활용, 잠재적 교육과정 등을 고려하여 단원의 세부적인 전개과정을 계획해야 한다.

넷째, 평가계획 단계이다. 이 단계는 단원의 전개 이전의 진단평가, 단원의 전개과정에서의 형성평가, 단원이 끝난 후의 총괄평가에 관련하여 어떻게 평가할 것인지를 사전에 계획하는 것을 말한다.

한편, 단원의 전개는 계획된 단원을 실제로 전개하는 과정으로서, 실제 수업지도 과정에 해당한다. 단원 전개는 도입-계획-전개-정리-평가의 순으로 이루어진다. 각 단계의 특징을 도표화해서 제시하면 〈표 11-1〉과 같다.

〈표 11-1〉 단원 전개의 특징

단계	주요 목적	내용 및 활동	강조점
도입	• 학생이 주체적으로 참가하도록 유도	• 선수학습과의 관련짓기 • 동기유발 • 교수 및 학습 목표 제시 및 인지	• 교수 및 학습 목표를 명확하게 인지시킴
계획	• 문제해결의 계획 수립, 학습계획의 수립	• 문제해결계획	• 교수-학습 활동 순서를 명확하게 함
전개	• 교사, 학생들의 실제적인 교수-학습 활동 전개	• 역동적인 교수-학습 활동	• 목표를 향한 학습활동
정리	• 학습성과의 정리와 개관	• 학습내용 종합정리 • 확인학습 실시 • 차시 예고	• 중요 요점이 정리되게 함
평가	• 학습성과의 확인과 피드백(feed-back)	• 형성평가 • 교사 자신 평가	• 피드백(feed-back) • 개선, 보완

(4) 교육과정 · 평가방법의 개발

교육목적(목표)을 설정하고 그에 따라 교육내용을 선정하고 조직한 다음, 이를 바탕으로 실제로 교수-학습 과정을 전개했다면, 가장 마지막으로 해야 할 일은 평가이다. 기본적으로 평가는 크게 진단평가, 형성평가, 총괄평가로 나뉜다. 진단평가는 수업을 진행하기 전에 사전에 어느 정도 알고 있는지를 평가하는 것으로서 학습의 준비에 해당되는 것을 평가하는 것이다. 형성평가는 수업을 진행하는 과정 속에서 교사가 가르친 내용을 학생들이 얼마나 잘 이해하였는지를 확인하는 검사이다. 총괄평가는 수업 후에 성적과 수업을 평가하기 위한 것이다.

2. 교육과정의 유형

교육과정은 크게 그 개념과 개발의 수준, 즉 교육과정의 개발을 주도하는 의사결정의 주체와 강조되는 교육의 목적, 교육내용과 학습경험의 특징이 무엇이냐에 따라 〈표 11-2〉와 같이 그 유형이 분류될 수 있다.

〈표 11-2〉 교육과정의 유형

구분	유형
개념	공식적 교육과정, 잠재적 교육과정, 영교육과정
의사결정 수준	국가수준 기준 교육과정, 시 · 도교육청 지침 교육과정, 학교교육과정
내용 조직	교과중심 교육과정, 경험중심 교육과정, 학문중심 교육과정, 인간중심 교육과정

1) 개념상의 유형

(1) 공식적 교육과정

공식적 교육과정(official curriculum)은 형식적인 공적 문서 속에 기술되어 있는 교육계획으로 교육목적과 교육목표에 따라 구체적이고 분명하게 의도된 교육과정을 의미한다. 구체적인 계획을 표현하는 공적인 문서에는 국가 교육과정 기준을 담은 국가수준의 문서, 시 · 도교육청의 교육과정 편성, 운영지침, 지역 교육청의 장학 자료, 학교교육과정 혹은 학교교육계획서 등이 있다. 미시적으로는 교과서를 비롯한 수업용 교재, 교사의 수업계획, 실시된 수업, 특별활동 등이 여기에 포함될 수 있다.

(2) 잠재적 교육과정

잠재적 교육과정(latent curriculum)이란 공식적으로나 표면적으로 의도하지 않았지만 학생이 학교생활을 통해서 은연중에 얻게 되는 모든 경험을 의미한다. 이러한 경험들은 비록 공식적으로 의도된 것이 아님에도 불구하고 교육과정의 중요한 부분을 차지하며 종종 학생들은 삶에서 요구되는 매우 중요하고 유의미한 것들을 학습하게 된다. 이는 지적인 영역보다는 흥미, 태도, 신념과 같은 정의적 영역의 발달과 관련이 있다. 예를 들면, 학생들은 미래의 삶을 성공적으로 계획하기 위해 필요한 요소가 꾸준한 노력과 성실성보다는 인맥이나 배경임을 스스로 터득한다. 이것은 교사의 행동이나 표정 그리고 암시적 태도가 학생에게 어떤 메시지를 전달하며, 교사의 문화적 배경으로 인해 학생들에게 의도하지 않았던 영향을 미치게 됨으로써 나타난다. 표면적 교육과정은 주로 바람직한 것들이 포함되는 데 반해, 잠재적 교육과정은 바람직한 것뿐만 아니라 바람직하지 못한 것도 포함된다.

(3) 영교육과정

영교육과정(null curriculum)은 공적인 문서 속에는 포함되어 있지 않거나, 포함되어 있더라도 의도적으로 가르쳐지지 않는 교육내용을 말한다. 예를 들면, 산업혁명 직후 산업노동력이 필요할 때 학교에서 읽기와 쓰기는 가르쳤으나 셈하기는 가르치지 않았는데, 그 이유는 학생들이 셈하기를 배우면 육체노동자가 되기보다는 회계사나 경리사원이 되려고만 하였기 때문이라고 한다. 이때 셈하기는 학생들이 꼭 배워야만 하는 내용임에도 이런 이유로 가르쳐지지 않았으므로 한동안 영교육과정이었다고 한다. 또한 생물 교과에서 성경의 창조론을 배척하거나, 사회 교과에서 지배계급의 부도덕성을 삭제하고 사회적 약자에 대한 논의를 배제하는 것 등도 여기에 해당한다고 할 수 있다. 일본이 역사교과서에서 그들의 침략내용을 의도적으로 배제하거나, 북한이 학교교육에서 남한의 경제 실상을 가르치지 않는 것 역시 마찬가지이다. 이렇듯 영교육과정은 학생들이 공식적 교육과정을 배우는 동안 놓치게 되는 학습내용이라고 할 수 있다.

2) 의사결정 수준상의 유형

(1) 국가수준 기준교육과정

국가수준에서 고시하는 교육과정으로서 교육에 대한 국가의 의도를 담은 문서 내용을 말한다. 이 교육과정은 일반적 · 공통적 · 기본적 · 요강적인 기준을 제시하고 있다는 점에서 기준교육과정이라고 부른다.

(2) 시 · 도교육청 지침 교육과정

지역수준의 교육과정으로서 현재는 시 · 도교육청 수준에서 고시하는 교육과정 편성, 운영지침을 말한다. 이 교육과정은 지역의 특성, 실태, 요구를 고려한 편성, 운영 지침으로서 지역별로 교육과정이 상이하다.

(3) 학교교육과정

학교의 실정, 학생의 실태를 고려한 구체적인 교육과정이다. 단위학교에서는 이상의 상위 수준의 교육과정을 참고로 하여 학교의 특성에 부합하는 특색 있는 교육과정을 편성, 운영해야 한다. 이 과정에서 흔히 학부모나 학생, 교사의 특성이나 실태 등을 반영하여 학교 차원의 교육계획서를 작성한다. 따라서 일반적으로 단위학교에서는 학교교육계획서 안에 교육과정의 편성, 운영, 평가 부문을 포함하여 학교교육과정을 제시하고 있다.

3) 내용 조직상의 유형

내용 조직상의 교육과정 유형은 대략적으로 교과중심 교육과정, 경험중심 교육과정, 학문중심 교육과정, 인간중심 교육과정으로 나눌 수 있다(박도순, 홍후조, 2006).

(1) 교과중심 교육과정

인류 문화유산의 핵심적인 것을 체계적으로 조직하여 이를 전수하는 것을 주된 목적으로 삼고자 하는 것이 교과중심 교육과정이다. 이 교과중심의 교육과정은 지식체계를 중시하는 가장 오래된 전통을 지닌 교육과정으로서 희랍시대의 7개 교과목(7자유과: 문법, 수사학, 변증법, 산술, 기하, 천문, 음악), 중국의 사서삼경 등이 대표적인 예이다. 따라서 교과중심 교육과정의 교육내용은 주지주의나 이성주의적 사고방식에 입각한 것으로 볼 수 있다. 교육의 가장 전형적인 형태인 교사중심의 교육이 교과내용을 학생들에게 전달한다는 관점으로 본다면 이 교육과정은 교수요목, 교과과정과 같은 의미가 될 수 있다.

교과중심 교육과정의 주요 특징으로는, 첫째, 인류 문화유산의 전달이 주된 교육내용이 된다. 둘째, 교사중심이며 지식과 기능의 신장에 주력한다. 셋째, 교과가 설명 위주로 조직되어 있다. 넷째, 한정된 교과영역 안에서만 학습활동이 이루어진다. 예컨대, 국사수업 시간에는 국사만 다루어야지 국어를 다루면 안 된다는 것이다. 다섯째, 교과중심 교육과정에서는 각 교과를 통해 인간을 사회적 존재로 만들 수 있다고 본다. 다양한 교과를 통하여 인간의 능력을 계발할 수 있다는 관점은 형식도야설에 근거한 것이라 할 수 있다. 문화유산 전달에 용이하고 체계적이며 평가나 측정이 용이한 반면, 내용이 고정되어 있고, 단편적인 지식 주입의 경향성으로 인해 학생들의 수동적인 학습태도를 유발할 수 있으며, 비판력과 창의력 함양이 어려울 수 있다는 단점이 있다.

(2) 경험중심 교육과정(활동중심 교육과정)

경험중심 교육과정은 교과중심 교육과정에 대한 비판에서 출발하였다. 즉, 미국에서 진보주의 교육사조가 나타남에 따라 교과중심 교육과정으로는 학습자가 급변하는 사회에 적응할 수 없으며, 현실생활과의 거리가 너무 멀다는 데에서 경험중심 교육과정이 등장하게 되었다. 이 교육과정의 중심사상은 플라톤, 루소를 거쳐 제창되어 오다가 20세기에 들어 듀이에 의해 그 결실을 본 것으로서 학습자의 흥미와 욕구 그리고 능력에 직접적인 관심을 갖는 교육과정이다.

경험중심 교육과정에서는 교육과정을 비교적 단절된 교수요목으로 보기보다는 '학교의 지도하에 학습자가 가지게 되는 모든 경험'으로 정의함으로써 교과중심 교육과정과는 큰 차이를 보이고 있다.

경험중심 교육과정의 주요 특징으로는, 첫째, 학습자의 흥미와 필요가 교육과정 구성의 기초가 되고 자발적인 활동을 촉진한다. 즉, 사회적으로 가치가 있고 개인적인 성장 면에서 의의가 있는 흥미를 중심으로 학습자의 자발적인 활동을 전개한다는 것이다. 둘째, 생생하고 활기 있는 학습을 할 수 있다. "행함으로써 배운다(learning by doing)."라는 학습심리의 근본적 원리하에 이루어지기 때문에 자연히 학습은 자율성을 띠게 되므로 동적으로 활기 있게 전개되는 것이다. 셋째, 현실적이고 실제적인 생활문제를 해결할 수 있는 능력을 기른다. 넷째, 민주사회의 시민 양성에 유리하다. 다섯째, 경험중심 교육과정은 사전에 계획될 수 없다. 학습자들의 흥미와 필요에서 교육이 출발하기 때문에 사전에 학습활동의 내용을 계획해서 조직한다는 것은 어려운 일이다.

(3) 학문중심 교육과정

학문중심 교육과정이 나타나게 된 결정적 배경은 1957년 소련의 인공위성 발사이다. 스푸트닉호라 불리는 인공위성의 발사는 미국 교육에 대한 비난과 반성을 일으켰으며, 그로 인해 그때까지 환영받던 진보주의자들은 한발 뒤로 물러나고 본질주의 학파들이 등장하게 되었다. 진보주의자들과 다르게 본질주의자들은 학습이란 즉각적인 적용을 하는 것이라기보다는 힘들여 공부하는 것이며, 교육을 주도하는 사람은 학습자가 아닌 교사여야 하며, 교육과정에서 가장 필요한 것은 정신훈련의 원천인 지식이라는 점을 강조하면서 교육에서 철저하게 본질적인 것을 다루어야 함을 강조하였다.

학문중심 교육과정의 특징은, 첫째, 학문중심 교육과정의 목표는 학문 분야에 관한 체계적인 지식을 습득함으로써 보다 넓은 사회에 적응하여 성장할 수 있도록 하는 것이다. 어떤 교육학자들은 인지적 개념을 받아들여 지적 기능을 바로 교과에 의존함으로써 개발된다고 보고 있다. 교육과정에서는 필수과정과 탐구의 즐거움을 그 핵심요소의 하나로 하고 있다. 둘째, 교육과정의 대상으로 선정될 수 있는 지식은 정당화될 수 있는 신념(종합성), 사회적 유용성, 교육의 기초가 되는 필수지식이 된다.

(4) 인간중심 교육과정

1960년대부터 학문중심 교육과정이 기초과목으로 학습내용을 강조하여 기술 · 과학적 혁신에만 열중한 결과 교육제도에 대한 논쟁, 학교교육에 대한 비판, 교육의 본질에 대한 논쟁이 일기 시작하였다. 즉, 교육대상으로서의 인간을 보는 눈을 달리했던 것이다. 교육이란 지식과 기술을 습득하기 위해서만 행해지는 것이 아니라 인간에 대한 이해, 인간성의 개발, 타인과의 관계, 새로운 인간형의 창조를 위해 행해져야 하고, 또 그러한 내용들을 교육목표로 삼아야 한다는 전제하에 나타난 것이 바로 인간중심 교육과정이다.

인간중심 교육과정의 특징은, 첫째, 인간중심 교육과정에서는 교육과정의 기능을 개인에게 내적 경험을 제공하는 것이라고 본다. 즉, 교육의 목표를 인격적 성장, 통합, 자율성을 꾀하고, 자아 및 타인 그리고 학습에 대한 건전한 태도를 형성하는 것이라고 본 것이다. 둘째, 인간중심 교육과정에서는 잠재적 교육과정을 표면적 교육과정[3](명시적 교육과정)과 똑같이, 경우에 따라서는 더 중시한다. 셋째, 인간중심 교육과정에서는 교육환경의 인간화를 위해 노력한다. 넷째, 인간중심 교육과정에서는 인간주의적 교사를 가장 필요로 한다. 패터슨은 인간주의적 교

3) 표면적 교육과정은 교사의 지도, 계획, 의도에 의해 학습자들이 가지는 경험을 중심으로 하는 교육과정이고, 잠재적 교육과정은 교사의 지도, 계획, 의도가 없거나 또는 이런 것들과 관계없이 학습자들이 가지는 경험을 중심으로 하는 교육과정이다.

사의 특성으로 진실된 교사, 한 개인으로서 아동에 대한 존중, 공감적 이해, 애정을 제시하고 있다.

3. 교육과정의 최근 동향

교육과정은 학교교육과 가장 밀접하게 관련되어 있어서 제도적인 교육정책이나 교육개혁의 방향에 있어 가장 민감한 부분이다. 동시에 각 나라마다 교육과정을 통하여 교육의 개혁을 구체화하고 교사의 교실 수업에 변화를 꾀하려고 한다. 교육과정의 측면에서 비교적 지속적으로 제기되고 강조되고 있는 최근의 동향은 수준별 교육과정으로 촉발된 교육과정의 차별화 혹은 교육과정 분화의 문제, 수요자 시대로 대변되는 학습자중심 교육과정의 문제, 교수방법과 유아교육에서 유행처럼 번지고 있는 구성주의 교육과정, 제7차 교육과정, 선택교육과정, 교육과정 통합문제 등이 있다(강현석, 주동범, 2012).

1) 교육과정의 차별화

교육과정의 차별화는 교육대상이나 여러 요인에 의해 이수해야 할 교육과정을 분화시키는 것으로 일종의 계열화의 성격을 지니고 있다. 학습자 개개인의 개인차에 부응하는 교육과정의 개별화를 실현하기 위해서는 그동안 한국 교육과정의 문제점으로 지적되어 온 지나친 교육과정 의사결정의 중앙집권화와 국가 교육과정의 지나친 상세화는 지양되어야 한다. 이제는 학교중심의 교육과정 개발에 대한 융통성을 폭넓게 부여하여 각 학교의 실정에 맞게 또 학부모와 학생들의 요구를 수렴하여 교육과정이 융통성 있게 운영되도록 하는 것이 바람직하다. 더 나아가 수준별 교육과정의 도입으로 각 학교별로 또 학교의 특성에 따라 다양한 교육과정 차별화 방안을 구상해야 한다.

중 · 고등학교 수준에서는 학생들의 다양한 필요와 흥미, 진로에 따라 일반계와 실업계, 특수목적 고등학교, 대안학교 등이 설립되어 있기 때문에 각 학교에 맞는 다양하고 차별화된 교육과정을 개발하여 운영하고 이를 지원하는 학생들에게 자연스럽게 교육과정이 차별화되도록 하는 것이 필요하다. 특히 학생들의 개성에 따른 진로, 필요, 흥미에 따라 학교 간에 교육과정을 차별화하는 것은 현실적으로 중요하다.

따라서 각 학교의 자율성을 최대한 보장해 주고, 학생과 학부모가 학교를 선택할 수 있도록 해야 한다. 이에 각 학교는 자연스럽게 교과과정이 차별화되고, 또 학교 안에서도 다양한 수업방법의 개발로 인하여 학습자 스스로가 자신의 능력에 맞는 지식을 구성하고 의미를 탐색하며 자신의 지식을 계속적으로 재구성할 수 있도록 해야 한다.

2) 학습자중심 교육과정

학습자중심의 교육은 학습자에게 교육의 초점을 맞춘 것으로서 일반적으로 학자들 사이에서는 학습자들에게 선택권을 부여하는 것을 말한다. 학습자들에게 선택권을 부여하는 것은 물론 이들의 경험과 흥미 및 관심사를 반영한 교육으로 학습목표의 설정에서부터 내용의 선정, 방법, 평가에 이르기까지 학습자들에게 참여기회를 제공하는 것이다. 학습자중심 교육의 최종목표는 학습자가 스스로 학습할 수 있는 학습방법을 터득하여 자기학습자가 되도록 하는 것이다.

이렇듯 학습자중심의 교육에서는 배우는 사람, 교육받는 대상자가 교육과정의 중심에 놓인다. 따라서 가르치는 사람의 일방적 판단보다는 배우는 사람의 관심과 흥미 그리고 욕구가 교육과정에서 존중되는 방향으로 나아가야 한다.

학습자의 필요는 연령에 따라 표준화된 일반적 교육내용과 일치하지 않는다.

그러므로 교육과정은 학습자의 특수한 요구를 반영해야 한다. 그뿐만 아니라 학부모의 요구나 지역사회의 요구는 학습자들이 그 사회에서 삶을 영위하는 데 필요한 요인으로 작용할 수 있기 때문에 그러한 것들도 교육과정의 개발에서 고려되어야 한다.

최근의 구성주의자들은 학습이 일어나는 과정에서 학습자들의 특기, 호기심, 관심사 등이 반영되었을 때 지식 구성이 활성화되고, 창의적인 사고가 일어난다고 주장한다. 학습자중심의 교육은 학습자들의 개별적인 차이와 다양성에 관심을 가지고 교육하는 것이다. 교육과정의 최근 동향의 특징은 바로 이러한 학습자중심의 교육과정을 개발하는 것이다.

3) 구성주의 교육과정

구성주의 교육과정은 구성주의에 입각한 교육과정을 의미한다. 구성주의는 우리가 어떻게 지식을 획득하는지에 대한 인식론이라고 볼 수 있다. 기본적으로 구성주의는 지식을 주관적으로 인식한다는 점에서 기존의 행동주의나 인지주의와는 다른 입장이다. 이 입장에서의 지식은 개인의 경험과 이해 수준에 따라 구성되며, 학습자는 의미를 추구하는 능동적인 유기체로 간주한다. 모든 학습자가 학습내용에 따라 동일하게 지식을 습득하는 것이 아니라 개인의 내재적인 이해과정에 따라 다르게 형성되므로 학습자의 주체적 지식 형성이 강조된다. 즉, 개개인의 학습경험은 사회적 맥락과 관련하여 자신의 내면세계와의 협상을 통해 의미를 구성함으로써 이루어진다.

구성주의 교육과정의 특징으로는, 첫째, 학생들의 학습참여를 통해 주체적 지식의 구성을 강조한다. 둘째, 학습의 내용으로 실제 삶에서 당면하는 문제들을 대상으로 삼는다. 진정한 의미의 학습은 학습자의 일상적인 삶과 밀착된 상황에서 이루어진다. 셋째, 교사는 학생들을 도와주는 동반자로서 학습 도우미, 조언자, 공동학습자의 역할을 수행한다. 이러한 특징을 반영한 교육과정은 학생의 자기주도적 학습을 강조하고, 다른 동료들과의 협동학습을 장려하며, 학습이 현실적으로 학생들과 직접적으로 관련 있는 내용이나 의미가 있는 내용을 강조한다는 장점을 지니고 있다. 이에 따라 오래전부터 학습자 스스로 지식을 구성하게 하고, 맥락과 상황 안에서 지식의 의미를 발견하며, 사회적인 상호작용의 의미 속에서 지식의 의미를 찾아가도록 하는 구성주의 교육과정의 개발이 지속적으로 요구되고 있다.

4) 선택교육과정

선택교육과정은 현행 제7차 선택중심 교육과정에 의해 최근 들어 각광을 받고 있다. 우리나라의 경우 고등학교 2, 3학년에서 교과에 따라 일반선택과 심화선택으로 나누고, 다양한 과목을 개설하여 과정, 계열의 구분 없이 운영함으로써 학생의 선택의 폭을 넓히는 교육과정을 말한다. 여기에서 '선택'이라는 것은 국민 공통 기본 교육과정에서 모든 학생이 같은 교과를 배우는 것과는 달리 '선택'에 의해 교육과정 편성 · 운영이 이루어지는 차이점을 강조한 것이라고 할 수 있다. 이 교육과정의 운영을 통하여 학생들이 직접 교과목에 대한 선택을 함으로써 다양한 유형의 개인별 교육과정 편성이 가능하게 되었고, 개인의 진로에 따른 학습의 심화를 보장할 수 있게 되었다. 선택교육과정은 학생에게 과목 선택 권한을 최대화해 주어야 하지만, 선택의 주체가 학생 이외에도 국가, 교육청 등이 있으므로 합리적인 선택이 필요하다. 여러 나라에서 다양한 선택교육과정이 운영되고 있으며, 교육과정의 구조, 선택 권한의 배분, 교과목 이수체계, 운영상의 요인들이 상이하므로 편성과 운영에서 다양한 요인이 적절하게 고려될 필요가 있다.

5) 통합교육과정

통합교육과정은 따로 떨어진 별개의 교과영역 간의 경계를 없애고, 둘 이상의 교과목 간에 자연적이고 조화롭게 수업계획과 수업실행을 종합하여 융합하는 교육과정 구성의 한 접근방식이다. 이는 역사적으로 진보주의 교육의 등장으로 논의되어 오늘날에 이르고 있는데, 진보주의자들은 기존의 교과내용 간의 경계가 현실에 부딪히는 문제를 해결하기에는 한계가 있다고 비판하면서 경험과 이론이 서로 연결되어야 함을 주장하며 교육과정의 통합을 주장하였던 것이다. 통합교육과정은 지식체계나 논리로서의 학습내용 자체의 습득보다는 학습자들의 심리에 따른 지적활동에 강조점을 두고 있다. 다시 말하면, 통합교육과정은 아동의 전인발달과 효율적 학습을 위해 그들의 경험, 흥미, 욕구를 반영한 교육내용을 재조직하고 통합하여 운영하는 것을 의미한다.

통합교육과정의 유형은 학자들의 견해에 따라 다양하고 세밀한 형태로 구분할 수 있으나, 큰 틀에서 일반적으로 학문분야중심통합, 언어와 문학중심통합, 주제중심통합, 쟁점중심통합 등의 네 가지 범주로 나누어 살펴볼 수 있다(강현석, 2006: 288-293).

먼저, 학문분야중심통합은 서로 구별되는 둘 이상의 지식체계를 통합하며, 지식의 여러 범주를 함께 묶는 방식으로 사회, 과학 같은 교과가 대표적이다. 예를 들어, 사회과 수업시간에는 역사, 지리 등을 혼합하여 가르치는 것을 흔히 볼 수 있고, 초등학교 과학수업 시간에는 생물학, 물리학, 화학 등을 융합하여 가르치는 것을 발견할 수 있는데, 이것은 간학문적인 통합으로 학문분야중심통합에 해당한다. 이러한 유형의 교육내용통합은 학습자들이 피상적인 지식에서 벗어나 보다 고차적인 사고력에 이를 수 있도록 도와주는 데에 적절한 기여를 한다.

언어와 문학중심통합은 학교 교과 내의 통합과 교과 사이의 통합을 위한 도구로서 많은 문학 작품을 활용하는 방식이다. 예를 들면, 국어 교과는 언어를 바탕으로 읽기, 쓰기, 말하기 등의 기능통합을 강조하는데, 이 세 가지 기능을 따로 따로 떼어서 가르치는 것이 아니라 읽기와 쓰기의 기능수업에서 단어에 대한 지각, 이해, 철자, 문법, 구두점 사용법, 손으로 쓰기 등의 기능을 아동문학을 통해 통합시켜 가르칠 수 있는 것이다. 이러한 기능의 통합은 더 나아가 사회과학과 자연과학의 의미 있는 내용을 의사소통할 수 있도록 하는 데에 도움을 주기 때문에 매우 중요하다고 할 수 있다.

주제중심통합은 학습자가 핵심주제를 중심으로 탐구와 학습이 되도록 통합하는 것이다. 이는 학생들이 과목별로 특정 주제를 탐구하고 학습하는 것이 아니라 주제를 중심으로 여러 교과를 연계하여 통합적 사고능력을 기를 수 있도록 해 주는 방식이다. 이를 위해 교사는 학년별 교육과정 및 교과내용을 기초로 학생들이 흥미를 가지고 다루게 될 주제를 선정하는 것이 중요하다. 예를 들어, 학생들이 공통적으로 흥미를 지니고 있는 '축구'에 대하여 알아보는 것이 주제라고 한다면, 체육 교과에서는 축구규칙을, 음악 교과에서는 응원가 제작을, 미술 교과에서는 응원도구 제작 및 각 국가의 국기를 그리고, 사회 교과에서는 참가국의 문화와 역사 등을 알아보고, 창의적 체험활동으로서 직접 축구경기를 관람한다. 이처럼 다양한 교과의 학습 및 탐구 활동을 통하여 학생들은 창작활동, 표현활동, 지적활동, 창의적 체험활동 등을 골고루 경험함으로써 삶과 학교교육을 연결시켜 주는 교육활동에 자기주도적으로 참여할 수 있는 것이다.

쟁점중심통합은 사회적 쟁점이나 문제의 조사를 통하여 통합을 하는 방식이다. 오늘날에는 사회, 과학, 환경, 의료, 종교, 법, 도덕, 미디어 등 수많은 쟁점과 문제가 존재하고 있다. 이러한 것들은 쟁점 · 문제 중심의 교육과정통합의 필요성을 요구한다. 이러한 쟁점과 문제들이 학생들에게 제공될 때, 학생들은 의미 있는 교재를 파악하고, 다른 학생들과 협력하면서 교과 간의 경계를 넘어 통합된 사고방식으로 그 해결책을 찾기 위해 활동할 수 있다.

연습문제

1. '교육과정이란 무엇이며, 이것이 왜 중요하고 필요한 것인지'에 대한 견해를 만들어 보고 하나의 완성된 논술문의 형태로 진술해 보자.
2. 교육과정의 여러 유형 중 21세기 4차 산업혁명 시대에 가장 적합한 유형은 어떤 것이 있을 수 있는지에 대해 그 근거를 포함하여 서술해 보자.
3. 예비교사로서 평소에 생각하고 있던 교육의 목적을 가장 잘 실현시켜 줄 수 있는 교육과정의 유형은 무엇인지, 그 이유는 무엇인지에 대하여 동료들과 토의해 보자.

제 12 장 사회교육

1. 사회교육이란 무엇인가
2. '성장'에 대한 사회교육적 관점

제12장 사회교육

1. 사회교육이란 무엇인가

1) 평생교육을 위한 조직적인 활동

현대 사회의 급격한 변화에 따라 나타난 지식과 정보의 폭발적인 증가, 가치관 및 생활양식의 급격한 변화, 비인간화의 문제 등은 이미 1960년대에 학교교육의 한계에 대한 지적과 함께 평생교육의 필요성을 제기시켰고, 그에 따라 사회교육에 대한 관심도 증가하였다.

우리나라에서는 1982년 정기국회에서 사회교육에 관한 법이 제정되어 사회교육의 제도적 틀이 마련되었다. 이 「사회교육법」은 1999년 8월 31일 전문을 개정하여 「평생교육법」으로 제정 · 공포되어 2000년 3월부터 시행되고 있다. 이때부터 사회교육이라는 용어는 평생교육이란 용어로 변경되었고, 구 「사회교육법」에서의 사회교육전문요원이 「평생교육법」에서는 평생교육사로 그 명칭이 변경되었다. 이전까지 사용해 오던 사회교육에 대한 국내의 몇 가지 정의를 살펴보면 다음과 같다.

1982년 12월 31일에 제정 · 공포된 「사회교육법」 제2조 제1항에서는 "사회교육이라 함은 다른 법률에 의한 학교교육을 제외하고 국민의 평생교육을 위한 조직적인 교육활동을 말한다."라고 정의하고 있고, 「평생교육법」 제2조 제1항에서는 사회교육이란 용어 대신 평생교육을 사용하고, "평생교육이란 학교교육의 정규교육과정을 제외한 학력보완교육, 성인 문자해득교육, 직업능력 향상교육, 인문교양교육, 문화예술교육, 시만참여교육 등을 포함하는 모든 형태의 조직적인 교육활동을 말한다."라고 정의하고 있다.

이에 대해 학자들은 다음과 같이 정의하고 있다.

"사회교육은 학교 외 청소년과 성인들을 위한 조직적인 계속교육의 프로그램 및 활동을 말한다. 즉, 사회교육은 의무교육을 마치고 난 후에 정규학교를 계속 다니지 않는 청소년과 일반 성인들을 위한 조직적인 교육 프로그램과 활동을 총칭한다. 그러므로 사회교육을 보다 명확하게 표현한다면 청소년 · 성인 교육(education for adult and youth)이라고 하는 것이 타당한 것이다."(황종건, 1980: 17)

"사회교육은 학교 외에서 전개되는 조직적이고 계속적인 교육활동의 총체로서, 성인교육보다는 훨씬 넓은 개념을 내포하고 있으며, 엄격한 의미에서의 성인교육은 사회교육의 중심적인 과제이지만, 후자의 일부에 지나지 않는다."(이규환, 1982: 165)

"사회교육은 평생 계속되는 통합적 인간교육의 일환으로서 가정과 학교(정규학교) 외에서 이루어지는 사회화 과정을 총칭해서 일컫는 것이다. 이와 같은 정의에서 그 골자를 분해해 보면 네 가지로 요약할 수 있는데, 그것은 ① 평생 계속된다는 사실, ② 인간교육, ③ 가정과 정규학교 외에서 이루어진다는 것 그리고 ④ 사회화 과정이라는 네 측면이다."(장진호, 1985: 204-205)

"사회교육은, 첫째, 평생교육 체제 속의 통합된 부분으로서 그 일생을 통하여 계속해서 학습할 수 있도록 조직화된 교육활동이며, 둘째, 그 대상은 학교 외 청소년과 성인이 중심이 되지만 학교 학생도 포함될 수 있는 것으로 가정하며, 셋째, 지속적인 자아실현과 직업적 자질의 향상 및 사회적 활동의 적극적인 참여를 통해 학습 사회(learning society)의 구현, 계속교육 기회의 확대, 전인교육의 내실화, 국민정신교육의 강화, 학교교육의 한계 보완 및 지원,

사회활동의 적응 및 대처 등을 이룩할 수 있는 것으로 기대하는 것이며, 넷째, 그 내용으로서는 기초교육, 보충교육, 기술교육, 직업교육, 전문교육, 건강증진교육, 가족생활교육, 민주시민교육 등으로 대별할 수 있다."(김종서, 황종건, 김신일, 한숭희, 1987: 71)

이상의 사회교육에 대한 정의를 정리해 보면 다음과 같다.

첫째, 사회교육은 평생교육으로서 학교이전 교육과 학교이후 교육을 포함해서 학교 이외에서 행해지는 조직적인 교육활동이라는 점이다. 둘째, 교육의 대상은 학교에 다니는 일정한 연령의 학생에만 제한되지 않고, 학교교육을 받지 못했거나, 중간에 그만두었거나 또는 끝마친 청소년과 성인도 교육대상에 포함된다는 점이다. 셋째, 교육을 학교교육과 동일시하던 기존의 이해에서 벗어나 인간의 삶에 동반되는 지속적인 현상으로 본다는 점이다. 넷째, 사회교육을 간편하게 교육마당의 구분에 의해 가정과 학교 이외에서 행해지는 교육으로 정의한다고 하더라도 성인교육, 계속교육, 직업교육, 산업교육 등과의 관계 설정이 모호하다는 점이다. 다섯째, 사회교육을 범위와 대상의 넓고 좁음에 따라 견해를 조금 달리하고 있고, 사회교육의 특수한 과제영역에 대한 구체적인 언급이 거의 없다는 점이다.

2) 사회교육과 학교교육

앞에서 언급했던 것처럼 현대 사회의 변화와 학교교육의 한계에 대한 지적으로 사회교육의 필요성이 제기되었다. 학교교육의 한계에 대해서는 다음과 같은 점이 지적되었다(김도수, 1977: 3).

첫째, 전문화된 지식의 수명이 짧은 주기에 퇴화할 뿐만 아니라 현대의 문화와 지식이 빠른 속도로 축적 · 팽창되고 있기 때문에 학교에서 습득한 지식 · 기술만 가지고는 사회 변화에 항구적인 적응이 곤란하고 사회발전도 기대할 수 없다.

둘째, 사회의 변화와 진보가 급격한 때일수록 학습 요구는 더욱 다양하기 마련인데, 학교교육은 제도화된 교육이고 획일화된 성격을 가지고 있어서 대부분의 학교가 거의 비슷한 형태를 가지고 유사한 교육내용을 가르칠 수밖에 없다는 것이다. 따라서 지역, 시대, 성별, 직업, 취미 등에 알맞은 내용을 학습자의 다양한 학습요구에 따라 임의로 선택할 수 없는 것이 학교교육의 또 다른 제한점이 된다.

셋째, 학교교육은 근본적으로 권위주의적인 성격을 가질 수밖에 없으므로 학교교육만으로는 사회성 · 협동성 · 능동성 · 실천성 등의 전인적 인격발달을 감당해 내기 어렵다는 것이다.

현대 사회의 변화와 관련하여 사회교육의 필요성이 제기되는 이유는 다음과 같다(김신일, 1983: 54−59).

첫째, 산업화와 도시화 그리고 핵가족화 현상에 따른 교육적 요구, 둘째, 현대인의 수명연장에 따른 장년기와 노년기에 따른 교육적 요구, 셋째, 과학기술의 급격한 발달에 따른 재교육 · 계속교육의 필요, 넷째, 끊임없이 변화하는 현대 사회에서 미래 사회 자체가 불확실성의 시대이므로 그 같은 상황에 유연하게 대응할 수 있는 능력 함양의 필요에서이다.

사회교육의 필요성에 함축되어 있는 사회교육의 특성을 보다 명확하게 하기 위하여 학교교육과 비교하여 살펴보기로 한다. 사회교육과 학교교육은 교육하는 사람, 교육받는 사람, 학습내용, 제도적인 면 등에서 다음과 같이 구별된다(조용하, 안상원, 2001: 260).

첫째, 제도적인 면에서 학교교육은 형식적 · 정형적 · 고정적 · 공적인 데 비해 사회교육은 사적, 비형식적, 다양성, 유연성이 특징이다. 또한 학교교육은 교육부가 주관하는 반면에 사회교육은 학교, 사설학원, 민간단체 등 다양한 기관에서 제공하고 있다.

둘째, 학교교육은 교사중심적이고 학생은 수동적인 경향이 있지만, 사회교육은 교사와 학생의 상호작용을 통해 학생이 능동적으로 참여하는 특징이 있다.

셋째, 학교교육은 교사와 학생의 관계가 수직적이며 구성원이 이미 확정되어 있는 데 비해, 사회교육은 다양한 관계로 형성될 수 있고 구성원이 확정되어 있지 않다.

넷째, 학교교육에서 가르치는 사람은 교사자격증을 소지하고 가르치는 일을 직업으로 삼고 있지만, 사회교육에서는 가르치는 사람이 꼭 교사자격증을 소지할 필요는 없고 다양한 소질을 가진 사람들이 많으며 가르치는 일을 직업으로 삼지 않는 경우도 있다.

다섯째, 학교교육에서 교육받는 사람은 지역이 동일하고 연령이 같은 학생이지만, 사회교육에서는 연령과 지역의 구분 없이 다양하다.

여섯째, 학교교육에 참여하는 것은 강제적이지만, 사회교육에 참여하는 것은 자발적이다.

일곱째, 학교교육의 기간은 일정한 재학기간, 즉 청소년기에 국한되어 있고 정시제로 운영되나, 사회교육은 교육기간이 정해져 있지 않고 평생에 걸쳐 가능하며 여가를 이용한 수시제로 운영된다.

여덟째, 학교교육은 학교라는 고정된 장소에 한정되어 이루어지지만, 사회교육은 장소가 고정되어 있지 않고 학습내용과 기능적으로 관련되는 시설을 효과적으로 이용할 수 있는 융통성이 있다.

아홉째, 학교교육은 장래에 대한 준비교육이므로 계획적 · 계통적으로 조직화된 지적, 추상적, 기호문화 중심의 내용이라면, 사회교육은 학습자의 요구에 따라 다양하게 비계획적 · 비계통적이고 실제적, 실용적, 생활중심의 내용이다.

이상에서 살펴본 것을 요약한다면 사회교육은 학교교육에 비해 대상이 다양하고, 강제성보다는 학습자의 자발성이 중시되며, 일정한 장소에 국한되지 않고, 교육 내용과 방법을 신축적으로 적용할 수 있는 특징이 있다.

3) 아동 · 청소년 복지를 위한 교육[1)]

사회교육을 평생교육의 차원이 아니라 아동과 청소년 복지의 차원 그리고 사회비판적인 차원에서 접근하는 관점도 있다. 독일어권에서 사회교육학이란 용어는 일반적으로 뫼르스(Mörs, 1820~1832)와 베를린(Berlin, 1832~1850)의 교사교육 세미나 기관장이었던 디스터벡(F. A. Diesterweg)에 의해 1850년에 출판된 그의 저서 『독일 교사교육을 위한 안내서(Wegweiser zur Bildung für deutsche Lehrer)』 제1권에서 처음 사용한 것으로 알려져 있다. 이 책에서 그는 '사회-교육학(Sozial-Pädagogik)'에 관해 언급하고 있는데, 사회적 빈곤 현상과 그와 관련된 교육적 지원대책을 소개하면서 빈곤의 문제를 다룬다. 이때 빈곤은 물질적인 것뿐만 아니라 정신적인 것(도덕적인 것)을 포함한다. 디스터벡의 사회교육학 개념은 학교교육 기간 이후에도 계속해야 하는 교육의 영역으로 하위계층을 물질적 · 정신적으로 지원하는 '사회적 문제'에 중점이 놓여 있었다(Kronen, 1980: 17 이하). 그 이후 발전되어 온 사회교육학은 오늘날 "사회도덕적 태도를 기르는 교육론"[핫세(K. Haase)], "넓은 의미에서 국민교육 활동"[크닉(E. Knirck)], "사회화 갈등에 관한 이론과 치료"[틸만(K-J. Tillmann)], "적응지원, 발달지원, 성숙지원, 교육지원 형태의 심리사회적 생활지원"[파펜베르거(H. Pfaffenberger)], "산업발달의 연관에서 사회적인 발달(사회로의 편입)을 지원하는 체제로서 필요해진 교육현실의 영역으로 …… 근본적으로 「청소년복지법」에서 말하는 청소년지원"(몰렌하우어) 등으로 다양하게 이해되고 있다(Marburger, 1981: 9-10).

여기에서는 사회교육의 과제에 대한 학자들의 다양한 견해를 살펴보고 이를 통하여 사회교육에 대한 이해를 넓혀 보기로 한다.

슈리퍼(F. Schlieper)는 사회교육의 과제를 다음과 같이 정리한다(Böttcher, 1975: 20).

---

1) 여기에서는 사회교육 개념과 사회교육학 개념을 구분 없이 사용하였다. 그러므로 여기에서 사용하고 있는 사회교육학 개념은 실천적인 영역에 국한되어 있음을 밝힌다.

첫째, 다른 사람에 대한 사회적인 태도 형성을 위한 교육(무엇보다도 공정성과 사랑의 사회적 기본태도를 일깨우는 것과 연습하는 것 그리고 사회를 위해서 함께 생각하고 행동하는 책임 형성을 위한 교육), 둘째, 지배적인 사회 형태들, 그들의 과제들, 그들의 개인적 · 사회적 위험요소들을 가르치는 것, 셋째, 개인이 사회에서 그의 올바른 자리를 발견하고 직책을 다하도록 개인을 돌보는 것, 넷째, 어려움에 처한 인간을 돕는 것이다.

뢰어스는 사회교육의 과제영역을 다음과 같이 정리한다(Röhrs, 1996: 77).

첫째, 사회교육은 넓은 의미에서 교육의 핵심이다. 둘째, 사회 속에서의 교육, 사회를 통한 교육, 사회를 위한 교육, 셋째, 어려운 상황들의 교육, 넷째, 생활을 돕는 교육이다.

앞에서 언급하고 있는 사회교육의 과제영역들은 범위가 너무 넓어서 일반교육의 과제영역과 구분하는 것이 쉽지 않다. 이러한 영역들 중에서 특수한 사회교육의 과제영역을 뢰어스는 "다양한 원인에 의해 정상적인 교육이 효과가 없고, 개인이 정상적인 사회적응의 어려움을 겪고 있는 곳"이라고 제한한다(Röhrs, 1993: 371 이하). 사회교육의 독자적인 과제영역은 일탈된 사회적 태도를 보이는 인간을 돌보고 보살피는 관점에서 이해된다. 비사회적인 태도는 실패한 사회교육적 관계(돌보고 보살피는)에서, 무엇보다도 가정의 분열에서 온다. 사회교육은 개인과 사회에서 기인하는 다양한 원인에 의해 사회에 적응하는 어려움을 겪고 있는 인간이 그것을 극복하도록 돕는 교육이다.

이러한 관점에서 보면 사회교육은 사회생활의 어려움에 처한 인간이 스스로 문제를 해결할 수 있는 능력을 갖도록 도와주는 교육이다. 사회교육은 중세에 가정 형편이 어려워 거리에 버려진 도덕적으로 부랑한 어린이와 청소년을 돕는 것으로부터 시작되어 오늘날에는 인간들이 자신의 삶의 질을 유지하고, 개선하며, 또는 새로 생산해 내려고 노력하는 곳 어디에서나 상담하면서 도움을 주는 교육활동으로 이해된다.

> "사회교육가는 그의 클라이언트들의 생활세계, 즉 그들의 일상생활에 참여하고 참여의 특별한 기술을 가지고 클라이언트에게 인격적으로 영향을 주고 생활세계를 형성해서 그들이 될 수 있는 한 사회적으로 발달할 수 있도록 한다. 그것은 하나의 경우(예: 어린이)에 있어서는 아주 교육적인 것이고, 다른 경우(예: 정신적 장애가 있는 성인)에 있어서는 더 돌보는 성격을 갖는다."(Lüssi, 1955: 50)

또한 사회비판적인 관점에서 뤼그너(H. Rügner)는 사회교육의 과제를 다음과 같이 제시한다.

> "첫째, 아동과 청소년에게 그의 발달상태에 상응하면서 어른들의 세계로부터 위협받지 않는 발달 공간과 교육 공간을 제공하는 것이다. 둘째, 아동과 청소년을 이러한 보호된 발달 공간을 넘어서서 계획과 목적을 가지고 문제와 위험을 갖고 있는 어른들의 세계로 입문시키는 것이다. 이때 무엇보다도 산업시대의 어려움들을 제거하는 것이 문제가 아니라 그것에 맞서도록 무장시키는 것이 문제이다. 셋째, 아동과 청소년을 현대 사회 및 현대 사회의 모든 위험과 잘못된 태도에 대하여 독자적이고 비판적인 가치판단을 할 수 있는 입장을 갖도록 그리고 그것을 넘어서 독자적인 삶의 형식을 갖도록 교육하는 것이다."(1964: 45)

이와 같은 맥락에서 호른슈타인(W. Hornstein)은 학교와 사회교육기관의 차이점을 사회교육학적인 관점에서 다음과 같이 특징짓는다(1971).

첫째, 사회교육학은 아동과 청소년이 사회 속으로 성장하는 과정에서 고도로 산업화된 사회의 조건들 아래에서 나타나는 갈등과 관계한다. 교육적인 실천이 다양한 곳에서 그러한 갈등과 만나는 한 사회교육학은 다양한 사회화의 장(학교, 가정, 산업체)과 관련된다.

둘째, 사회교육학은 사회적인 영역들(학교의 학습규칙에 고착되거나 또는 산업교육제도에 기관화되어 있는 것과 같은)의 객관적인 요구들에 근거를 두기보다는 오히려 주관적인 경험들, 문제들, 개인의 어려움과 욕구상태에 근거를 두고, 그들이 사회와 집단의 요구에 거리를 둔 가치를 갖도록 시도한다.

셋째, 그러는 한 사회교육학은 학교에서 이해되는 '학습'과 '교수' 이론이기보다는 개인적인 또는 집단적인 '상태' 내지는 문제와 욕구들에서 시작하면서 갈등의 해결과 그것을 의식하는 작업을 지향하는 중재의 이론이다. 중재는 정보를 전달하기보다는 계몽하기, 동기부여하기, 의식 넓히기를 더 지향하고 있다.

이상에서 살펴본 사회교육학의 과제영역이 어디인가 하는 문제는 사회교육학의 발달에서도 발견된다. 사회교육학은 개인에게 무엇을 가르치는 것으로 교육을 이해하는 개인교육학에 대립해서 시작되었다. 나토르프는 모든 교육은 근본적으로 사회교육으로 생각될 수 있다고 주장하였다. 왜냐하면 인간은 공동체에 의존하는 존재이기 때문이다. 즉, 인간은 인간적인 공동체를 통해서만 인간이 된다는 것이다. "개인들이 사회적인 삶을 인간적으로 형성하는 것은 그들이 참여해야만 하는 그러한 삶에 적합한 교육을 통하여 근본적으로 가능한 것처럼 개인의 교육은 근본적인 방향에서 사회적으로 조건화되어 있다는 것을 사회교육학 개념은 받아들인다."(Natorp, 1968: 9) 이러한 관점은 모든 교육이 지향하는 것으로 다른 교육학의 과제영역과의 구별이 불분명하다.

1920년대 노올에 의해 발전된 사회교육학은 가족과 학교에 의해 더 이상 보살핌을 받을 수 없는 아동과 청소년을 돕는 교육으로 이해된다. 사회교육은 예방적 차원에서 아동과 청소년의 건전한 정신과 육체의 발달을 보살피는 교육이고, 이미 잘못된 발달에 있는 아동과 청소년을 교도의 차원에서 돌보는 교육이다. 사회교육의 목적은 '안녕(das Wohl)'에 있고, 여기에는 거주하고, 먹고, 일하고, 쉬는 것 같은 기본적인 욕구의 만족 이외에 무엇보다도 자신의 의지에 따라 자신의 능력을 발달시키기 위해 교육될 권리가 속한다(Nohl, 1927: 20).

1960년대 이후 사회교육학은 산업발달과의 관계에서 사회적인 적응에 어려움을 겪고 있어 도움을 필요로 하는 가정과 학교 이외의 영역에서 교육으로 이해된다. 사회교육학은 더 이상 보살핌이 필요한 개인의 영역에만 국한되는 것이 아니라 더 넓은 관점에서 분화된 기관들(시설들)의 체계와 관계한다. 여기에는 학교 밖에서 이루어지는 아동과 청소년 교육시설, 청소년 범죄, 폭력을 예방하고 퇴치하기 위한 대책들, 상담(약물, 성, 직업, 친구, 가정 등의 문제) 등이 속한다. 이러한 기관(시설)은 가정과 학교를 지원하고, 보완하고, 대치하기 위하여 아동과 청소년들이 사회에 통합되도록 돕는 중요한 과제를 갖고 있다(Böhm, 1994: 646-647).

이상에서 살펴본 사회교육의 과제영역들로부터 아동 · 청소년의 사회복지를 위한 사회교육의 특징을 다음과 같이 도출해 낼 수 있다.

첫째, 사회교육은 독자적인 삶의 형성과 정상적으로 사회에 적응하는 것이 이런저런 이유에 의해 위협을 받거나, 어려워지거나 또는 불가능하게 된 개인, 가족 그리고 집단과 관계한다.

둘째, 사회교육은 가정, 직업, 친구관계 등에서 어려움을 겪는 인간에게 정상적인 삶의 장들과 사회적 관계들을 제공하고, 어려운 상황을 보완하거나 대신하는 목적을 갖는다.

셋째, 사회교육은 예방적 차원에서 또는 교도의 차원에서 아동과 청소년의 정상적인 사회적응을 돕는 활동임을 알 수 있고, 대상이 아동과 청소년에서 성인으로 확대되고 있음을 알 수 있다.

넷째, 사회교육학[2)]은 일반적으로 아동과 청소년에게 도움을 주는 특수한 교육의 장을 위한 이론이다. 다른 한편으로는 다양한 사회화의 장에 관계될 수 있는 이론이다.

다섯째, 사회교육학이 사회적인 과정들과 그들의 사회화 갈등에 대한 영향을

2) 넷째와 다섯째에서 사용하고 있는 사회교육학 개념은 이론으로서의 개념이다.

조망하는 한 사회교육학은 교육의 목적을 위하여 설립된 학교, 직업교육과 같은 기관들을 넘어서 아동과 청소년의 사회화 상황과 상태를 결정하는 사회적이고 정치적인 과정들과 상황들을 반성해야만 한다. 즉, 사회교육학은 사회비판적인 관점을 갖는다.

2. '성장'에 대한 사회교육적 관점

사회교육의 대상에는 아동, 청소년, 성인, 부녀자, 노인 모두가 포함되지만 성장하는 세대인 아동과 청소년에 국한하여 본다면 사회교육의 중심 과제는 아동과 청소년을 사회 속으로 통합시키는 것이다. 사회교육은 이 과정에서 아동과 청소년의 정상적인 발달을 방해하는 요인들로부터 그들을 보호하거나, 또는 이미 정상적인 발달이 사회적인 요인에 의해 방해받은 아동과 청소년이 좌절하지 않고 그로부터 벗어나 다시 정상적인 사회생활을 할 수 있도록 돕는 교육활동이다. 교육을 미숙한 존재로 태어난 인간을 성숙한 존재로 성장하도록 돕는 활동으로 이해한다면, 성장은 사회교육의 관점에서도 중요한 주제가 된다.

몰렌하우어는 성장과 관련하여 근본욕구, 적응, 전환학습, 갈등을 사회교육적인 관점에서 논의되어야 할 중요한 개념으로 본다. 다음에서는 이러한 개념들을 그의 이론을 중심으로 살펴볼 것이다(Mollenhauer, 1993).

1) 근본욕구

근본욕구란 이것이 만족되지 않는다면 이후에 계속해서 세계관, 태도, 신념, 의견, 행동 등에 영향을 미치는 욕구이다. 이러한 욕구를 몰렌하우어는 원초적인 욕구, 근본적인 경험, 범주적 특성의 유형으로 구분하고, 여기에다 앞의 세 유형

중 어떠한 특정 유형으로 분류하기 어려운 정신적인 욕구를 추가한다. 원초적인 욕구에는 음식물에 대한 욕구, 성적 만족의 욕구, 공포로부터 벗어남의 욕구, 거주하고 옷 입는 것과 같은 육체보호의 욕구가 속한다. 원초적인 욕구는 페스탈로치가 인간교육을 위해서 우선적으로 충족되어야 한다고 주장한 것처럼, 이 욕구가 충족되지 않는다면 문화적인 이차적 욕구가 형성되거나 만족될 가능성이 적어진다.

그러나 "원초적인 욕구는 인간 존재를 유지하기 위해서는 충분하지 않다. 원초적인 욕구는 발달의 초기부터 인간적인 삶이 가능해지도록 다른 것과 결합을 해야만 한다"(Mollenhauer, 1993: 59). 즉, 인간은 생물적인 존재이면서 인간적인 존재이므로 인간적인 존재로서 요구하는 욕구가 있다는 것이다. 이러한 욕구에는 '애정, 말 건네기, 안정성, 사랑'이 속한다(Mollenhauer, 1993: 59). 누군가로부터 애정을 받고 싶고, 따듯한 관심의 말 한 마디가 듣고 싶고, 내적인 안정을 취하고 싶고, 사랑받고 싶은 욕구가 있다는 것이다. 이러한 욕구와 관련된 일련의 사건을 '근본적인 경험들'이라고 한다(Mollenhauer, 1993: 60).

근본적인 경험들은 인간성(humanität)의 조건이 된다. 문제는 이러한 욕구가 사회가 발달하면서 점점 더 충족되지 못할 위험성에 처하게 되었다는 것이다. 근본적인 경험들은 인간발달의 초기부터 그냥 주어져 있는 것이 아니라 교육적인 행위에서 처음으로 생겨나게 되는 것이므로 초기의 교육행위는 아주 중요하다. 왜냐하면 그것을 통해 전체 삶을 위한 교육가능성이 결정되기 때문이다. 이러한 의미에서 애정과 사랑을 경험하는 것은 인간적인 삶을 형성하는 데 근본적으로 중요하다. "이러한 경험들에서 인간은 인간으로 만들어진다."(Mollenhauer, 1993: 62)

인간이 인간적인 존재로 발달하는 데 있어서 앞에서 언급한 근본적인 경험들 이외에 언어의 중요성을 간과해서는 안 된다고 몰렌하우어는 주장한다. 어린이가 말을 하기 시작하면서 언어에 대한 욕구가 생겨난다는 것이다. 그 때문에 애정을 표현한다든가 관심을 갖고 말을 건네는 것은 근본적인 경험들을 가능하게 하므로 교육적으로 중요한 행위가 되는 것이다.

또한 문화적 존재로서의 인간의 인격은 범주적인 특성들에 의해 발달된다. "이것은 하나의 특정한 문화가 개인에게 요구하는 욕구라고 할 수 있다. 왜냐하면 이러한 욕구들의 만족과 항상 새로운 재생산은 그에 상응하는 문화를 그의 독자성에서 유지하기 때문이다."(Mollenhauer, 1993: 64) 이러한 욕구들을 범주적이라고 하는 것은 문화적 인격 형성의 기본요소들이기 때문이다. 이것은 인격 형성에 영향을 미치는 사회 · 환경적 특성이라고 할 수 있다. 에릭슨은 정상적인 발달을 위하여 인간이 발달단계에서 획득해야 하는 과제로서 신뢰감, 자율성, 주도성, 근면성, 정체감, 친밀감, 생산성, 통합을 들고 있다. 모든 문화에는 그 문화만의 특성이 내재해 있다. 앞에서 언급했던 원초적인 욕구와 근본적인 경험들이 모든 경우에 확정될 수 있는 것이라면, 범주적 특성은 특별한 문화와 관련된다.

앞에서 언급한 근본적인 욕구의 유형인 원초적인 욕구, 근본적인 경험, 범주적 특성은 인간의 삶에서 서로 분리되어 나타나는 것이 아니기 때문에 모든 교육의 토대가 되는 것이다. 교육행위는 이러한 욕구들이 고려되기 때문에 단순히 생물학적 차원의 보살핌과는 근본적으로 구분되는 것이다. 또한 앞에서 구분한 근본욕구의 특정한 유형으로 분류하기는 어렵지만 '정신적인 욕구'도 인간의 근본욕구에 속한다. 정신적인 욕구가 나타나는 것은 건전한 발달이 진행되고 있음을 나타내는 징후라고 할 수 있다. 무엇인가를 알고자 하는 지적 호기심은 정신적인 존재인 인간의 근본적인 욕구이다. 사회교육은 이러한 정신적 관심이 정상적인 교육을 통해서는 충족될 수 없었고, 호기심의 실현을 방해하는 소홀함이 회복되어야 하는 곳에서 그리고 역할놀이와 같은 간접적인 방법으로 목적에 도달될 수 있는 곳에서 그의 과제를 발견한다(Mollenhauer, 1993: 66).

2) 적응

사회의 급격한 변화는 성장하는 세대가 하나의 일관적인 삶의 토대를 발견하는 것을 점점 어렵게 하고 있다. 오늘날과 같이 사회기관, 집단, 의견, 가족, 개인의 모습이 급격하게 다양화되고 개별화되는 사회에서 아동과 청소년이 주체적인 삶을 영위할 수 있는 존재로 성장하도록 돕는 것은 교육의 중요한 과제이다. 이러한 관점에서 적응은 중요한 사회교육적 개념이 된다.

사회교육적 개념으로서 적응은 순응과는 다르다. 순응은 좋든지 나쁘든지, 옳든지 틀리든지를 조절하는 규범적 관점을 포함하지 않고 무조건 다 학습하는 것을 의미하지만, "적응은 현대의 사회적인 장(場)이 개인에게 요구하는 행함의 특수한 형태로서 이것은 성취될 수도 있고 실패할 수도 있다"(Mollenhauer, 1993: 70). 사회교육의 과제는 "개인의 욕구와 동기 그리고 현대 사회 구조에 의해 주어진 요구들 사이에서 하나의 균형을 생산하는 것이다. 이러한 상태는 항상 스스로 주어지는 것이 아니기 때문에 생산되어야 하는 것이다"(Mollenhauer, 1993: 70). 즉, 적응은 자신과 낯선 외부의 세계를 조절하는 능력이라고 할 수 있다. 부적응은 이전에 적응되었던 것에 집착하거나 이전의 견해나 태도방식에 고착되는 것을 말한다. 개인의 욕구와 사회의 요구 간의 균형을 생산해 낼 수 있는 능력을 적응능력이라고 할 수 있다. 그렇다면 사회교육은 적응능력을 기르는 교육이고 또한 적응에 실패한 아동과 청소년이 변화된 상황에 재적응하도록 돕는 교육이라고 할 수 있다.

현대 사회에서 아동이 적응해야 하는 역할들은 다양하다. 집에서, 유치원에서, 또래집단에서 역할의 변화가 요구된다. 아동이 다양한 자신의 역할을 이해하는 것은 쉽지 않다. 유치원에서 초등학교로 막 진학한 아동의 경우 지금까지와는 달리 혼자 학교에 가야 한다든지, 수업시간을 지켜야 한다든지, 교과목에서 요구되는 과제를 해야 한다든지, 오랜 시간 앉아서 집중해야 한다든지 하는 등의 갑작스런 환경 변화에 따른 자신의 변화된 역할을 수행해야 하는데, 그때 아동이 이전까지 자신이 적응되었던 것에 집착하지 않고 변화된 상황에 맞게 가변적으로 적응하는 것은 쉽지 않다.

현재의 변화된 상황에 적응하느냐 못하느냐에 영향을 미치는 것은 이전에 다른 상황을 어떻게 극복하였느냐 하는 경험에 달려 있다. 학교에 막 진학한 아동이 심적 고통을 극복하지 못하고 심하게 좌절하게 된다면 과거에 집착하게 되고, 앞으로 다가올 다른 상황을 두려워하게 된다. 또한 지나치게 엄격한 부모 밑에서 다양성이 배제되고 하나의 가치 규범을 강요받았다면 하나의 관점에서 세계를 보려고 하기 때문에 변화되는 상황에 적응하기 어려울 것이다. 이것은 나중에 직업세계에 적응할 때도 마찬가지이다. 그러므로 사회교육의 과제는 아동과 청소년의 적응을 돕는 것이라고 할 수 있다. 소비생활에 올바르게 적응할 수 있도록 도와주는 것도 여기에 포함될 수 있다. 갑작스럽게 부모가 이혼을 한다든가, 경제적으로 어렵게 되었다든가, 이사를 한다든가, 학원에 간다든가, 상급학교에 진학한다든가 등의 낯선 환경에 적응할 수 있는 능력을 갖는 것은 개인의 발달이 건전하게 진행되는 곳에서 가능하다.

사회교육이 개인이 낙오되지 않고 정상적인 사회인으로 성장하도록 돕는 교육이라면, 특히 발달단계에서 만나게 되는 다양한 상황에 적응할 수 있는 능력을 기르는 교육이라면 상황에 적극적이고 능동적으로 참여할 수 있는 자발성이 전제되어야 한다. 교육은 처음부터 인간의 가소성을 전제로 하는 활동이므로 인간을 획일적이고 고정적인 상황에 맞추어 획일적이고 고정적인 형태로 삶을 살도록 요구하는 것은 교육의 본질에서 벗어난다. 교육은 인간이 새로운 상황에 적응할 수 있는 개방적이고 성숙한 정신적 태도를 형성하도록 도와주어야 한다. 이때 감정적인 안정은 중요한 조건이 된다. 사회교육은 개인이 새로운 상황에 적응해 가는 과정과 적응 결과를 스스로 비판하면서 항상 새로운 가능성을 추구할 수 있도록 다양한 교육적인 공간을 제공하여, 개인이 이미 학습되었던 것에 집착하지 않고 새로운 상황을 위한 적응준비성을 기르도록 도와주어야 한다.

3) 전환학습

교육은 인간에게 교육가능성(Bildsamkeit)이 전제될 때에 가능하다. 그러므로 교육이란 개념은 이미 인간의 교육가능성을 포함하고 있다. 교육가능성은 일정한 연령단계의 인간에게만 국한되는 것이 아니라 살아 있는 동안의 모든 인간에게 적용된다. 인간은 삶의 과정에서 전환학습(umlernen) 상황을 맞이할 때가 있다. 전환학습 상황을 쉽게 말하면 내가 지금까지 몸담고 있었던 직업을 포기하고 다른 직업을 선택해야 할 때 다른 직업에서 필요로 하는 것들을 배워야 하는 것과 같은 상황을 말한다.

몰렌하우어는 레빈(K. Levin)의 말을 인용하면서 목수가 시계공이 되려고 한다면 단순히 시계부품을 조립하는 기능적인 것을 배우는 것이 아니라 시계공이 되기 전에 시계공의 사고와 태도를 특징짓는 척도와 가치들을 받아들여야만 한다고 강조한다. “개인은 전환교육(Umerziehung)을 통하여 그의 사고와 태도를 결정하게 되는 가치체계와 사실들을 자신의 것으로 받아들인다.”(Mollenhauer, 1993: 77) 이렇게 본다면 전환학습은 지금까지 익숙한 문화에서 새로운 문화로 들어서는 사회적인 과정으로부터 도출되는 경우들과 관계하며, 특히 ‘태도와 가치체계의 근본적인 구조 변화가 문제’되는 경우들과 관계한다(Mollenhauer, 1993: 78).

어린아이가 정상적으로 성장하면서 처음으로 맞게 되는 전환학습 상황은 아주 편안하게 생활하던 가정에서 벗어날 때일 것이다. 유치원에 들어가게 되면 아이는 지금까지의 지평, 사회적인 접촉과 정보를 확대할 뿐만 아니라 가정과는 다르게 성질이 부여된 사회적 공간을 접하게 된다. 아이는 처음으로 아주 새로운 종류의 사회적인 형태를 만나게 된다. 유치원이 아무리 아이들에게 자유를 허용하고 유치원 교사가 어머니처럼 보살핀다 해도 가정과는 분명히 다른 사회적 공간이다.

두 번째 전환학습 상황은 아이가 초등학교에 입학할 때 발견된다. 학교에서 아이들은 새로운 사회적 조건들을 접하게 된다. 교사와 학생의 관계, 학생과 학생의 관계, 시간표에 따라 시간을 지키는 것 등이 유치원과는 다르다. 이때의 "교육적인 과제는 아이가 주위를 편하게 느낄 수 있도록 적응시키는 것뿐만 아니라 학교생활이 실제적으로 새로운 사회적 경험이 되도록 하는 것이다"(Mollenhauer, 1993: 80).

세 번째 전환학습 상황은 청소년기에 집단을 형성하는 데에서 발견된다.

네 번째 전환학습 상황은 노동과 직업 영역에서 발견된다. 여기에서 "노동과 직업은 교육적인 문제가 근본적으로 증가하는 사회에로의 소속에 기인하는 강요로부터 생겨난다는 것을 드러낸다. 구체적으로 말하면, 개인이 더 이상 하나의 직업에서 평생 동안 머무는 것을 보증할 수 없는 노동시장의 상황으로부터 시작된다"(Mollenhauer, 1993: 81). 즉, 앞에서의 전환학습 상황보다 더 사회에로의 소속을 요구한다. "사회에 소속되는 과정에서 범죄, 타락, 사회적으로 일탈한 다른 형태가 더 적어진다면 그것은 주목할 만한 것이다. 그 때문에 전환학습은 인격의 근본적인 변화를 필요로 하는 상황들에서 사회교육적 문제를 나타낸다. 즉, 범죄, 타락, 사회적 일탈행위가 그 경우이다."(Mollenhauer, 1993: 81) 이때 사회교육이 지향하는 것은 밖으로 드러나는 피상적인 모습의 변화가 아니라 태도와 가치체계의 근본적인 구조 변화이다. 이런 의미에서 사회교육은 전환학습을 돕는 활동이다.

4) 갈등

인간이 어떠한 마찰과 방해도 없이 순탄하게 사회의 구성원으로 되어 가는 것을 '정상적인 성장'이라고 말할 수 있을까? 정상적인 성장을 그렇게 이해한다면 그것은 잘못된 이해이다. 리트(Th. Litt)에 의하면 인간은 자신이 처한 현실과의 만남에서 자신의 목적을 달성하기 위하여 이율배반적으로 양립하는 가능성을 선택, 결정하여야 하는 긴장상태에 놓이게 되는데 이러한 긴장은 인간의 본질에 속한다(정영수, 1995: 28). 인간은 처음부터 이 세상의 모든 것과 아무런 관계가 없는 독자적인 존재로서 생각되어질 수 없고 자신이 존재하고 있는 세계와의 관련 속에서 고찰되어야 한다. 이렇게 본다면 갈등이란 인간에게 동반되는 하나의 현상이라고 할 수 있다.

사회적 존재로서의 인간의 갈등은 개인들 자체에서 발생하는 것이 아니라 특정한 관심과 다른 관심들과의 대립에서 나타난다. 세대 간의 갈등을 보더라도 이미 성장한 세대가 성장하는 세대에게 기대하고 바라는 것과 성장하는 세대가 성장한 세대에게 바라고 기대하는 것 사이에서 발생한다. 즉, 하나의 사회 속에서 서로 마주하고 있는 2개의 사회적 역할 사이에서 갈등이 시작된다. 기성세대는 전통적으로 유지되어 온 바람직한 것, 즉 전승되어 온 태도, 관습, 주장을 성장세대에게 요구하고, 성장세대는 지금의 상황에서 필요하고, 요구되고, 옳고, 도덕적으로 보이는 것을 추구하려 한다. 이러한 대립은 오늘날에 한정된 문제만은 아니다. 이미 소크라테스도 그가 살던 시대에 젊은이들이 버릇이 없다고 비난을 하였다.

교육이 인간의 삶에 동반되는 행위이자 현상으로 이해된다면, 교육에서 갈등은 중요한 문제가 된다. 왜냐하면 교육은 세대 간의 만남을 전제로 하기 때문이다. 모든 교육활동에는 사회적인 요구의 측면과 개인적인 발달의 측면이 늘 함께 하기 때문에 갈등의 상황이 나타날 수 있다. 몰렌하우어는 갈등 현상이 사회교육적으로 중요한 것은 갈등 현상이 지속되는 것과 그것을 극복하는 것에 따라 교육의 성공과 실패가 나타나기 때문이고, 또한 갈등이 인간의 변화에 관계하는 교육적인 의미를 갖고 있기 때문이라고 주장한다(Mollenhauer, 1993: 83).

교육의 장에서 갈등을 극복한다는 것은 무엇을 의미하는가? 갈등을 불러일으키는 모든 요소가 배제된 갈등이 없는 자유로운 공간을 제공하는 것을 의미하지는 않는다. 왜냐하면 갈등은 인간 존재의 본질이기 때문이다. 인간의 삶에서 갈등이 갖는 위험적인 요소는 갈등이 억압되었을 때이다. 억압은 공격으로 폭발할 수 있고, 다른 형태의 비사회적인 태도를 불러올 수 있는 긴장을 의미하기도 한다. 교육의 장에서 억압을 통하여 갈등을 없애려는 것은 근본적인 해결책이 되지 못하며 만성적인 갈등의 원인이 된다. 이것은 새로운 갈등과 장애의 원천이 되고, 교육 의도에 반대되는 영향을 미치며, 교육적인 통제의 교육적 효과를 점점 더 약화시킨다. 교육적으로 중요한 것은 갈등 상황을 제거하는 것이 아니라 의식적인 작업을 통하여 그것을 이해하도록 하는 것이다.

갈등을 무조건 억누르는 대신 갈등을 조정하는 것은 민주주의 사회의 근본적인 구성요소이다. 이러한 조정은 억압으로부터 인간을 해방시키는 것만으로 일어나지 않고, 갈등 상황에 대한 의식적인 통찰을 통해 일어난다. 그러므로 조정은 인간이 자신의 상황을 비판적으로 극복하는 것을 돕는 효과적인 수단이고, 그러한 조정은 교육의 근본적인 구성요소이다(Mollenhauer, 1993: 89). "갈등은 스스로 앞장서서 대처해야겠다는 솔선성과 자율의식을 일깨우고, 갈등의 극복을 위해서 생산성과 거리 두기 그리고 합리성을 필요로 한다는 데 교육적인 의미가 있다."(Mollenhauer, 1993: 90) 이때 요구되는 것은 대화를 통하여 서로의 입장을 이해하도록 노력하는 자세이다. 이러한 관점에서 몰렌하우어는 사회교육가의 과제를 다음과 같이 제시한다.

> "사회교육가의 과제는 무엇보다도 갈등을 조절하는 능력을 재건하고 새로운 교육적 상황에서 새롭게 생겨나는 갈등을 의식하게 하여 그것을 생산적으로 만드는 것이다. 그때에 연습과 실험을 할 수 있는 갈등 상황을 제공하는 것이 문제가 아니라 잠재적인 갈등을 해결하는 것이 문제이다."(Mollenhauer, 1993: 91)

이렇게 본다면, 사회교육은 인간이 성장과정에서 만나게 되는 갈등 현상을 극복할 수 있는 능력을 기르는 교육이라고 할 수 있다. 사회교육은 인간이 갈등 상황에 처했을 때 그로부터 회피하는 것이 아니라 갈등 현상의 원인을 통찰하고 이를 통해 성숙한 민주시민으로 성장하도록 돕는 교육이다.

교육을 목수가 연장을 가지고 설계도에 따라서 무엇인가를 만들어 내듯이 적합한 방법을 동원해서 의도한 대로 주형해 내는 것으로 이해한다면, 갈등은 교육에서 아무런 의미가 없다. 왜냐하면 갈등은 적어도 사회 속에서 사유하는 인간에게 적합한 개념이기 때문이다. 그러므로 인간적인 교육에서 갈등을 무시하고 억압하여 하나의 고정된 태도를 요구하는 것은 교육적으로 아무 의미도 없다.

연습문제

1. 사회교육에 대한 다양한 관점을 정리해 보자.
2. 아동 · 청소년의 '성장'이 사회교육의 관점에서 중요한 이유를 제시해 보자.

제 13 장 문화교육과 다문화교육

제13장 문화교육과 다문화교육

인간은 사회적 존재인 동시에 문화적 존재이다. 철학자 겔렌이 말했듯이 인간은 '제2의 자연'으로서의 문화 없이는 가장 무력한 유기체에 속한다. 문화를 통해서 인간은 추위를 견딜 수 있는 의복과 가옥, 배고픔을 해결할 수 있는 도구와 기계, 자연적 재해에 대응할 수 있는 사회적 제도를 만든다. 만약 이런 것들이 한순간에 모두 사라지고 홀로 정글 속에서 살아야 한다면 인간의 삶은 비참한 것일 수밖에 없다. 문화는 유전자를 통해서 생물학적으로 전달되지 않고 오직 교육과 학습을 통해서만 전달된다. 그러므로 문화적 존재인 동시에 교육적 존재인 것이다. 이런 점에서 모든 교육은 이미 사회화이고 문화화이다. 그러나 이 장에서 우리의 주된 관심은 좁은 의미의 '문화교육'을 향한다. '문화교육'이 다른 영역의 교육과 다른 점은 문화적인 삶을 통하여 인간을 형성하는 교육이라는 데에 있다. 여기서 문화적 삶이란 예술품을 직접 창조하는 일에 참여하거나 작품을 감상하는, 즉 예술을 향유하는 삶을 말한다. 이러한 삶은 해당 분야의 전문가들에게만 한정된 것이 아니며, 학교에서 교과와 관련하여 또는 학교 밖에서 취미로도 즐길 수 있다.

문화교육의 또 한 가지 중요한 부분은 다문화교육이다. 대다수의 인간은 지금까지 좁은 지역에서 비교적 동질적인 문화권의 사람들과 어울려 살았다. 그런데 오늘날 세계화로 인해 전혀 상이한 인종과 문화가 섞여 살아야 하는 것이 현실이 되었다. 이런 상황에서 요구되는 다문화교육은 무엇인지에 대해서도 살펴볼 것이다.

1. 문화교육

1) 문화적 존재로서의 인간

칸트는 "인간은 교육을 통해서만 인간이 될 수 있다."라는 유명한 말을 하였다. 이 말은 인간은 단순한 생물학적인 성숙을 통해서는 인간으로서의 본성을 실현할 수 없다는 의미이다. 그러므로 인간은 교육을 통해서만 비로소 인간이 되어 가는 것이다. 이는 인간만이 갖는 특성이다. 그래서 인간은 교육을 받아야 하는 유일한 피조물이다. 이런 의미에서 볼 때, 인간은 사회적 존재임과 동시에 문화적 존재이다. 교육은 새로 태어난 아이들에게 사회문화적으로 가치 있다고 판단되는 내용을 습득하도록 하는 행위이다. 단지 사회 안에 살고 있다는 사실만으로 인간이 되는 것은 아니다. 인간은 가치, 지식, 언어, 습관, 종교, 태도, 신념, 제도 등의 문화내용을 배움으로써 인간으로 형성되는 것이다.

그렇다고 해서 이것이 인간이 단지 기존의 문화를 수동적으로 따르기만 한다는 의미는 아니다. 인간은 고유한 정신을 가진 존재로서 문화를 창조해 왔듯이 계속해서 새로운 문화를 창조해 간다. 겔렌에 의하면 인간은 다른 동물에 비해 생존능력에서 결핍을 지닌 '결핍존재(Mangelwesen)'이다. 다른 동물들은 출생하는 순간부터 독, 뿔, 날개, 색깔, 튼튼한 다리와 같은 신체적인 무기로 무장하고 있다. 그에 비하여 인간에게는 그러한 것들이 부족하다. 그러나 인간은 다른 동물과 달리 정신을 소유한 존재이기 때문에 그 부족함을 극복하기 위해 환경을 자신에게 맞게 변화시키는 것이 가능하다. 겔렌은 이러한 변화된 환경을 제2의 자연이라고 말하는데, 이것이 곧 문화이다. 인간은 제2의 자연 안에서 자신의 부족함을 보완함으로써만 생존할 수 있는 문화적 존재이다.

포르트만은 인간은 '생리적 조산'으로 태어난다고 말한다. 동물들은 태어나자

마자 또는 태어난 후 짧은 시간 안에 이미 고유한 특성을 보이는데, 인간은 적어도 1년을 더 기다려야 비로소 고유한 인간적 특성(직립보행, 언어, 행위능력)을 보인다는 것이다. 인간의 태아는 동물에 비교해 볼 때 1년 더 어머니의 배 속에 머물러 있어야 한다. 이렇게 1년 정도 미숙한 상태로 태어난다는 것은 인간이 사회적인 동물이라는 사실과 긴밀히 연결되어 있다. 즉, 인간은 1년 일찍 태어남으로써 태내에서의 생물학적 과정을 통해서가 아니라 사회적 교섭 속에서 비로소 인간적 특성을 구비한다.

즉, 인간적인 특성은 사회 속에서 그리고 문화적 영향 아래에서 비로소 발달하는 것이다. 인간이 사회 속에서 문화내용과 교제함으로써 비로소 인간이 된다는 것은 아베롱 숲에서 발견된 야생 소년의 예에서도 쉽게 알 수 있다. 이따르가 이 소년을 5년간 관찰하고 실험한 내용에 의하면, 인간에게 본래 주어져 있는 것으로 생각되었던 도덕적 우월성이란 다름 아닌 문명사회의 산물이라 할 수 있다 (Itard, 1984: 58).

이러한 사실은 문화가 인간의 행동에 절대적인 영향을 미친다는 것을 의미한다. 그러므로 인간의 행동은 그가 속한 사회(가족, 집단, 직장, 학교, 국가)의 문화체계를 통하지 않고서는 이해될 수 없다. “우리는 개별적 존재로서의 나에게 귀속되는 천부적 자질을 가지고 태어나는 것일 뿐만 아니라 조상들에 의해 축적되어 우리에게 유산으로 상속된 문화라는 ‘외부적 장치’ 속에서 태어나는 것이다.” (Landmann, 2000: 185)

우리가 한국인인 것은 단지 한국에서 태어났기 때문이 아니라 한국의 문화체계와 교제하면서 성장하기 때문이다. “인간은 항상 특정 문화 분위기 안에서 적응의 형식을 교육받아 그것을 실천하는 사회적 존재이기 때문에, 개개인의 행동을 규제하는 외재적인 문화를 모르고서는 인간을 이해할 수 없다. 예컨대, 우리가 외국인과 기본적으로 다른 감정, 풍습, 신앙, 언어, 도덕, 지식 등을 가지고 있는 것은 바로 한국 사회에 내재해 있는 특유한 문화체계의 존재 때문인 것이다.”

(고영복, 1997: 13)

인간은 생리적으로 유사한 존재(생물학적 특징을 공유한 존재)이지만 그가 속한 사회의 문화와 교제하면서 각기 다른 성격과 행동을 나타내게 된다. 그가 속한 가정, 학교, 집단, 국가, 사회에 따라 유사성과 차이가 나타나는 것은 인간이 문화의 영향을 받고 형성되는 존재이기 때문이다. 비슷한 문화권에서 자라난 사람들끼리 감정이 잘 통하고 쉽게 행동이 이해되는 것도 이 때문이다.

2) 문화교육의 의미

문화교육이란 용어는 우리나라 교육계와 교육학계에서 아직 생소할 뿐 아니라 명확한 개념 정의도 이루어지지 않고 있다. 문화교육에 대한 논의의 범위와 방식은 '문화'와 '교육'을 어떻게 규정하는가에 따라 전혀 달라질 수 있으며, 실제로 지금까지의 논의에서 그러한 점이 발견되고 있다(조용환, 1999).

문화교육을 개념적으로 이해하기 위해서는 우선 '문화'와 '교육'의 관계를 살펴보는 것이 순서일 것이다. 먼저, 인류학에서 사용하는 문화의 개념을 살펴보기로 하자. 문화는 개인의 행동에 영향을 주는 그가 속한 사회의 독특한 질서 또는 구조라고 할 수 있다. "인간이 특정한 사회에 생존하는 과정에서 일반적으로 받아들여진 생활양식의 총체를 문화라고 한다. …… 인간의 행위양식에는 어떤 질서 또는 규칙성이 발견되는데, 이러한 경향을 일반화시킨 개념이 문화 개념이라고 할 수 있다."(고영복, 1997: 13) 즉, 문화는 사람들이 모여 사는 사회를 특징짓는 하나의 유형이다. 그러므로 "문화는 사회를 생활양식이라는 측면에서 들여다본 것이다. …… 사회적이라 하면 대인관계 혹은 집단적 관계와 같이 사람들의 관계나 그 관계들의 제도화된 유형을 뜻하고, 문화적이라 하면 사람 밖에 존재하는 가공물이나 생산물 혹은 관념적 · 이상적 기준을 뜻한다"(고영복, 1997: 16).

문화는 다음과 같은 특징을 갖는다(고영복, 1997: 13-16).

첫째, 문화는 학습되고 후천적으로 획득되는 것이다. 인간은 출생 시 자연 그대로의 동물상태에 있다. 그러나 점차로 성장하면서 언어를 배우고, 부모와의 접촉을 통해 욕구를 충족시키는 방법을 배우며, 좋은 행동과 나쁜 행동을 구별하는 능력을 갖추게 된다. 이러한 과정을 통해 인성이 형성되고 남의 기대에 따라 행동할 수 있는 능력을 기르게 된다. 이처럼 인간이 출생 후에 학습하여 얻은 생활양식이 문화이다.

둘째, 문화는 시대에서 시대로 전승되어 축적된 사회적 유산이다. 우리의 모든 생활양식(언어, 습관, 종교, 도덕, 지식)은 개개인의 힘으로 창안된 것이 아니라 조상들의 축적된 지혜의 결실에 지나지 않는다. 그렇다고 해서 기존의 모든 문화가 전승되는 것은 아니다. 사회 속에서 살아남은 문화는 그 사회가 유용한 것으로 인정한 것이기 때문이다. 개인이 인정하더라도 사회가 인정하지 않으면 축적되지 않는다. 따라서 문화는 사회적으로 걸러진 생활양식이다.

셋째, 문화는 인간으로부터 독립한 자기체계를 가지고 움직인다. 문화가 개인 밖에 존재한다는 것은 문화의 객관성과 구속성을 의미한다. 문화는 여러 가지 기대와 요구를 통해 개인을 구속함으로써 사회의 통합과 질서를 유지한다. 예를 들어, 우리가 식사를 다 마치고 잘 먹었다는 표시로 트림을 하는 것은 유럽 사회에서는 용납되지 않는다. 그것은 행위 자체에 문제가 있는 것이 아니라 행위에 대한 사회적 분위기에 큰 차이가 있기 때문이다. 즉, 행위에 대한 사람들의 기대가 다르기 때문이다. 이것은 한 사회 내의 가정, 학교, 집단 문화에서도 마찬가지이다. 사람들이 일반적인 기대에 순응하는 경우에는 긴장이 안 생기지만, 그것을 어기거나 거기서 일탈하면 자기의 외부에 있는 어떤 힘이 자기에게 강제력을 행사하고 있다는 긴장감을 느끼게 된다. 이러한 현상을 문화의 객관성 또는 구속성이라 부른다.

넷째, 문화는 인간이 살아가는 데 필요한 방식들이다. 인간이 동물처럼 살아가지 않는 이유는 문화를 통해서 살아가기 때문이다. 원만한 개인생활, 가정생활,

집단생활을 이루기 위해서는 많은 지혜와 방책이 필요하다. 이러한 것들을 혼자의 힘으로 창조해야 한다면, 인간의 생활은 항상 시행착오를 되풀이하고 원시시대를 벗어나지 못할 것이다. 그러나 인간은 집단의 생활경험을 축적해 놓은 문화를 통해 어떻게 살 것인가 하는 방법을 배운다.

이상의 특징을 요약하면 문화는 인간에게 사회적 연대감을 제공하고, 사회의 통합과 질서를 유지하며, 인간의 성격이 형성되는 것과 관계한다. 여기서 우리가 교육의 기능을 모든 문화적 전승을 통해 자라나는 세대를 주어진 사회문화적 공간으로 편입시키는 것이라고 한다면, 폭넓게 정의된 인류학의 문화 개념을 문화교육과 직접 관련짓는 것은 문제가 있다. 문화교육과 일반적인 교육 간의 구분이 모호해지기 때문이다. 그러므로 문화교육의 영역을 구체적으로 한정시킬 필요가 있다.

유네스코는 1983년에 제정한 〈문화지표 체계 시안〉에서 문화의 하부체제로 문화유산, 인쇄물 및 문예, 음악, 무대예술, 조형예술, 영화 및 사진, 방송, 사회문화적 활동, 스포츠와 게임, 자연과 환경 등을 제시하였다. 이러한 제안을 받아들인다면 문화교육을 위한 영역 분류에서도 이 모든 항목이 고려되어야 할 것이다(김문환, 1999: 93). 이와 같은 맥락에서 김문환은 문화교육이 다음과 같은 영역을 포괄할 수 있다고 하였다(1999: 95). ① (문화) 지식에의 안내와 문화유산의 감상 그리고 현대 문화생활에의 안내, ② 문화가 확산되고 진화하는 과정에 대한 친숙화, ③ 문화유산들과 현대문화 간의 불가해한 연결과 동등한 존엄성의 인정, ④ 미적 · 예술적 교육, ⑤ 윤리적 · 시민적 가치들의 훈련, ⑥ 매체교육, ⑦ 상호문화적(intercultural)/다문화적(multicultural) 교육이 그것이다. 이렇게 볼 때, 문화교육에는 자기가 속한 나라 또는 집단의 문화에 대한 지식을 습득하고 이해하는 교육뿐 아니라 다른 나라 또는 집단의 문화에 대한 지식을 습득하고 이해하는 교육 등이 포함되어야 한다.

이렇게 구체화된 의미에서의 문화교육이 다른 영역의 교육과 다른 점은 문화적인 삶을 통하여 인간을 형성하는 교육이라는 데에 있다. 문화적 삶이란 예술품을 직접 창조하는 일에 참여하거나 작품을 감상하는, 즉 예술[1]을 향유하는 삶을 말한다. 이러한 삶은 해당 분야의 전문가들에게만 한정된 것이 아니며, 학교에서 교과와 관련하여 또는 학교 밖에서 취미생활로도 즐길 수 있다.

이러한 문화적 삶의 교육적 의미는 미적 체험에 있다. 미적 체험이 지니는 효과는 다음과 같다(김문환, 1999에서 재인용: 36).

① 미적 경험은 마음의 긴장을 풀어 주고 파괴적인 충동을 잠재운다.
② 미적 경험은 작은 갈등을 자아 안에서 해결하고, 자아의 통합(integration)과 조화를 이루는 것을 돕는다.
③ 미적 경험은 지각과 식별력(discrimination)을 세련되게 한다.
④ 미적 경험은 상상력을 발전시켜 타인의 위치에 자신을 놓을 수 있는 능력을 계발한다.
⑤ 미적 경험은 의학적으로 말한다면 정신건강에 도움이 되며, 치료라기보다는 예방적 성격이 강하다.
⑥ 미적 경험은 상호적인 동정심과 이해심을 함양한다.
⑦ 미적 경험은 인생에 대한 이상을 제시한다.

예술이 인간 형성에 많은 영향을 미치기 때문에 교육에서 고려되어야 한다고 생각한 것은 고대 그리스에서부터이다. 그리스 사람들은 교육을 통하여 인간의 천부적인 본질(인간다움)에 도달할 수 있다고 생각하였는데, 이때 체육과 음악이 중요한 교과로 생각되었다. 그들은 아름다움(美)과 선함(善)이 분리되는 것이 아니라 서로 결합하여 인간다움을 위한 조건이 된다고 보았다. 이렇게 본다면 문화교육은 단순히 예술작품을 만드는 데 필요한 기술이나 기교를 반복해서 훈련하

1) 여기서 예술은 미술, 음악, 문학, 무용, 오페라, 연극, 영화 등을 가리킨다.

는 형식적인 것이 아니라, 자유로운 창조행위와 미적 체험이 결합되어 인간다움을 실현하는 교육이라고 할 수 있다. 또 예술작품을 감상한다는 것은 분위기에 감성적으로 몰입하는 것만을 의미하지 않는다. 그것은 예술작품을 객관적으로 판단하고 평가하는 비판적인 태도도 포함한다.

문화교육은 우리 주위의 다양한 문화적 상징을 무비판적 · 감각적으로 탐닉하는 태도에서 벗어나 감성과 이성 간의 균형 있는 삶의 태도를 형성하는 교육이라고 할 수 있다. 쉴러(F. Schiller)에 의하면 "이성과 감성이 전 인간성으로 조화 · 통일된 성격"이 바로 인간의 아름다움이다(백기수, 1997: 27). 인간의 아름다움이란 인간의 인간다움 이외의 다른 것이 아니다.

3) 문화교육의 과제

인간의 행위양식을 지배하는 어떤 질서를 문화라고 한다면, 근대 이후 인간의 행위양식을 지배하고 있는 것은 효율성이라고 할 수 있다. 비판이론을 대표하고 있는 학자들에 의하면 과학기술이 발달하고 기계화된 산업이 성장하면서 생산의 영역에서 적용되는 평가의 척도인 효율성이 사회의 모든 것에 적용되는 궁극적인 척도가 되었다. 무엇이 합리적인가 하는 문제도 어떻게 하면 목적에 도달하기 위한 가장 효율적인 수단을 확보하는가의 문제가 되었다. 이러한 자기중심적이고 경쟁적인 문화는 인간성 상실이라는 심각한 문제를 동반하였다. 이러한 상황에서 문화교육은 인간성 회복을 위한 교육이어야 한다.

오늘날 우리가 경험하는 정보화시대는 생활 전반에서 많은 변화를 요구하고 있고 앞으로도 더욱 거세질 것이다. 문화교육은 정보문화의 도덕적 무감각, 현실과 가상 공간의 혼돈, 지나친 정보의 쓰레기 더미에 의해 황폐해진 마음을 정돈할 수 있도록 도와주는 교육이어야 할 것이다(한명희, 1998: 14).

또 문화수용자들이 상업주의적인 문화소비에 빠지지 않고 현명한 선택을 할 수 있도록 도와주는 교육이 되어야 한다. 상업주의적 문화생산은 저질의 문화상품을 통해 수용자의 판단을 현혹하거나, 대중의식을 조작할 수 있는 위험성도 갖고 있다. "왜냐하면 문화의 상업주의는 무엇보다 이윤추구를 목적으로 하여 정보문화를 배포하기 때문에 그들은 도덕적 · 미적 관심을 우선시하지 않으며, 능률성 · 효율성의 추구는 문화의 본질적 성질을 위협할 수 있기 때문이다."(한명희, 1998: 10)

마지막으로, 문화교육은 문화에 대해 올바르게 이해할 수 있도록 문화에 대한 기초지식을 제공하고, 또 그것을 문화 속에서 활용하고 체험하도록 하는 교육이 되어야 한다. 문화에 대한 기초지식이 있을 때 문화를 바로 볼 수 있는 관점을 가질 수 있고, 미적 체험도 가능할 것이다. 이것은 우리가 게임의 규칙을 모르고 게임에 참여한다면 재미가 훨씬 덜하고 의미를 찾을 수 없는 것에 비유할 수 있다. 문화교육은 개인이 건전한 문화적 삶을 향유할 수 있도록 문화에 대한 기초지식을 제공하고, 문화 속에서 체험하도록 배려하는 교육이 되어야 할 것이다.

2. 다문화교육

1) 다문화교육의 문제의식

'다문화교육'의 개념은 한마디로 정의하기 힘들고 학자마다 다른 방식으로 접근한다. 분명한 것은 한 사회 내에서 인종적 · 문화적 다양성이 급속히 증대하여 차이가 사회적 문제로 대두될 때 그 사회는 당연히 이에 대하여 정치적 · 법적 · 문화적 · 교육적 차원에서 대응을 시도하게 된다. 그런데 이러한 대응방식은 그 사회의 물질적 · 정신적 상황과 세력관계에 의거해 다양하게 나타날 수밖에 없다. 예를 들어, 미국은 20세기 초에는 차이를 제거하여 사회의 동질성을 강화하는 쪽으로 대응하였고, 이것은 '용광로 이론(동화주의)'으로 표현되었다.

용광로 이론은 20세기 초 미국의 학자인 메이요-스미스(R. Mayo-Smith)의 다음과 같은 주장에서 분명하게 드러난다. "어떤 국가도 동질적 문화 없이 강국이 될 수 없고 존재할 수도 없다. 그러므로 우리가 해결해야 할 인종 간의 갈등은 이질적 문화요소를 용해하여 하나의 공통 국가 내에서 단일 언어, 단일 정치체계, 단일 국가주의, 단일 사회발전의 이상을 추구하는 것이다."(Mayo-Smith, 1904) 그러나 용광로 이론은 통합의 이상에도 불구하고 현실적으로는 소수민족의 문화를 억압하여 일방적으로 앵글로색슨 백인 문화 속으로 편입시키려는 시도로 나타났다. 이것은 당시 미국 사회의 사회적 긴장과 갈등을 증대시키는 부작용을 낳았다.

이에 대한 반작용으로 1960년대 다원주의와 소수민족 집단에 대한 인정의 분위기가 강화되면서 새로이 등장한 것이 차이와 다양성의 존재를 긍정적으로 평가하려는 '샐러드보울' 이론이다. 이 이론은 샐러드 속에 다양한 종류의 재료가 적절히 자신의 독립성을 유지하면서도 서로 공존하여 하나의 맛있는 음식을 형성하듯이 사회에서도 다양한 문화가 각자의 고유성을 유지하면서 상호 공생하는 관계가 바람직하다는 관점을 표현하고 있다. 용광로 이론이 사회의 통합과 통일성을 강조했다면 샐러드보울 이론은 사회의 다원성을 존중하고 긍정적으로 본다.

현대 사회에서 다문화교육 이론은 기본적으로 문화적 통합과 다원성, 동화와 공존, 통일성과 다양성 등의 두 가지 대조되는 가치를 어떻게 조화시킬 것인가에 초점이 맞춰져 있다. 대표적 다문화교육론자인 뱅크스(J. A. Banks)는 이렇게 선언한다. "다문화 사회는 시민들의 다양성을 반영하는 동시에, 모든 시민이 헌신할 수 있는 보편적인 가치, 이상, 목표를 보유하는 국민국가를 건설해야 하는 문제에 직면해 있다. …… 다양성과 통일성 간에 정교한 균형을 이루는 것이 민주국가의 핵심목표인 동시에 민주 사회에서 이루어지는 교수-학습의 핵심목표가 되어야 한다."(Banks, 2008: 26) 그러나 이런 커다란 방향 아래에서도 다문화교육의 목적, 내용, 의의에 대해서는 다양한 접근이 이루어지고 있다. 여기서 이러한 다양한 경향을 따로 살펴볼 여유는 없으므로 일단 이들에서 공통적으로 등장하는 요소들을 중심으로 다문화교육의 개념을 분명히 해 보자.

2) 다문화교육의 구성요소

다문화교육의 목적, 내용, 의의에 대해서는 다양한 입장이 제시되어 있다. 하지만 다문화교육의 공통된 문제의식은 다음과 같은 네 가지 측면에서 확인할 수 있다. 교육과정의 개혁, 평등교육 및 평등 교수법의 추구, 다문화적 능력과 태도의 촉진, 사회정의 및 사회개혁이 그것이다. 그러므로 다문화교육은 평등교육이라는 목표 아래에서 교육과정과 교육제도를 개혁함으로써 주류집단과 소수집단의 사람들이 다문화적 능력을 배양하게 하고, 이를 통해 부와 기회가 공평하게 분배되는 정의로운 사회를 구축하려는 교육이론인 동시에 실천적 교육운동이라고 정의할 수 있다. 앞의 네 가지 측면을 차례대로 살펴보자.

(1) 교육과정의 개혁

다문화교육은 단일민족 또는 국민국가의 시각에서 마련된 기존의 교육과정을 다원적이고 범세계적인 관점에서 재구성하고 재서술해야 한다. 예를 들어, 한국의 문화유산을 소개하면서 일방적으로 한민족의 탁월한 재능과 우수성을 강조한다든지, 개화기와 일제(日帝)시대의 역사를 서술하면서 일본은 악하고 한국은 선하다는 식의 민족적 편견을 드러내는 교육과정은 다문화시대에 맞지 않는다. 일본인을 비롯한 외국인 부모를 둔 학생이 한국의 학교에서 수업에 참석하는 경우가 있기 때문이다. 더 나아가 다문화시대에서 학생들은 민족, 문화, 종교의 차이에 대해서 객관적이고 세계시민적 관점을 가질 필요가 있기 때문이다. 뱅크스는 다문화 교육과정은 '내용의 통합(교과의 주요 개념과 내용을 설명할 때, 다양한 문화 및 집단에서 온 사례, 자료, 정보를 활용)' '지식의 구성과정(암묵적인 문화적 가정, 준거, 관점, 편견 등이 특정 학문영역에서 지식의 형성과정에 어떻게 영향을 미치는가에 대한 탐구)' 등을 포함해야 한다고 주장한다.

(2) 평등교육 및 평등 교수법의 추구

최근 교육학자들은 다문화교육의 핵심적인 목표는 모든 다양하고 이질적인 문화적 · 인종적 배경을 가진 학생에게 평등한 교육의 기회를 보장하는 데 있다고 본다. 학교가 문화적 배경이 다른 학생들에게 서로 다른 성공의 가능성을 제공하는 경우는 비일비재하다. 다문화가정 학생이 그렇지 않은 학생에 비해 낮은 학업성취를 달성하게 만드는 낡은 학교구조는 개혁되어야 한다. 다문화교육론자들은 기존의 교육에서 불리한 위치에 있는 이주민, 소수민족, 경제적 취약계층의 학생들에게 공평하고 동등한 교육기회를 부여하려는 노력이 필요하다고 주장한다.

물론 이것은 단지 형식적 기회의 평등에 그치지 않고 실질적으로 모든 학생이 문화적 · 경제적 차이에 따른 불이익을 받지 않도록 교육과정에 적극적으로 개입하는 것을 의미한다. 그리고 이를 위해서는 학교의 근본적인 재구조화(기존의 학교교육에 전제되어 있던 주요한 가정과 믿음의 변경 그리고 인간 능력과 지식에 대한 새로운 패러다임의 마련)가 필수적이다. 예를 들면, 교사는 다양한 출신 배경의 학생들이 동등한 학습능력을 지니고 있으며, 지식은 사회적 · 정치적 · 규범적 가정을 지닌 사회적 구성물이라는 사실에 주목해야 한다. 또 학생의 학습특징을 고려한 교수법이나 협동학습 등 소수집단이나 취약계층 학생의 학문적 성취를 촉진하는 수업방식이 도입될 필요가 있다.

(3) 다문화적 능력과 태도의 촉진

다문화적 능력은 복잡하고 긴장된 문화적 환경에 다양하고 유연한 방식으로 대처하는 인지적 · 정서적 능력을 의미한다. 여기서 중요한 것은 한 국가 내에서 또는 국가와 국가 간에 등장할 수 있는 문화적 갈등 상황에 대처하는 데 필요한 지식, 태도, 실천방식들을 습득하는 일이다. 다문화적 능력의 구성요소로는 다음과 같은 네 가지를 들 수 있다.

첫째, 자신의 고유문화 및 타 문화의 가치와 태도에 대한 지식과 세계적인 차원에서의 국제적 상호 의존성에 대한 지식, 둘째, 타자와의 관계와 교제 속에서 발생하는 긴장이나 갈등을 적절히 회피하거나 조정하는 능력, 셋째, 자신 및 타자의 생각과 관점을 주어진 문화적 상황이나 조건과 연관하여 바라볼 수 있는 성찰적 사고능력, 넷째, 자신의 문화 및 다른 문화를 분석 · 평가하고, 타자와의 성공적이며 생산적인 만남을 기획하고 실행하는 능력이다.

이런 다문화적 능력은 다양한 사람이 만나서 의사소통을 통해 상호 이해에 도달하고, 더 나아가서 서로 간의 이질성을 인정하면서도 동등한 인간으로서 공유하는 것은 무엇인가에 관해 검토하고 대화하며 이를 통해 공통된 삶의 토대를 찾는 데 도움이 된다.

(4) 사회정의 및 사회개혁

다문화교육의 출발점은 물론 '평등한 교육기회의 보장'이지만, 많은 사람은 다문화교육의 관심을 학교에서의 평등에 제한하지 않고 사회적 불평등을 완화하고 폐지하는 것으로 확대한다. 특히 슬리터(C. E. Sleeter)와 그랜트(C. A. Grant)는 "모두를 위한 기회와 부의 공평한 분배는 사회와 개인에 대한 권한 부여를 통해서 가능하며, 이는 다문화교육을 통한 사회개혁으로 이어진다."라는 점을 강조한다(Sleeter & Grant, 2009). 이러한 측면에서 볼 때, 다문화교육은 인종차별, 계급차별, 성차별에 대한 비판적 시각을 길러 주고 거기에 대항하는 데에 필요한 지식과 능력 그리고 실천력을 갖추도록 하는 데 관심을 쏟는다.

사회적 불평등과 부당한 차별의 폐지는 이질적인 요소들이 혼재하는 다문화사회를 하나의 통합적이며 공동체적인 사회로 변화시키기 위해 필수적인 전제조건이다. 현실의 다문화주의나 다문화교육이 종종 '문화주의'의 협소한 틀에 사로잡혀 문화적 차이에만 관심을 기울이고 사회정의나 사회적 차별과 불평등의 문제를 소홀히 하는 것은 잘못이다.

이 밖에도 학교의 문화와 조직을 재구성하여 다양한 인종, 민족, 언어, 사회 집단에서 온 학생들이 교육적 평등과 자신의 권리를 누릴 수 있게 하는 것도 다문화교육의 핵심적 요소에 속한다. 이를 위해서는 공정한 평가방법을 고안해 내고, 능력별 학급편성을 지양해야 한다. 그리고 모든 학생은 인종이나 문화적 출신과 무관하게 동등한 학습능력을 갖는다는 원칙을 확립해야 한다. 요약하면, 다양한 문화적 배경을 가진 학생들의 학습 역량을 촉진하고 강화할 수 있는 학교문화의 재조직이 필요하다.

3) 다문화교육의 실천 방향

(1) 다문화 학교의 특징

학교는 문화적 다양성의 상황에서 평등한 교육을 하고 또 다문화적 상황에서 유연하게 행동할 수 있는 능력을 기르기 위해서 어떻게 변화되어야 할 것인가? 뱅크스에 의하면 다문화 학교는 다음과 같은 여덟 가지 특징을 지녀야 한다(Banks, 2008).

첫째, 교사와 교직원은 모든 학생에 대해 똑같이 높은 수준의 기대를 하며, 학생들을 긍정적이고 배려하는 방식으로 대한다. 둘째, 공식적 교육과정은 다양한 문화집단, 민족집단, 양성(兩性)집단의 경험, 문화, 관점을 반영한다. 셋째, 교사가 사용하는 교수법과 수업방식은 다양한 문화적 · 인종적 배경을 가진 학생들의 학습특성, 문화적 특징, 태도를 공정하게 반영한다. 넷째, 교사와 교직원은 학생들의 모국어 및 다양한 사투리 영어를 존중하며, 이를 표준영어를 배우는 통로로 활용한다. 다섯째, 학교에서 사용하는 수업 교재는 다양한 문화적 · 민족적 · 인종적 관점으로부터 온 사건과 사례 그리고 개념들을 골고루 반영한다. 여섯째,

학교에서 시행하는 시험과 평가 절차는 학생들의 문화적 다양성을 공정하게 반영하는 내용과 형식을 갖는다. 일곱째, 학교문화와 잠재적 교육과정도 문화적 다양성을 소중히 여기고 존중하는 방향으로 구조화한다. 여덟째, 상담교사는 다양한 문화, 인종, 민족, 언어 집단에서 온 학생들이 자신의 적성에 맞는 직업을 선택하고 또 그에 필요한 수업을 들을 수 있도록 돕는다.

(2) 다문화적 교육과정: 보완인가, 개혁인가

교육과정을 가장 일반적으로 정의한다면 교육기관에서 학생이 갖게 되는 공식적 혹은 비공식적 경험의 총체라고 할 수 있다. 진정한 의미의 다문화교육은 주류집단과 소수집단 모두가 타자의 차이를 이해하고 존중할 수 있도록 인식의 전환을 일으키는 데 그 핵심이 있다. 이러한 인식의 전환을 위해서 가장 중요한 것은 교육과정의 개혁이다. 그러므로 "다문화교육에서 교육과정의 개혁은 다문화교육을 실천하기 위한 가장 핵심적이며 실행적인 요소"라고 할 수 있다(장인실 외, 2012: 219).

그런데 교육과정을 다문화적으로 개혁하는 일은 단지 다른 문화나 민족과 관련된 내용을 기존의 교육과정에 부가하는 방식으로는 불충분하다. 학생들은 여전히 전통적인 주류집단 중심의 관점과 사고방식에 근거하여 소수집단의 경험을 바라보고 해석할 것이기 때문이다. 그러므로 교육과정의 다문화적 개혁은 주류집단 중심의 시각에서 벗어나 타자 또는 제3의 관점을 포함하는 포괄적인 시각에서 교육과정의 틀을 재구성하는 데까지 나아가야 한다.

이런 맥락에서 뱅크스는 다문화적 교육과정 개혁은, ① 기여적 접근법이나 ② 부가적 접근법에 머무르지 말고, 교육과정의 기본 개념을 변화시키는 ③ 변혁적 접근법이나 ④ 사회적 행동접근법으로 나아가야 한다고 주장한다. 기여적 접근법이나 부가적 접근법은 기존 교육과정의 체제와 틀을 그대로 유지한 채, 다른 문화권의 기념일, 축제일, 풍습, 사건, 역사, 인물들을 부분적으로 보완한다. 반면, 변혁적 접근법[2]은 학생들이 다양한 민족과 문화의 관점에서 개념, 이슈, 주제와 문제를 조망할 수 있게 하며, 이를 통해 학생들이 비판적 사고력을 지니고 지식이 사회적 구성물임을 이해하도록 도와주려 한다. 사회적 행동접근법은 변혁적 접근법의 확장된 형태로서 학생들이 학습한 개념, 문제, 주제와 관련하여 개인적 · 사회적 · 시민적 행동을 할 수 있는 프로젝트와 활동을 수행하도록 교육과정을 구성하고 실행하는 접근법이다.

이렇게 교육과정의 보완과 변혁이라는 2개의 접근법을 분명히 구분하는 것은 현재 한국에서 이루어지는 다문화교육을 평가하는 데에 매우 유용하다. 현재 한국의 다문화교육은 주로 다른 나라의 문화를 소개하거나 다문화에 관한 내용을 부가적으로 추가하는 수준에 머물러 있다고 생각된다. 진정한 의미의 다문화교육이 되기 위해서는 다양한 관점에서 비판적으로 생각하고 판단하여 지식이 사회적 실행으로까지 확장될 수 있도록 변혁적 접근법이나 사회적 행동접근법으로까지 나아갈 필요가 있다. 다문화교육의 핵심목표는 단지 다양한 문화나 생활방식에 대한 정보나 지식을 제공하는 데 있는 것이 아니라 낯선 문화나 가치 그리고 타인에 대한 공감과 관심을 함양하고, 또 공생적인 삶의 질서를 향해 헌신하려는 태도를 길러 주는 데 있기 때문이다.

(3) 다문화교육을 위한 교수–학습 방법

다문화적 수업은 소수집단의 문화를 고려하고 활용하는 수업이 되어야 한다. 이를 다른 말로 표현하면 학생들의 다양한 문화적 배경을 교육적 목적을 위해 활용하는 '문화적으로 감응적인 수업(a culturally responsive instruction)'이 되어야 한다. 예를 들면, 사회교과 수업에서 '민주주의'를 설명할 때도 서로 다른 문화적 배

2) 예를 들어, '임진왜란'을 가르칠 때, 단지 일본이 한국을 침략하는 만행을 저질렀다는 시각만이 아니라 일본의 시각에서 왜 '임진왜란'이 불가피했던가를 보여 줌으로써 역사를 객관적 관점으로 바라보는 능력을 길러 줄 수 있다. 또 베트남 파병에 대해서는 자유 수호를 위한 희생이라는 측면만 강조하지 않고, 베트남 국민의 시각에서 한국군의 참전이 어떤 의미를 가졌을지에 대해서도 생각해 보게 할 수 있다.

경을 가진 학생들에게 각각의 문화에 맞는 사례를 제시하면서 설명하는 것은 소수집단 출신 학생의 성공적인 학습을 돕는다.

다문화교육을 위해서 활용 가능한 교수–학습 이론으로는 다음과 같은 것들을 생각해 볼 수 있다(최충옥, 모경환, 김연권, 박성혁, 오은순, 2010: 219; Bennett, 2009: 379–441).

① 개별화 학습(individual learning) 이론: 개별화 학습은 수업의 초점을 학생 개인에게 두고 가능한 한 모든 학생이 수업목표를 달성할 수 있도록 개인의 능력, 선행지식, 학습속도, 요구와 관심을 고려하여 다양하고 차별적인 수업의 방법, 과정, 자료 그리고 평가기준을 마련하도록 권장한다. 다문화교육과 관련해서 보면 개별화 학습은 교사들이 수업을 설계하고 실행할 때 학습자가 지닌 다양한 문화적 배경에 주목해야 함을 시사한다.

② 완전학습(숙달학습, mastery learning) 이론: 완전학습 이론은 학급 내 95% 이상의 학생이 주어진 학습과제를 약 90% 이상 달성해 내도록 수업을 치밀하게 조직하는 이론이다. 완전학습에서는 한 단원의 교육내용이 여러 개의 소단원으로 나뉘어 있으며, 한 단원을 마스터하기 전에는 다음 단원으로 넘어갈 수 없다. 이 완전학습은 학교교육 과정을 따라가는 데 불리한 위치에 있는 이질적인 문화적 배경을 가진 소수집단 학생들도 다른 학생들과 동등한 성취수준에 도달할 수 있도록 하는 교수방식으로 활용될 수 있다.

③ 경험학습(experiential learning) 이론: 경험학습은 학습자의 개인적 경험을 이용하여 학습자가 새로운 지식을 발견하도록 인도하는 학습이다. 경험학습에서는 학습자의 개인적 · 사회적 경험 및 경험활동이 인식활동의 기초라고 생각한다. 그래서 경험학습에서 교사는 완성된 지식을 전달하는 전문가가 아니라 학생과 함께 연구하는 사람이며 학생이 스스로 자신의 경험을 관찰하고 해석하도록 격려하는 사람이다. 경험학습은 특히 교과내용을 습득하

려는 동기부여를 제공할 때 효과적으로 적용될 수 있다. "경험학습은 문화가 다양한 학생들에게 특히 효과가 있다. 경험학습은 언어를 제외하고는 선행지식, 선행능력 및 태도를 전제하지 않기 때문이다. 학생은 성취수준, 문화권과 관계없이 경험학습의 활동에 참여할 수 있다. 그리고 참여 학생의 경험이 다양할수록 추후 토론과 활동은 풍부해진다. …… 교과서나 교사 중심 수업과 달리 경험 상황을 시작점으로 하는 열린 토론수업은 학생에게 각자의 학습방식으로 배우도록 허용한다."(Bennett, 2009: 410)

④ 협동학습(cooperative learing) 이론: 협동학습은 다양한 특성을 가진 학생을 대상으로 가르칠 때 매우 효과적인 교수전략의 하나로 비교적 최근에 등장하였다. 협동학습에서 학생들은 경쟁적이고 개인적인 방식이 아니라 하나의 소집단 속에서 자신의 능력과 요구에 따라 협동적이고 집단적인 방식으로 작업한다. 협동학습에 참여하는 학생들은 서로에 대한 관용, 책임성, 상호 의존 그리고 사회적 · 민주적 협동능력을 익히게 된다. 이러한 협동학습은 서로 다른 문화적 배경을 가진 학생들이 서로의 문화를 이해하고 다문화사회에서 살아가기 위해 필요한 능력을 기르는 데 매우 적합하다.

연습문제

1. 인간은 교육을 통해서만 인간이 될 수 있다는 말의 의미는 무엇인가?
2. 겔렌의 '결핍존재', 포르트만의 '생리적 조산' 개념을 통해서 동물과 구분되는 인간의 특성은 무엇인지 토론해 보자.
3. '용광로 이론'과 '샐러드보울 이론'의 내용을 설명하고 각각의 문제점이 무엇인지에 대해 논의한 후 그로부터 향후 다문화교육의 방향성을 도출해 보자.
4. 다문화적 교실 상황에서 교과교사가 도입할 수 있는 '문화감응적 수업'방법을 하나 선택하여 설명해 보자.

참고문헌

강선보(1983). 실존적 교육관에서 본 교사-학생 간의 관계본질에 관한 연구: 마르틴 부버의 '만남'의 철학을 중심으로. 한국교육, 10(1), 5-24.

강현석(2006). 현대교육과정과 교육평가. 서울: 학지사.

강현석, 주동범(2012). 현대 교육과정과 교육평가(2판). 서울: 학지사.

고영복(1997). 문화사회학. 서울: 사회문화연구소.

고전, 김민호, 서명석, 송재홍(2019). 교육학의 이해(2판). 서울: 아카데미프레스.

곽덕주(2007). 새로운 교직윤리의 정립을 위한 실험적 탐색: 전문적 윤리와 천직 윤리의 관점에서. 교육철학연구, 40, 7-32.

김도수(1977). 사회교육의 개념. 진원중 저, 사회교육의 동향과 좌표. 서울: 배영사.

김문환(1999). 문화교육론. 서울: 서울대학교출판부.

김순언(1990). 뒤르껭의 집합성교육의 본질. 교육학논총, 9, 1-17.

김신일(1983). 평생교육의 사회적 배경. 유네스코 한국위원회 · 한국평생교육기구 공저, 평생교육의 기초와 체제. 서울: 법문사.

김정환, 강선보(2016). 교육학개론(4판). 서울: 박영사.

김종서, 황종건, 김신일, 한숭희(1987). 평생교육론. 서울: 교육과학사.

김현주(2008). 교육철학의 성격과 역할: 실천철학을 지향하며. 교육철학, 41, 93-118.

박도순, 홍후조(2006). 교육과정과 교육평가(제2판). 서울: 문음사.

백기수(1997). 미학. 서울: 서울대학교출판부.

성기산(1999). 서양교육사 연구. 서울: 문음사.

성태제, 강대중, 강이철, 곽덕주, 김계현, 김천기, 김혜숙, 송해덕, 유재봉, 이윤미, 이윤식, 임웅, 홍후조(2018). 최신 교육학개론(3판). 서울: 학지사.

손충기(2012). 교육과정과 교육평가(증보개정판). 서울: 태영출판사.

신창호(2006). 교육(敎育)과 학(學)의 근원에 대한 탐구: 문자적 의미와 현대 교육학적 독해. 동양고전연구, 24, 315-344.

오천석(1987). 교육철학신강. 서울: 교학연구사.

유재봉(2004). 영미교육철학의 동향에 나타난 교육철학의 성격과 방법탐색: 분석철학적 전통을 중심으로. 교육철학, 31, 87-110.

이규호(1968). 교육학의 학문적 성격. 교육학연구, 6(1), 9-14.

이규환(1982). 지역사회와 교육. 서울: 삼일당.

이병승, 우영효, 배제현(2013). 쉽게 풀어 쓴 교육학(3판). 서울: 학지사.

이훈병, 황성원(2017). 예비교사를 위한 교육사회(개정판). 서울: 창지사.

장인실, 김경근, 모경환, 민병곤, 박성혁, 박철희, 성상환, 오은순, 이윤정, 정문성, 차경희, 차윤성, 최일선, 함승환, 허창수, 황매향(2012). 다문화교육의 이해와 실천. 서울: 학지사.

장진호(1985). 평생교육과 사회교육. 서울: 대은출판사.

정기섭(1991). 현대교육의 비인간화 현상에 대한 비판적 고찰. 인하대학교 대학원 석사학위논문.

정기섭(1998). 개혁교육학의 사상적 기초와 루소. 교육철학, 20, 167-179.

정기섭(1999). 다원주의적 교육학에 관한 연구: Hermann Röhrs의 해석학적 교육학 모델을 중심으로. 교육철학, 22, 1-18.

정기섭(2000). Janusz Korczak의 교육사상: 어린이의 권리와 교육. 교육철학, 24, 93-113.

정기섭(2007). 전원기숙사학교. 서울: 문음사.

정기섭(2011). 지속가능발전교육의 관점에서 본 상호문화역량. 교육의 이론과 실천, 16(3), 133-149.

정범모(1976). 교육과 교육학. 서울: 배영사.

정영근(2001). 영화로 만나는 교육학. 서울: 문음사.

정영근(2007). 삶과 인격형성을 위한 인간이해와 교육학. 서울: 문음사.

정영근(2011). 학교교육의 핵심개념: 학생-교사-학교. 서울: 문음사.

정영근, 정혜영, 김미환, 최종인, 박용석, 정기섭(2002). 교육학개론: 인간, 교육 그리고 교육이론. 서울: 문음사.

정영수(1995). 인간교육의 탐구. 서울: 동문사.

조용하, 안상원(2001). 평생교육의 이해. 서울: 동문사.

조용환(1999). 한국 문화교육의 정책과 실상. 교육철학연구, 21, 205-220.

최충옥, 모경환, 김연권, 박성혁, 오은순(2010). 다문화교육의 이해. 서울: 양서원.

한기언(1990). 교육철학 및 교육사. 서울: 양서원.

한명희(1998). 정보화 시대의 문화 문제와 교육의 과제. 교육철학, 21, 1-17.

홍웅선(1974). 교육과정의 새로운 동향. 교육과정의 발전적 지향. 서울: 서울특별시교육위원회.

황종건(1980). 사회교육제도의 비교연구. 대구: 계명대학교 지역사회연구소.

Banks, J. A. (2008). 다문화교육 입문(4판) [*An introduction to multicultural education* (4th ed.)]. (모경환, 최충옥, 김명정, 임정수 공역). 서울: 아카데미프레스. (원저는 2007년에 출판).

Bennett, C. I. (2009). 다문화교육: 이론과 실제 (*Comprehensive multicultural education: Theory and practice*). (김옥순, 김진호, 신인순, 안선영, 이경화, 이채식, 전성민, 조아

미, 최상호, 최순종 공역). 서울: 학지사. (원저는 2007년에 출판).

Benner, D. (2003). Über die Unmöglichkeit, Erziehung allein vom Grundbegriff der "Aufforderung zur Selbsttätigkeit" her zu begreifen. Eine Erwiderung auf Alfred Langewand. In: *Z.f.Päd*, *49*(2), S. 290-304.

Böhm, W. (1994). *Wörterbuch der Pädagogik*. Stuttgart: Kröner.

Böhm, W. (1995). *Theorie und Praxis: Eine Einführung in das pädagogische Grundproblem*. Würzburg: Königshausen u. Neumann.

Böhm, W. (1996). Maria Montessori. *Texte und Gegenwartsdiskussion*. Bad Heilbrunn/Obb: Klinkhardt.

Bollnow, O. F. (1977). *Die Pädagogik der deutschen Romantik*. Stuttgart: Klett-Cotta.

Böttcher, H. (1975). *SozialPädagogik im Überblick*. Freiburg/Basel/Wien: Herder.

Bruner, J. S. (1974). Competence: Its nature and nurture. In K. J. Connolly & J. S. Bruner (Eds.), *The growth of competence* (pp. 3-7). London: Academic Press.

Buber, M. (1986). *Reden über Erziehung*. Heidelberg: Lambert Schneider.

Combs, A. W. (1970). An educational imperative: The humane dimension. *To Nurture Humaneness: Commitment for the 70's, Prepared by the ASCD 1970 Yearbook Committee*, 173-188.

d'Arcais, F. (1991). *Die Erziehung der Person: Grundlegung einer personalistischen Erziehungstheorie, übersetzt von Winfried Böhm*. Stuttgart: Verlag Ferdinand Schöningh.

Dewey, J. (2007). 민주주의와 교육 (*Democracy and education*). (이홍우 역). 서울: 교육과학사. (원저는 1916년에 출판).

Dewey, J. (2016). 민주주의와 교육/철학의 개조 (*Democracy and education*). (김성숙, 이귀학 공역). 서울: 동서문화사. (원저는 1916년에 출판).

Durkheim, E. (2004). 교육과 사회학 (*Education and sociology*). (이종각 역). 서울: 배영사. (원저는 1956년에 출판).

Fend, H. (1980). *Theorie der Schule*. München: Urban & Schwarzenberg.

Fend, H. (1998). *Qualität im Bildungswesen. Schulforschung zu Systembedingungen, Schulprofilen und Lehrerleistung*. Weinheim und München: Juventa.

Freire, P. (2018). 페다고지 (*Pedagogia do Oprimido*). (남경태, 허진 공역). 서울: 그린비. (원저는 1968년에 출판).

Gadamer, H-G. (1972). *Wahrheit und Methode*. Tübingen: Klostermann.

Gonschorek, G., & Schneider, S. (2007). *Einführung ind die Schulpädagogik und die Unterrichtsplannung*. Donauwörth: Auer Verlag.

Gordon, T. (1997). 성공적인 교사가 되는 길. (백종억, 권낙원, 반용성 공역). 서울: 성원사.

Herbart, J. F. (1984). *Umriss pädagogischer Vorlesungen*. Paderborn: Schöningh Verlag.

Herbart, J. F. (2006). 헤르바르트의 일반교육학 (*Allgemeine Pädagogik aus dem Zweck der Erziehung abgeleitet*). (김영래 역). 서울: 학지사. (원저는 1806년에 출판).

Horney, W., Ruppert, J., & Schultze, W. (1970). *Pädagogisches Lexikon in zwei Bänden* ("Schüelermitverantwortung" 항목). Berlin: Bertelsmann.

Hornstein, W. (1971). "Bildungsplanung ohne sozialpädagogische Perspektiven". *Zeitschrift für Pädagogik, 3*, S. 285-314.

Hurrelmann, K. (1991). Was ist eine "gute Schule"? *Erziehungskunst, 4*, 339.

Itard, J. (1984). 아베롱의 野性少年 (*The wild boy of Aveyron*). (김정권 역). 서울: 형설출판사.

Itard, J. (2001). Gutachten über die ersten Entwicklungen des Victor von Aveyron (1801); Bericht über die Weiterentwicklung des Victor von Aveyron (1806). In: L. Malson, J. Itard, & O. Mannoni (Hrsg.), *Die wilden Kinder* (S. 114-220). 13. Aufl., Frankfurt am Main: Suhrkamp.

Konen, H. (1980). *Sozialpädagogik. Geschichte und Bedeutung des Begriffs*. Frankfurt am Main: Haag und Herchen.

Landmann, M. (2000). 인간이해와 교육학 (*Philosophische Anthropologie: Menschliche Selbstdeutung in Geschichte und Gegenwart*). (정영근 역). 서울: 문음사. (원저는 1976년에 출판).

Locke, J. (1981). Versuch über den menschlichen Verstand. *Hamburg, Bd.1*. S. 124.

Lüssi, P. (1955). *Systematische Sozialarbeit*. Bern/Stuttgart/Wien: Haupt Verlag.

Marburger, H. (1981). *Entwicklung und Konzepte der Sozialpädagogik*. 2. Aufl. München: Juventa Verlag.

Marcel, G. (1968). *Sein und Haben*. Paderborn: Schöningh.

Mayo-Smith, R. (1904). *Emigration and immigration: A study in social science*. NY: Schribner.

Meyer, H. (2011). 좋은 수업이란 무엇인가 (*Was ist Guter Unterricht?*). (손승남, 정창호 공역). 서울: 삼우반. (원저는 2004년에 출판).

Mollenhauer, K. (1993). *Einführung in die Sozialpädagogik* (S. 57-93). Weinheim/Basel.

Monroe, P. (1994). 교육사개설 (*A textbook in the history of education*). (조종인 역). 서울: 교육과학사. (원저는 1905년에 출판).

Mounier, E. (1936). *Das personalistische Manifest*. Zürich: Jean-Christophe-Verlag.

Natorp, P. (1968). "Erziehung und Gemeinschaft. Sozialpädagogik". In: H. Röhrs (Hrsg.), *Die Sozialpädagogik und ihre Theorie*. Frankfurt a.M..

Nohl, H. (1927). "Der männliche Sozialbeamte und die Sozialpädagogik in der Wohlfahrtspflege". In: H. Nohl (Hrsg.), *Jugendwohlfahrt. Sozialpädagogische Vorträge*. Leipzig.

Nohl, H. (1988). *Die Pädagogische Bewegung in Deutschland und ihre Theorie*. Frankfurt a.M: Klostermann, Vittorio.

Oerter, R., & Montana, L. (1987). *Entwicklungspsychologie: ein Lehrbuch, 1*. München und Weinheim.

Oswald, P., & Schulz-Benesch, G. (Hrsg.) (1987). Montessori. *Das kreative Kind: Der absorbiernde Geist*. Freiburg: Herder.

Palmer, J. A. (2009). 50인의 현대교육사상가: 피아제에서 현재까지 (*Fifty Modern thinkers on education from piaget to the present*). (조현철, 박혜숙 공역). 서울: 학지사. (원저는 2001년에 출판).

Parker, S. C. (1987). 현대 초등교육의 역사. (정확실 외 공역). 서울: 교육과학사.

Patterson, C. H. (1989). 인간주의 교육 (*Humanistic education*). (장상호 역). 서울: 박영사. (원저는 1973년에 출판).

Pestalozzi. J. H. (1797). Eine Nachforschungen über den Gang der Natur in der Entwicklung des Menschengeschlechts. In: Flitner, W. (Hrsg.) (1983). *Jahann Heinrich Pestalozzi. Ausgewählte Schriften*. Frankfurt a.M., Berlin, Wien.

Peters, R. S. (2003). 윤리학과 교육. (이홍우, 조영태 공역). 경기: 교육과학사.

Röhrs, H. (1993). *Gesammelte Schriften, Bd. 1: Allgemeine Erziehungswissenschaft*. Weinheim.

Röhrs, H. (1994). *Gesammelte Schriften, Bd. 2: die Schule in der moderenen Gesellschaft*. Weinheim.

Rousseau, J. J. (1998). *Emil oder über die Erziehung*. Stuttgart: Reclam.

Rousseau, J. J. (2009). 에밀 (*Émile, ou De l'éducation*). (권용호 역). 서울: 홍신문화사. (원저는 1762년에 출판).

Rügner, H. (1964). *Einführung in die Sozialpädagogik*. Witten.

Scheuerl, H. (1993). 교육학의 학문적 성격: 교육현상의 철학적 이해 [*(Der) Charakter der pädagogischen Wissenschaft*]. (정영근, 이종서, 정영수 공역). 서울: 양서원.

Sleeter, C. E., & Grant, C. A. (2009). 다문화교육의 탐구: 다섯 가지 방법들 [*Making choices for multicultural education: Five approaches to race, class and gender* (6th ed.)]. (문승호, 김영천, 정정훈 공역). 서울: 아카데미프레스. (원저는 2008년에 출판).

Sternberg, R. J., & Williams, W. M. (2002). *Educational psychology*. MA: pearson.

Stieve, C. (2003). *Vom intimen Verhaeltnis zu den Dingen: ein Verständnis kindlichen Lernens auf der Grundlage der asubjektiven Phänomemologie Jan Patočkas*. Würzburg: Königshausen & Neumann.

Tenorth. H-E. (2016). Theorie der Schule. In: J. Möller, M. Köller, & T. Riecke-Baulecke (Hrsg.), *Basiswissen Lehrerbildung: Schule und Unterricht, Lehren und Lernen*. Seelze: Klett-Kallmeyer, 132-152.

Terhart, E. (2017). Theorie der Schule. In: R. Reichenbach & P. Bühler (Hrsg.), *Fragmente zu einer Pädagogischen Theorie der Schule: Erziehungswissenschaftliche Perspektiven auf eine Leerstelle*. Weinheim, Basel: Beltz Juventa, 34-53.

Toulmin, S. (2008). 코스모폴리스 (*Cosmopolis: The hidden agenda of modernity*). (이종흡 역). 창원: 경남대학교출판부. (원저는 1990년에 출판).

Watson, J. B. (1924). *Behaviorism*. NY: W. W. Norton & Co. Inc.

Weber, E. (1982). *Pädagogik. Eine Einfüehrung, Band 1: Grundfragen und Grundbegriffe*. Donauwörth: Auer Verlag.

Weischedel, W. (1990). 철학의 뒷계단: 대철학자 서른네 분의 일상과 사상 (*Die philosophische Hintertreppe: Die großen Philosophen in Alltag und Denken*). (연효숙 역). 서울: 분도출판사.

Weniger, E. (1952). *Die Eigenständigkeit der Erziehung in Theorie und Praxis: Probleme der Akademischen Lehrerbildung*. Weinheim, o. J.

White, R. (1959). Motivation reconsidered: The concept of competence. *Psychological Review*, *66*, 297-333.

Wolff, P. H. (1959). Observations on newborn infants. *Psychosomatic Medicine*, *21*, 110-118.

柴野昌山(1998). 교육사회학: 해석적 접근(2판). (조용환 외 공역). 서울: 형설출판사.

https://www.google.com/search?source=univ&tbm=isch&q=Bronfenbrenner&sa=X&ved=2ahUKEwiGuoXB_IDrAhXbBIgKHbA3CcYQiR56BAgHEBA&biw=1670&bih=773#imgrc=Syk5o4tUGFfgiM

찾아보기

인명

내용

저자 소개

김 철(Cheol Kim)

청주사범대학(현 서원대학교) 교육학과(문학사), 독일 Würzburg 대학교 철학부 교육학과에서 석사(Magister), 박사(Dr. Phil.) 학위를 취득하였다.

현재 경기대학교 교직학부 교수이고, 한독교육학회 회장을 역임하였다.

주요 저 · 역서로는 『서양교육 이념의 역사』(공역, 교육과학사, 2017), 『교육의 이해』(공저, 학지사, 2007) 등이 있다. 주요 논문으로는 「에라스무스와 루터의 교육사상에 나타난 인간관 비교」(2018), 「자연주의 교육사상에 나타난 인간관에 대한 연구」(2017), 「'인격주의 교육학'에 대한 연구」(2016), 「교육사상에서의 '교육적 관계' 비교: Pestalozzi의 인간존재방식에 근거한 교육사상의 관점에서」(2015), 「방과후학교로서 독일 전일제학교(Ganztagsschule)의 이념과 시사점에 관한 연구」(2014), 「학교교육에서 학생의 인권과 교권에 관한 연구: H. Nohl의 '교육적 관계론'의 관점에서」(2012), 「자기주도 학습에서의 교육적 관계에 대한 비판적 연구: 플라톤의 『향연』의 관점에서」(2011), 「Durkheim의 교육이론에 나타난 인간관에 대한 비판적 고찰」(2010) 등이 있다.

정기섭(Ki Seob Chung)

인하대학교 사범대학 교육학과(문학사), 인하대학교 대학원 교육학과(교육학 석사), 독일 Heidelberg 대학교 교육학과에서 박사(Dr. phil.) 학위를 취득하였다.

현재 인하대학교 사범대학 교수이고, 한독교육학회와 한국교육철학학회 회장을 역임하였다.

주요 저 · 역서로는 『지속 가능한 미래를 위한 교육』(강현출판사, 2019), 『진보주의 교육의 세계적 동향: 한국의 혁신교육, 다시 세계 진보교육을 말하다』(공저, 살림터, 2018), 『위대한 교육사상가들 Ⅶ』(공저, 교육과학사, 2008), 『전원기숙사학교: 독일의 대안학교』(문음사, 2007), 『교육학의 거장들 1 · 2』(공역, 한길사, 2004), 『노작학교의 이론과 실천』(역, 문음사, 2004), 『교육학개론』(공저, 문음사, 2002), 『교육현실과 교육학』(문음사, 2002), 『아동존중의 교육학』(문음사, 2002) 등이 있다. 주요 논문으로는 「2000년 이후 독일의 학교교육 개혁 동향: Baden-Württemberg 주를 중심으로」(2019), 「페스탈로치의 『탐구』에 나타난 인간의 존재방식과 다문화교육의 과제」(2015) 등이 있다.

정창호(Chang Ho Jeong)

고려대학교 영어영문학과(문학사), 고려대학교 대학원 철학과(문학석사, 철학박사), 독일 Hamburg 대학교 교육학부에서 철학교육 전공으로 박사(Dr. Phil.) 학위를 취득하였다.
현재 경기대학교 교직학부 초빙교수이고, 고려대학교 교육문제연구소 연구교수를 역임하였다.
주요 저 · 역서로는 『습속 1 · 2 · 3 · 4: 용례, 매너, 관습, 모레스, 그리고 도덕의 사회학적 중요성』(공역, 한국문화사, 2019), 『다문화 사회와 철학: 한국사회의 다문화시대를 위한 철학적 성찰』(공저, 자유문고, 2017), 『공공성과 그 문제들』(공역, 한국문화사, 2014), 『교사를 위한 교직윤리』(공저, 교육과학사, 2014), 『좋은 수업이란 무엇인가』(공역, 삼우반, 2011), 『가르치기 힘든 시대의 교육』(역, 삼우반, 2005) 등이 있다. 주요 논문으로는 「인성교육과 민주시민교육을 위한 '소크라테스적 담화'」(2019), 「초등 도덕교육과 철학교육: 독일 초등학교의 '실천철학' 교과 확대를 둘러싼 논쟁」(2018), 「다문화교육의 반성적 기초로서의 상호문화철학」(2017) 등이 있다.

교육학개론

Introduction to Educational

2020년 9월 25일 1판 1쇄 발행
2022년 8월 10일 1판 2쇄 발행

지은이 • 김 철 · 정기섭 · 정창호
펴낸이 • 김 진 환
펴낸곳 • (주) 학지사
04031 서울특별시 마포구 양화로 15길 20 마인드월드빌딩 5층
대표전화 • 02) 330-5114 팩스 • 02) 324-2345
등록번호 • 제313-2006-000265호
홈페이지 • http://www.hakjisa.co.kr
페이스북 • https://www.facebook.com/hakjisabook

ISBN 978-89-997-2090-1 93370

정가 17,000원

이 도서의 국립중앙도서관 출판시도서목록(CIP)은 서지정보유통지원시스템 홈페이지(http://seoji.nl.go.kr)와 국가자료공동목록시스템(http://www.nl.go.kr/kolisnet)에서 이용하실 수 있습니다.
(CIP제어번호: CIP2020034585)